WRITTEN BY
Doris Märtin
TRANSLATED BY
Shinichi SAKAYORI／Akiko TOYAMA

EXCELLENT《エクセレント》

ドーリス・メルティン［著］　酒寄進一／遠山明子［訳］

卓越した自分になるための9つの行動

潮出版社

エクセレント　卓越した自分になるための9つの行動

Original Title:
Exzellenz: Wissen Sie eigentlich, was in Ihnen steckt?
By Doris Märtin

Japanese translation rights arranged
with Campus Verlag through Japan UNI Agency, Inc.

エクセレント　目次

第2章 内省

第3章 やる気

第6章 共感

第9章 リーダーシップ

序章

エクセレントとはライフスタイルである

だれでも自分を超えることができる

完璧を求めなくても
つねにエクセレントであろうと努めることはできる。

ミシェル・オバマ

エクセレント。すばらしい言葉だ。わたしが連想するのはビル・ゲイツ、アンネ＝ゾフィー・ムター、オバマ夫妻、ルース・ベイダー・ギンズバーグ、グレタ・トゥーンベリ、あるいは弱冠三十四歳でニュルンベルク州立劇場の音楽監督になったジョアナ・マルヴィッツだ。偉大なことを成し遂げ、人々の範となる例外的なパーソナリティ。他にも名前はいくらでも挙がるだろう。たとえばノーベル賞受賞者、トップアスリート、二十世紀を代表する政治家、カルトスター、あなたの地元で活躍し、慈善活動に熱心な中堅の女性経営者。ひとつだけ確かなのは、あなたが思い描く人名リストに自分の名が載らないことだ。

エクセレントという言葉を自分に結びつける人はきわめて少ない。ひそかにそう思う人もあまりいないだろう。成功したいとは思っている。それは間違いない。しかし自分をエクセレントだと思うだろうか。人気のある教師、評判の良い医師、引く手あまたの建設業者、ベテランのＩＴスペシャリスト、人気作家、創意工夫するスクラムマスター、そういう人ならいざ知らず。

わたしの場合も五十歩百歩だ。古くはブーマー（ベビーブーム世代）、いまならズーマー（ズーム世代）が大半を占める世界で、エクセレント（崇高、卓越を意味するラテン語excellentiaに由来する）は才能に恵まれ、世に認められ、人一倍士気が高い、ごくわずかなエリートにしか冠せられないもので、普通の才能しかない人には無縁なものと思われているふしがある。しかしいまは流動的な時代だ。わたしたちの中で眠っているものを開花させるには良い時代だといえる。

ＶＵＣＡ的世界が心に求めること

メガトレンドのデジタル化、グローバル化、気候変動が、世界のいたるところで社会や経済を変貌させ、わたしたちを変えつつある。世界はまさしくＶＵＣＡという言葉で象徴されるものとなっている。これはVolatility（変動性）、Uncertainty（不確実性）、Complexity（複雑性）、Ambiguity（曖昧性）の頭文字をとった造語だ。二十一世紀の最初の四半期の特徴は景気の激しい変動と確率の予測困難さと矛盾をはらんだ状況にあるといっていい。コロナ・パンデミック以前からその徴候は顕著だった。生活の隅々に及ぶ激しい変化に、慣れ親しんだ生活の限界を見せつけられた。数十年にわたって有効だった価値やもろもろのプロセスや知的財産が無効になった。いたるところで新しい視点や可能性が生じ、生活のテクノロジー化がますます進んでいる。しばらく前までユートピアとしか思えなかったことを、高性能のコンピュータが実現可能にしている。

メガトレンドがいかなる変化をもたらすかはまだ明確ではないが、ひとつだけはっきりしていることがある。第四次産業革命という大きな変化が人生のルールを根底からくつがえそうとしている。今日切磋琢磨《せっさたくま》してめざしていることが、明日にはスタンダードになるだろう。ヘルマン・シェーラーがある基調講演でいっている。はっとさせられる言葉だ。

過去はもはや未来の基準にならない。

状況のめまぐるしい変化。結果の予測困難さ。次の曲がり角になにが待ち受けているか、わたしたちにはほとんどわからない。ヒエラルキー、効率の最適化、スタンダードなカスタマーソリューションといった従来の考え方はもはや過去のものとなっている。わたしたちは新たな、ものによっては根本から変わってしまった環境に順応し、みずからを変え、乗りこえなければならない。人工知能がわたしたちの肩代わりをすればするほど、わたしたちはますます人間本来の技量を発揮する必要に迫られ、実際そうすることができるようになるはずだ。わたしたちの感情、社会的行動、倫理的な判断能力、共存。あらゆる階層の、より多くの人間が、これまで少数のエリートにのみ認められていたものを必要とするだろう。人間的にエクセレントにならねばならないということだ。

すべては運命のまま

二〇二〇年二月。ここからさらに五十ページ分ほど先まで本書の草稿を書いていた。デジタル化の中で個人をベストコンディションにもっていくのにどういう心のあり方《コンピテンシー》が望ましいか論じるつもりだった。自分を有能な存在にしたいのならデジタル化が無限の可能性をひらくと訴えたかった。なぜなら人工知能は新たな次元で人間の知能を必要とするからだ。いま起こりつつある変化はわたしたちにすばらしい可能性をひらくはずだ。その結果、わたしたちにはフリースペースが生まれ、視野が広がり、新しいアイデアやプランを練ることができるようになる。

そこに「COVID-19（新型コロナウイルス感染症）」が発生した。ミーティングに明け暮れ、飛行機や列車で移動し、スキーリフトに乗り、カーニバルに興じていたわたしたちは、瞬時に世界が変貌するのを目の当たりにした。大がかりなチェンジマネジメントでも、これほどのことはなしえないだろう。数日のあいだ、わたしはだれもがすることをした。冷蔵庫に食料を蓄え、冷凍保存し、セミナーの予定を延期し、仕事の依頼のキャンセルを笑って受け入れ、可能なかぎり新鮮な空気を吸った。新型コロナウイルスは空気感染で広まるので、慣れ親しんだ自由は失われた。

公共生活が制限され、感染者数が増大の一途を辿るのを見て、わたしは書こうとしていたことに新しい光を当てるようになった。わたしが書く内容はこの状況でも意味があるだろうか。そういい切る自信はなかった。そのとき体験していることが時代の転換点になるかどうかも確証がなかった。かといって、パンデミックを無視して本を書きつづけるのは無理だ。その時点では、新型コロナウイルス感染症がわたしたちになにをもたらすのか、だれにもわからなかった。健康面。経済面。また共同体として。それでも、この本を書きつづけるなら、どういうテーマと問題に取り組むことになるかは予想がついた。一方、コロナ禍以前と変わらないだいじな点があった。出版をライプチヒ（ザクセン州の州都）のブックフェアに間に合わせるということだ。といっても、春のロックダウンの最中、そもそもブックフェアが開催されるかどうかもわからなかった。つまりじたばたしてもはじまらなかった。

書きはじめは暗中模索でも、最終的には正鵠《せいこく》を射る必要があった。

戦術らしい戦術などなく、コーヒー占いでもするような感覚だった。これほど先が見えない状況で本を書いたことなど一度もない。わたしにできるだろうか。実現可能だろうか。こんな大胆なことがうまくいくだろうか。

イタリアの小説家ウンベルト・エーコが書いている。

「予言などつつしむべきである。なぜなら未来はあっさり変わりうるからだ。六ヶ月後、地中海に隕石が落下すれば、イタリア北西のリグーリア州は水中の楽園と化し、バーゼルがスイス一の海水浴場になるかもしれない」

だが、だからこそやってみるべきではないだろうか。エクセレントは、不安要素だらけの状況でも決断することを意味しているはずだ。情報が不完全で、事態が刻々と変化する状況でも、その変化に対してしなやか《アジャイル》に対応し、品位をもって行動できてこそエクセレントといえる。コロナ禍はVUCAがどのように機能するかをクイックモーションで見せてくれているといえる。つまりわからないことを認め、果敢に解決をめざし、新たな展開に合わせていつでも大胆かつ即座にプロジェクトを刷新する心構えをするということだ。

コロナがデジタル化を推し進める

最初のロックダウンでひとつ明確なことが起きた。わずか数日で急速にデジタル化が進んだのだ。ふたりにひとりがホームワークに移行した。会社のチームはリモートで組織され、まだ実験段階で、うまくいくかどうか懐疑的だったツールが導入された。職業上必要のない者は通勤も出張もしなくなった。授業はオンラインで行われ、コンサートや朗読会や美術鑑賞もストリーミングになった。そしてそういうものを自宅で、しかも無料で楽しめるようになった。スーパーでの買い物や通院が減ったことで、そういうサービスがどれほどかけがえのないものであるかがわかった。

同時にわたしたちは、デジタル時代が成果を上げるさまを目の当たりにし、すべてがこれまでどおりにいかないことを悟った。オンライン使用者と非使用者のあいだに生じる亀裂や情報保護などデジタル化がもたらす危険がこれまでも論じられてきた。いまではデジタル化でなにが起きるか茶の間で体験してしまっている。なんの準備もマニュアルもないまま、そしてしばしばギガバイトの接続もなされないまま。ジェット戦闘機の射出座席かと見紛うほどの勢いで、新型コロナウイルス感染症が労働の世界を一変させた。わたしが本書でやろうとしたことを、コロナウイルスがものの見事に達成してしまったのだ。

数週間前まで頑なに忌避されていたデジタル、そのデジタルへの不安がまるでエアロゾルのように霧散した。

ロックダウンがはじまって数日で、「デジタル化はすべての人にさまざまなオプションを提供するが、そのためにはすべての人がデジタル化への心構えをし、追随するようでなくてはならない(1)」などとはいってられなくなった。コロナのおかげで、そうした懸念はまるでスペースX社のファルコン9

がロケットエンジンを分離するように払拭された。パンデミックの発生が、デジタルテクノロジー、価値の変動、行動パターンの変化などの新しい流れに広い心で対応しないかぎり、公私ともに立ちゆかないということをわたしたちに教えてくれた。新型コロナウイルス感染症の猛威が消えるころには、デジタル化の利便性を説く必要はなくなっているだろう。デジタル化で、わたしたちは緊急事態をみごとに克服しているはずだからだ。

従業員が共に考えるスタッフになるとき

良き従業員になるには、最近までそれほど多くのことは求められなかった。人は職業訓練を受けて定年まで働き、できるだけ基準を満たし、キャリアの梯子をのぼり、スキルを上げ、くじけることなく、八時間労働ではなかなか所定の成果を上げられないことを受け入れてきた。意表を突くアイデアを出したり、変化を求めたり、疑義を抱いたりする者は変人と評されても、独創的とはみなされなかった。秩序を乱すことは破壊的とほぼ同義だった。自己責任でヴィジョンを描き、それを実現するすぐれたパーソナリティよりも機転の利く販売員タイプのほうが、しなやかさ《アジャイル》という言葉に該当すると見られてきた。

第四次産業革命はこれまでの世代が当然と思ってきたことすべてに終止符を打つ。アナログからデジタルへの転換は、わたしたちに深く刻み込まれた思考パターンや行動パターンを無効にする。ＩＴと人工知能がありとあらゆる仕事と生活領域に浸透する。デジタル化はビジネスモデル、顧客の期待、都会暮らし、医療、コミュニケーションや学習や生活や娯楽のあり方を変える。グローバル企業であろうと中小企業であろうと、また仕事であろうとプライベートであろうと、「従来型のビジネス」はほとんど機能しなくなる。そしてありがたいことに、一般情報保護規則や精神的負荷や動きが鈍いインターネットと格闘せずにすむようになる。うまくいけば、VUCA的世界で生きる機会は創業者や経営者や会社の最上層部に限らなくなるだろう。コロナ禍のおかげで、中間管理職や一般社員、個人事業者でも、創造力を新たな次元へと引きあげ、開花させうることがわかった。

なぜならVUCAの答えはVUCAで得られるからだ。

VUCAを発案したのはハーバードビジネススクールの教授ビル・ジョージだ。彼は四つの頭文字を合体させることで新しい概念を生み出した。ジョージ教授によると、変動性（Volatility）、不確実性（Uncertainty）、複雑性（Complexity）、曖昧性（Ambiguity）が顕著ないまの世界でなにより求められるのはヴィジョンと思慮深さと大胆さと適応力だという。つまりなにがしたいかという明確なイメージ、影響する個々の要素への深い理解、事実確認が不充分でも決断する勇気、そして思いがけない展開にも生産的に対処するアジャイルマネジメントが求められるのだ。

プフォルツハイム大学でニューメディアを担当するヴォルフガング・ハーゼラー教授が「従業員は共に考えるスタッフになるべきだ」という端的な言葉であらゆる階層の人に可能性がひらかれていることを指摘した。しなやかな《アジャイル》発想さえあれば非力な仕事用の携帯電話でも、作業工程や顧客へのサービスを変えられるのだ。

数ヶ月前からわたしのところに新しい電気工が出入りしている。前任者と違って、専門外のことまで配慮してくれる。電気の配線やコンセントの取りつけをする際、作業工程を自分で決める。わたしのような顧客にはだいじなことだ。たとえば早朝七時にボスと会う必要に迫られたとき、その電気工にワッツアップ（WhatsApp）で連絡をとれば、いつなにが処理できるか決め、最終的に計画どおりにしてくれる。あとはiPhoneに報告を受けるだけだ。

ニューテクノロジーが世界を変える現場では、もちろんもっと興奮する出来事が生じている。何世代にもわたって引き継がれてきた職人かたぎをスマートフォンだけで壊せるのだから、変化の波が学者やＩＴ技術者、ベンチャー企業、テクノロジー関連の大企業に及ぶのはもはや疑いようがない。わたしたちの働き方や生き方に革命が起きるだろう。

その可能性はすでに顕在化している。問題は、わたしたちがどうするかだ。変化はわたしたちに不安を呼びさまし、わたしたちをねじ伏せるだろうか。遠く離れた安全な場所から傍観してすまされるだろうか。あるいはうまく変化の波に乗り、波の天辺で有頂天になるだろうか。コロナ禍は、力のある者ならその波に乗れることをあきらかにした。ただし勇気がなければできない。巨大な波に乗るのは、飛び込みが禁止された適温の海水浴場でパドリングをするのとはわけが違う。そのときなにが必要かについて、企業コンサルタント、キャップジェミニ社の研究所は目の覚めるような研究を公表している。

人工知能は心のエクセレントを必要とする

この研究のために十一の国々にまたがる六つの支社で二千人を超える従業員と管理職にアンケートが実施された。その結果はわたしの予想を超えていた。デジタル時代に成功するためにもっとも重要なのは人間としての質だと、管理職の四分の三と従業員の半数以上が回答したからだ。関係性構築能力、共感力、倫理観、自己規制、コミュニケーション力、強靭さ、つまりもっとも重要なのは、業種、役職のいかんを問わず、個人的で人間らしい応用可能な技量だというのだ[2]。

本当だろうか。ニューテクノロジーによるソリューションが毎日のように生まれ、ビッグデータが偉大な人間の知を凌駕しているというのに。ザランド（ヨーロッパ地域でファッションおよびライフスタイル関連の商品を取り扱うウェブサイト）では服のアレンジを提案する。それはスタイリストが思いつくものよりもすぐれている。こうした事例があるというのに、デジタルのノウハウよりも「心の知能」のほうを買うというのか。いまのところそのように見える。キャップジェミニ社はこう定義している。

心の知能指数が高い一般職員のニーズは今後五年間で六倍に達するだろう[3]。

あらゆる業界と国でいえることだが、如才なく人と付き合い、新しい経験に心をひらき、倫理的なグレーゾーンに注意を払い、多様な人に共感し、望ましい利害関係を作ろうとすれば、人間を機械で代替することは困難になる。機械の知能がどんなに高くなろうと、それは変わらない。むしろ人はデジタル時代やアフターコロナ時代の変革と互角に渡り合うことになるだろう。わたしたちの生活をマネジメントするのも、よりよい判断を下すのも、人間関係をより高い次元へと引き揚げるのも、製品やサービスをユーザーの立場で検討するのも、もろもろの変化に対してしなやか《アジャイル》に対処するのも、また人工知能が人相照合する際、白人でない人間をゴリラとみなしたり、応募者選別ロボットが女性や民族的マイノリティを排除したりすることのないよう訓練するのも、結局のところ心の知能なのだ。

むろんわたしたちの心の知能はアップグレードの必要がある。はじめて書いた本『EQ（心の知能指数）』でわたしは、心の知能指数がわたしたちの人生にどのような役割を果たすか探求した[4]。二十一世紀になる直前、心の知能はもっぱらプライベートな日常との関連で論じられていた。子どもが学習で成果を上げるための要素とみなされていたのだ。大人は自分の感情をよく知ることで、感情をうまくコントロールし、人の気持ちを理解できるといわれていた。他方ビジネスシーンでは、知能指数がものごとの物差しだった。マイクロソフトの創設者ビル・ゲイツがいっている。

「知能指数が高い者はどんなことでもうまくやれると思っていた」これは三十年前の自分を回想したときの言葉だ。「こういうシンプルなまでの抜け目なささえあれば、なんでも解決できると思っていたとは。わたしはだれよりもわかっているつもりだった[5]」

その後の世代は、このことをもっとわかった状態でビジネス生活に入っている。大学のカリキュラムや企業の研修部門は年々、この能力を人が生きる「鍵となる力《キー・コンピテンシー》」（ＯＥＣＤが一九九九年から二〇〇二年にかけて行った「能力の定義と選択プロジェクト」の成果として国際的合意を得た新たな能力概念）として格上げしている。ただしそれに応じたトレーニングは指導的役割を担う者や期待される人物に対して優先的に行われた。人工知能の時代になってはじめて、心の知能はすべての人にとって必要不可欠なものと認識されるようになった(6)。

その裏にはオートメーション化とデジタル化がわたしたちから仕事を奪うという認識が潜んでいる。しかし代替されるのはもっぱら反復と標準化が可能な活動だ。わたしたち人間にはまだ自由演技という種目が残っている。容易にはデジタル化できない課題があるということだ。今後わたしたちが仕事と呼ぶべきものがどんなものになるか、ジャーナリストで作家のヴォルフ・ロッターがじつにうまく要約している。

「革新的で独創的なもの、つまり問題を解決し、熟考し、改善すること」(7)

これを聞くと、よりよい世界になりそうな気になる。ただし、さらなる成長と発展が望めるかどうかは、トップマネジャーから研修中の人にいたる全員が心の知能の水準を上げられるかどうかにかかっている。これまでリーダーにのみ期待されていた水準、人間的にエクセレントになるということだ。

もちろんこの認識には成熟が必要だ。国によっては、はるか先へ進んでいるところもある。インド、中国、アメリカ合衆国では、件のアンケートを受けた管理職のほぼ全員と従業員の四分の三が心の知能を高め、日々研鑽を積むことをデジタル時代で成功する基本要件とした。一方、ドイツでそのように考えているのは管理職で五十三パーセント、一般社員はわずか四十四パーセントにとどまっている。[8]調査対象の十一の国の中でドイツは最下位だった。どうしてこんなことになったのだろう。

完璧すぎ、固執しすぎ、エンジニアに偏りすぎ

「ディ・ヴェルト（Die Welt）」紙は的確に指摘している。わたしたちドイツ人の問題はエンジニアにあるという。百年近くにわたってドイツのエンジニアはカルト的存在だった。「完璧さとテクノロジーのリーダーシップを保証してきた[9]」ドイツのエンジニア的思考は最初の内燃機関を発明し、最初の電話、最初の自動車、最初のグライダーを作った。ドイツ人は問題を徹底的に検討し、偶然に頼らず技術的な挑戦をつづけてきた。なにごとにも徹底し、私情をまじえないこと、そして計画性と完璧さへのあくなき追求がドイツ人を輸出産業のチャンピオンにし、「メイド・イン・ジャーマニー」は高い品質を保証してきた。そのために必要な思考パターンはＩＳＯ（国際標準化機構）によってあらゆる企業に浸透してきた。教育の現場も、品質保証と製品比較、伝統的な経済的アプローチの対象になってきた。ネットショップの決済モジュールとクレジットカードのポイントを得ようと躍起になることで、効果的なポイント収集はこれまで視野を広げることよりも割がいいとされてきた。

しかしながら旧来の成功の秘訣はもはや過去のものとなった。不確実さを避け、コストを節約し、技術を酷使し、早割などの特典をつけつつ、一切ミスを認めない。そういう発想はいまだに多くのド

イツ人の頭に植えつけられている。じつはその発想が害になっていることを、経済ジャーナリストのレーア・ハンペルが指摘している。

「未来の商取引で重視されるのはデータと顧客重視と持続可能性、そしてなにより絶え間ない変化だ。だがこういうことに関してドイツの労働界、経済界の対応は充分ではない」(10)

アメリカ合衆国、中国、インドの先端技術の牙城ではとっくにこれが当然のことになっていて、武漢とヴッパータールの都市景観の差くらい、ドイツとはかけはなれている。大胆な発想が変化に拍車をかけている。大成功した技術革新《イノベーション》は信頼性と熟練度にこだわりつづけるドイツ人の考え方を粉砕するだろう。Airbnb（エアビーアンドビー）社はその典型的な例だ。旅行業界の新興企業Airbnb社はわずか十年で文化を変えるほどの大成功の模範例となった。二〇一九年、Airbnb社が提供する宿泊先に〇・五秒あたり三人のユーザーがチェックインした。この企業はコロナをうまく乗り切れるだろう(11)。ウェブサイトはアルゴリズム、データ、機械的学習、バーチャル・リアリティ、人工知能などの専門家である千人を超えるプログラマーによって管理されている(12)。だがAirbnb社のマジックはテクノロジーがすぐれているからではない。むしろ信じがたいほど卓越した発想によって抜きんでているのだ。

…………

「なにか広く伝播するものを開発したいのなら、顧客の脳みそがふっとぶくらいの経験を作りださなくてはならない」というのがAirbnb社のCEOブライアン・チェスキーの信条だ。この点でAirbnb社は宿泊先へのチェックインにひと味加えている。星五つのホストはゲストに個人的

…………

なあいさつをする。感じはいいが、刺激はない。ならば星六つはどうだろう。ホストがじきじきにゲストのためにドアを開け、テーブルにはワインと水とスイーツがのっている。かなりよくなった。星七つのホストはゲストがサーフィンに夢中なことを知って、サーフボードを用意し、インストラクターを手配し、一番人気のレストランを予約する。Airbnb社のチームはそこではまだ立ち止まらない。星八つ、九つ、十。では星十一ではどんな体験ができるのだろう。ホストはゲストを空港で出迎える。横にはイーロン・マスク（アメリカの起業家・エンジニア）がいて、ゲストには「宇宙飛行」のオプションがつく。

Airbnb社の発想のどこにデジタル化が関係しているのかと、あなたが疑問に思うなら、こういっておこう。デジタル化が情報システムとコンピュータ人間にしか関わりがないと思っているなら、とんだ勘違いだと。むろんそう考えたくなるのはわかる。digitという英語は「アラビア数字」を意味するし、デジタル変換は高度なテクノロジーのツールに支えられている。またドイツでは、テクニカルはデジタル化と同義だ。[13] 人はアプリを作り、ソーシャル・イントラネットを導入し、情報システムを最適化し、だれもがタブレットを持つ。しかし技術的成果は目的のための手段でしかない。重要なのは技術がわたしたちをどこまで高めてくれるかだ。

テクノロジーは媒介する役を担っているだけだとして、ブライアン・チェスキーは人間の可能性を限界まで刺激するべきだと説いている。

「あなたがもし突飛なアイデアを思いついたのなら、『ゲストのためにドアを開ける』ことと『宇宙飛行』のあいだの星のどれかが得られるだろう。まずとてつもない体験をデザインする。そしてそこから逆算すればいいのだ。ホストがあなたの趣味を知り、サーフボードを貸すのはまったくもって論理的帰結といえるだろう。もちろん経費がかさみすぎて不合理ではある。しかしそうすることではじめてすばらしい体験が得られる」[14]

この違いを理解すべきだ。ニューテクノロジーはすぐれたツールであるのはもちろん、まったく新しい発想を可能にするのだ。

コロナ禍が時を早めた。もともとホームスクーリングは学童にとって、教師が学習資料をスキャンしてメールで送るくらいのことしか意味していなかった。数人の先駆的な教師がスカイプ（Skype）での面談時間を設定したり、ビデオ会議システムを実験的に使ったりするくらいが関の山。はじめはそんなものだった。ところがデジタル化には、用意されたアナログのコンテンツをオンラインで使えるようにする以上の意味がある。ニューテクノロジーは、科目を横断する学習プログラムからアナログとデジタルを混ぜ合わせたハイブリッド型授業や、基本的に自宅学習し、学校でその理解を深め、実践する反転授業にいたる想定外の個性あるやり方を可能にする。

アイデアがなければ、すべてが無に等しい

デジタルテクノロジーの状況は基本的に最近話題のタネ爆弾（イギリスを中心に活動されているゲ

リラ・ガーデニングのツール）と同じだ。タネ爆弾は、適当な場所で花を咲かせるだけだ。同様にデジタル技術によって実現される類いの想像力が開花するとき、テクノロジーは印象的な衝撃をもたらす。遊び心があり、ばからしいと思われそうなことにも挑戦するAirbnb社の発想は、効率性、蓄積された知見、無駄のない付加価値、完璧主義といったこれまで企業が重要だとみなしてきたものがデジタル化とグローバル化で時代遅れになると予見させる。

デジタル的な変化もまた文化現象だ。それも大がかりな。

ソフトウェアとテクノロジーはデジタル的な変化の二十パーセントを占めるだけだ。いや、たかだか十パーセントにすぎない。それ以外はすべて人間の行動と思考によって進められる。これはよく耳にする経験則だ。哲学雑誌「ホーエ・ルフト（Hohe Luft）」にこんな指摘がある。

「デジタル的な変化でまず問題になるのはデジタルそのものではない。それを使う人間と、デジタル化が進む世界でわたしたちが演じる役割だ[15]」

デジタル時代に勝ち組となるのは部局とかヒエラルキーといった発想をやめ、迅速で、過誤をも許容し、顧客にすばらしい体験を提供して、技術面と人間の願望を合致させることをめざす企業だ。人間こそがこの文化的変化の中心になる。デジタル的な才能がある者はデータとテクノロジーを生活の質に変え、それまで考えてもみなかった発想をし、週末の買い物を自宅に運ぶのに籠やエコバッグを使うのと同じ感覚で、「これってデジタルでもできるかな？」と問うだろう。彼らの多くはコンピュータオタクだが、他の者はＩＴについてほとんどなにも知らなかったりする。彼らがエクセレントなのは別の分野だ。彼らは新しい可能性に取り組む想像力とヴィジョンをもっている。

インテリアとデザインの雑誌「エル・デコ」の編集長デリア・ラチャンスは大学卒業後、家具やインテリアを扱う魅力的なオンラインショップがないことに気づき、インテリア雑誌の体裁をとって連日新しいセールをするオンライン家具店ウェストウィングを着想した。テクノロジーはあったので、若い創業者は自分の意図を形にするだけでよかった。だが技術革新は、ショッピングとコンテンツの新しい混合というアイデアにこそあった。

はたしてエンジニアの技量は過去のものになるのだろうか。もちろんそんなことはない。当然、急速にデジタル化するスペシャリストの世界はテクノロジー的な行動特性《コンピテンシー》への広い視野をもっている。

未来の技術革新はクラウドをベースにしたサービスに依存する。モバイルのインターネットテクノロジー、ビデオ会議システムをはじめとするコラボレーションツール、ビッグデータ、モノのインターネット（ＩｏＴ）、人工知能、ロボット工学、ブロックチェーン、拡張現実。テクノロジーへの理解がなければ今後はますます立ちゆかなくなるだろう。「テクノロジーはテーブルの場所を必要としている。いや、そう求めているのだ」とアメリカのテクノロジー思想家ジョン・ノスタが書いている。ノスタによると、成功するための秘訣はＩＱ（知能指数）＋ＥＱ（心の知能指数）＋ＴＱ（技術指数）のコンビネーションにある。[16] それでもエンジニア的思考は今後も生き残るだろう。

デジタル時代において、ひとりで行動する人や小事にこだわる人は視野が狭いがゆえに、出張やディーゼルSUVと同じように過去のものとなるだろう。

アフターコロナ時代における技術革新はますます速度を上げ、実用性を高め、身近になるだろう。部局制や支店制の限界を越え、混合チームが主となり、これまで以上にリモートになるはずだ。決定はチーム内の投票で下され、顧客を満足させることが最優先される。なにより必要なのは想像力であり、そこからすべてがはじまる。オーストリアのギタリストで作曲家でもあるペーター・ホルトンはこういっている。

「想像力は、ヴィジョンがリアリティに手を伸ばすための天の使いだ」

テクノロジーの進歩によって、わたしたちは想像したものを迅速に実現できるようになるだろう。

平凡さの彼方

多くの人にとってこうした展開は有利となる。アメリカの経済学者リチャード・フロリダが知的労働者と呼ぶ、少なくとも全人口の三十パーセントを占める人々はその役割で評価される。指示を受けて働くのではなく、技術、マネジメント、健康、教育、デザイン、法曹界など要求度が高い分野で自分の知力と創造力を行使することができる。[17] こうした労働環境はやがて社会のいたるところでより魅力的なものとなり、労働はますます自己決定され、意味あるものになるだろう。徐々にだが確実にヒエラルキーよりも専門知識が評価されるようになる。だがこうした展開は多くの人にとってさらに大きな意味をもつ。はるかに多くの一般社員が自分の小さな持ち場だけでなく、全体に対して責任を感じるようになる。一番いいのは、強い願望をもつ者がみずからの行動でエクセレントになることだ。

もてはやされながら、スランプに悩まされ、そののち復活したゴルフの世界的スター、タイガー・ウッズがこうした心のもちようについて語っている。

「完璧なものなんてない。わたしたちは不完全な人間だ。どうやったって完璧になれるものではない。しかし、わたしはいつもプロとして卓越していると信じ、それを実現しようとしてきた。つねに完璧なスイングなどできないことは承知している。ただ最善を尽くすだけだ。それこそがわたしにとってプロとして卓越していることなのだ[18]」

一般に考えられているのとは違って、エクセレントであることは完璧であることや大きな成功を収めることと同義ではない。むしろいまある状態を脱して成長しようと努力することなのだ。いい換えれば、

エクセレントであることは努力の結果であり、ステータスではない。

成長し、自分を越え、個人的な可能性と生活の質の頂点に絶えず近づこうとすることで、人はエクセレントになれる。人間的にエクセレントになることはこの定義に従えば、わたしたちすべてにひらかれている。すでに大きな成果を上げているなか、そうしようと努力しはじめたところかどうかは、この際関係ない。

ビル・ゲイツがエクセレントである証は、世界有数の富豪のひとりであると同時に、世界一多くの寄付をしていることだ。それと同じように、現在大学で学んでいる世代が一学期分の単位をすべてオンラインで取得すること、定年間近の教師が九歳を対象にした授業を一週間でズーム（Zoom）に置き換えること、医療の予算でおばあさんから低学年の児童にいたるすべての人がマスクを自作すること、シングルマザーが堅信式（ローマ・カトリック教会において洗礼を受けた者を完全なキリスト教信者とする式）のお祝いに自分の子どものために用意したお金をタブレットに投資することなどもエクセレントだといえる。

エクセレントは偉大な人において実現するだけではない。わたしたちも小さいことなら、それに近いことができる。自分の生活領域あるいは特別な状況下で、わたしたちが個々人の通常レベルを超えて成長するときもそうだ。しかし、エクセレントが「なんでも達成できる」と期待してはいけないと哲学者ヴィルヘルム・シュミットはいっている[19]。エクセレントであることを証明するために、研究活動で賞を得ることから完璧な窓ふきまですべてをこなす必要はないのだ。たとえばあなたが仕事で成果を上げたとしても、父母はあなたのこだわりにあきれかえるかもしれない。あるいは、あなたが分析家としていくらすぐれていても、駆け引きは得意でないかもしれない。あるいはどんなに模範的な生活をしても、資産が一向に増えないかもしれない。だから次のことは知っておくべきだ。

「なにかがエクセレントなら、すべてにおいてあなたのポテンシャルは上がる」

これはポッドキャスト司会者として世界的に成功したジョー・ローガンの言葉だ。彼はイーロン・マスクやバーニー・サンダース（アメリカの政治家）といった大物にもインタビューしたことがあり、数百万のファンを抱えている。なにかがエクセレントなら、すべてにおいてあなたのポテンシャルは上がる。なぜそうなるのだろう。仕事であれ、スポーツであれ、親としての役割であれ、ボランティアであれ、一定の領域ですぐれている者はエクセレントがどういうものか知っていて、他の領域でも自然と基準を上げるからだ。こうした一流をめざす流れを見れば、わたしたちの時代にどれだけ大きなあこがれとそれを形にする可能性が秘められているかがわかる。これほど多くの人が男女を問わず、人間形成、安全、自由を享受し、自分のセンスや意識を高めたいという欲求を満たせる時代などいままでになかった。ただしこれに伴って成果とパーソナリティのさらなる進化がいろいろな面で必要になるだろう。

エクセレントはなぜ唐突に多くの人の関心を呼ぶようになったのか

詩人のノーラ・ゴムリンガーがすばらしいことをいっている。

「デジタルはわたしたちに世界全体を贈る[20]」

わたしもそう思う。デジタル化とそれに伴う社会変動は公私ともに広い地平をひらく。たしかにコロナ禍の影響を受けずにすんだ人はひとりもいないだろう。それでもいつか大多数の人間が自分で生き方を決め、包括的な情報を獲得し、ネットで世界中とつながり、第一級の娯楽を享受することになるはずだ。人類史においていったいいつ、これほど多くの人がいたるところで自由に自分のアイデアを実現し、自分の論点を世に問える時代があっただろうか。マウスをクリックするだけで願望を成就し、スワイプするだけで人とつながり、ものの数秒で複雑な知識と独創的な示唆が得られる。ビッグデータは「個別化された癌治療」を可能にし、運転支援機能は交通事故を減らし、ビデオ会議は二重の意味でエネルギーを節約し、スマートホームは太陽の位置に合わせて自動的にシェードを動かし、ワッツアップのビデオ機能でわたしたちは母親とコーヒータイムを楽しめる。

もちろんそのすべてが危険と隣り合わせでもある。大量の視覚信号と聴覚信号が洪水となってわたしたちの知覚に押しよせる。わたしたちは注意すべきデータを見落とし、生活のテンポを加速させ、完璧な生活をインスタグラム（Instagram）で見せつけられて自信をなくす。ホームオフィスが生み出す自由を享受できるのはたいていの場合、すでにそういう特権を得ている人だ。またデジタルに監視されるという不安は杞憂ではない。わたしたちはクリックベイト（ウェブ上の広告や記事に煽情的なタイトルをつけてユーザーのクリックを促そうとすること）、ポップアップ広告、フェイクニュースの術中にはまる。一目惚れなどなくなり、マッチする相手を探すようになる。トレンドについていけないという感覚が不安を呼びさまし、ストレスになる。しかし、前の世代が古い知識でなんとかやりくりしているのを尻目に、協力しあうという発想とそのための手法さえわが物にすれば、わたしたちはこのめまぐるしい環境の中でも生き残れるだろう。

まさにそうした理由からアップル、グーグル、BMWといった一流企業は、しばらく前から社員の専門性と同時に心の知能を高めることに腐心している。VUCA的世界の変化はすぐれたパーソナリティを求めるからだ。社員が労働の世界における変化を確信しながら対応しないかぎり、すぐれたプロダクトやプロセスやビジネスモデルは生まれない。つまり人間的な技量は、専門知識に裏付けられた能力を凌駕しているのだ。こうした認識はそれほど有名ではない企業でも共有されているが、なかなか実行に移せずにいる。二〇一九年にキャップジェミニ社がアンケートをとった企業では、トップマネジャーの五十パーセントがパーソナリティを開発するためのインセンティブを受けているが、中間管理職では三十パーセント、一般社員では二十パーセントにとどまっている。[21]

ではどうすればエクセレントになれるのか？

あなたがVUCA的世界からの挑発に直面したとき、あなたの企業が味方になってくれればもちろん理想的だ。だが結局のところ、エクセレントには自力でなるほかない。なぜならエクセレントは活動の結果だからだ。エクセレントの遺伝子は存在しない。生まれながらにエクセレントな者などいはしない。才能があっても、親のすねをかじれたとしても同じだ。ではどうするのがベストだろう。デジタル化・VUCA・アフターコロナが重なった時代でも、戦術はそれほど大きく変わらないが、心のあり方《コンピテンシー》が意味するものは部分的にずれるだろう。共感力ややる気といった時代を超えた価値はそのままだ。開放性、アジャイルマネジメント、リーダーシップといった新しい優先事項はさらに注目されるだろう。本書では人間的にエクセレントになるために必要な新旧の原動力を九つ取りあげる。どれかひとつでも、そしてすべて揃えばなおさら、より大きなことを考え、勇気をふるい、新しい方法を試すときの心の備えとなるだろう。

開放性

冒険家はきわめて少数派だ。たいていの人間はいつも同じであることを好む。だがデジタル化は未知の世界への出発を意味する。物事への対処はこれまでとまったく異なることになる。そのためにはひらかれた精神が必要だ。

内省

とはいえ、デジタル時代でも使える人間が求められる。多くのことが従来の労働の世界よりも迅速に取り組まれ、実行に移されることになる。それを可能にするためには、自分に課された使命を十全に理解する必要がある。だから内省は実行と同じように欠かせない。あとはパフォーマンス次第だ。

やる気

美貌とか表彰とか大抜擢は人目を引く。だがその裏でどんな努力をしているかは見えないものだ。音楽家はバカンス中でも稽古をしている。救命隊員は蘇生法の知見を定期的に更新している。社長になる人は学校時代からベストを尽くしているものだ……エクセレントたらんとする者は知っている。継続しなければ、すぐれた才能も平凡のまま終わってしまうことを。

健康

ハイパフォーマンスにはエネルギーがいる。心身共にうまくケアができているなら、プライベートでも、仕事でも成果を上げられるだろう。だから健康はすぐれたパフォーマンスに対する褒美ではない。すぐれたパフォーマンスへの助走なのだ。

統制

感情はいま高く評価されている。といってもすべての感情ではない。ストレス、短気、行きすぎたエゴイズムがわたしたちの生活をよくすることはない。人をその気にさせ、能力を引き出すには、自分の感情を制することができなければならない。幸福感、寛大さ、喜び、共感など協調や共生に資する気持ちを生かし切ることが望ましい。

共感

他者の気持ちになり、相手の考えに気づき、相手がどういう反応をするか憶測できることがいまほど重要になったことはない。他の人の欲求や論点に気づける人のみが生産的な関係性を築き、パーソナライズされた解決策を見出し、フォロワーを納得させられるのだ。

しなやかさ《アジャイル》

未知の水路の水先案内。それが新しい世界では必要だ。即座に方角を定め、状況が変わっても冷静さを保ち、完璧を求めず、とにかく事に当たる。そのためには学習し、適応し、自分を洗練させなければならない。すぐれた行動特性《コンピテンシー》は数あれど、しなやかさ〈アジャイル〉はわたしたちがもっとも手薄にしているところだ。

共鳴

集中的で、インスピレーションに富む出会いは創造力と技術革新力のポテンシャルを引き出す。サッカーチームであれ、室内管弦楽団であれ、家族であれ、プロジェクトチームであれ、そうした出会いが人の心をゆさぶり、刺激を授受し、その刺激を変化発展させる。同じ場にいる他の人たちが自分とは違う技量や経験を披露するとき、たいてい共鳴が起きる。

リーダーシップ

伝説の経営者ジャック・ウェルチがいっている。

「リーダーになる以前においては、成功とは自分自身を成長させることである。リーダーになったら、成功は他の人を成長させることを意味する」

エクセレントたらんとする者は独りよがりになってはだめだ。自分の論点や価値観を他の人にも共有してもらう必要がある。権威は地位に備わっているものではなく、将来を見通す力や積極的な意思疎通や個人的な高潔さに宿るのだ。

これから述べる項目は順に通読するもよし、好きなところから斜め読みするもよし、一番得るものがあると思われるところから読みはじめるのもいいだろう。いずれにせよ新たなすぐれた行動特性《コンピテンシー》が、多彩な戦術と可能性に満ちた世界の門をひらくだろう。なぜならエクセレントになる素地はだれの中にもあるからだ。より一層の努力をし、自分を超え、最高のヴァージョンを実現させるとき、人生が非凡たりうることを実感するはずだ。そのためにCEOや世界の企業家トップ一〇〇や、ファイナンス・テクノロジーの創業者や、年間ベストマネジャーである必要はない。

第1章
開放性

新しいものへの関心が
スーパーパワーを解放する

「なにか行動を起こしたい、心をひろくもちたい、ＩＴ大企業を変身させたい」
マイクロソフト社に就職したいなら、臆病風に吹かれてはいけない。世界最大の企業は、社員募集に応じた人たちに、心理学者がデジタルな変化の筆頭に上げるような新しい考え方とテクノロジーにひらかれた心を求めるだろう。他の人が気づかないことを見出す鋭い目、独自の意見を自分の胸にしまったままにしない知性が求められる。

もし企業が開放性をキャリアアップの必須条件とするなら、それは進歩が好奇心によってもたらされるという認識に基づいている。新しいものは普段の考えからそれたときに生まれる。歯を食いしばって未解決の謎に取り組むことに喜びを感じられるようでなければ、技術革新力と創造力が芽吹くことはない。好奇心をもつ人〈ホモ・クリオシタス〉の時代が来たのだ。[1] ウェブサイト「未来研究所(ZukunftsInstitut)」は、なにかを知ろうとして思いがけない発見をする人をそう呼んでいる。大多数の大人にとって、開放はいうは易し、行うは難しだ。新しもの好きはしばしばiPhoneの最新モデルや有名人のゴシップや野生動物と出会えると折り紙付きのサファリで知的飢えをしのぐ。エクセレントでありたいと思う者はお定まりの主義主張やルーチンと決別しなければならない。そうすれば新しいもの、複雑なものへの関心や、発見したいという気持ちや、世界を新しく考え直すときの刺激的な感覚が芽生えるだろう。

オーケー、ブーマー

時間を二十五年巻き戻そう。二十一世紀になる直前、医師のグループを三つに分けて、ある実験が行われた。各グループにある患者に関する二本のビデオを見せる。(2) 一本目のビデオは三つのグループすべてに見せる。二本目のビデオには三つのバリエーションがあった。三つのグループはそれと知らず、異なりはするが、互いに補完する情報を与えられた。そのあと三つのグループは共同で診断書を提出することになっていた。ところが実験は失敗に終わった。どのグループも自分だけが知っている情報を後生だいじに隠しつづけたためだ。結果、どのグループも正しい診断ができなかった。共同で作成した診断も同じだった。

実験に参加した医師はいま人生の半ばを過ぎている。わたしと同じようにスマートフォンもストリーミングもスカイプもソーシャルメディアもない時代に大人になった。仕事では創造力よりも時間を守ることが重視され、すぐれたパフォーマンスよりも協調性が評価された。そして公私ともにマニュアルに従った。そのマニュアルを気に入るかどうかは度外視された。ヒエラルキーがあるのは当たり前で、その階段を上ることに血道を上げた。顧客は中心的存在ではなく、面倒な存在だった。変化は緩慢で徐々にしか起こらなかった。そう、わたしたちは井の中の蛙だったのだ。知識は積極的に共有されることなく、自分のところにとどめられる。この経験がわたしたちの考え方に刻み込まれてきた。それはいまもわたしたちにこびりついている。

あなたがもっと若い世代ならば、おそらく我が意を得て、目を丸くしてあきれていうことだろう。「オーケー、ブーマー!」ニュージーランドの国会議員クロエ・スウォーブリックは年上の議員が飛ばしたヤジにそう返した。この言葉はネットを介してまたたく間に広まり、古い考え方や硬直した構造に対して抗議するときの常套句となった。ただしこの言葉にはひとつ欠点がある。勤労世代である四つの世代(ベビーブーム世代、ジェネレーションX、ジェネレーションY、ジェネレーションZ)の中でもっとも古いタイプが既存の価値を評価しすぎているだけではない。もっとも若い世代もそれほど開放されているわけではない。

あいにく、きみもだ、ズーマー

一九八五年以降に生まれた人たちはすぐれた教育を受け、国際感覚をもち、新しい生活や仕事の形に対してどんな世代よりもひらかれている。シンクタンクのゴットリープ・ドゥットヴァイラー研究所によれば、この世代は新しいアプリとテクノロジーにもっともひらかれているという(3)。それは前からわかっていたことだ。ところが好奇心と技術革新精神を、ズーマー世代はブーマー世代と同じくらい苦手にしているという。メルク社が学際的な研究グループと共同で行った好奇心調査がそういう結果を出している。新たに職業人となるズーマー世代は好奇心の総合評価で最下位となり、白髪頭のブーマーの後塵《こうじん》を拝した。そして他者のアイデアに対する心の解放性はもっと惨憺《さんたん》たるものだった。ここでも一番若い世代の就労者が最下位だった。ブーマー世代はあきらかに他者の提案に対して聞く耳

をもち、他のすべての世代を凌駕している。(4)

この結果は予想外だった。年上の世代と年下の世代について、これまでわたしが抱いていた考えと矛盾する。興味を抱いてこの件を調べてみて、思いのほか早く理由がわかった。もちろん若い世代にもいろいろと長所がある。しかしいくつかの理由から彼らの開放性には、ブレーキがかかっているのだ。

1　一番若い世代は良い人生についてはっきりとしたイメージをもっている。IUBHインターナショナル大学の人事専門家ズザンネ・ベーリッヒが共通点を見出している。仕事の安定、安心感、仕事とプライベートの明確な区別、固定化した組織、そして可能なかぎり対立を避ける傾向。(5) それに従えば良い人生が送れるというのだ。だが開放性はこれとは違う。

2　ミレニアル世代（ジェネレーションY）とズーマー世代（ジェネレーションZ）はあきらかに一般よりも悲観的な考え方をする。それはデロイト・ミレニアル年次調査二〇一九で明白だ。(6) 他の世代以上に気候変動とテロリズムを深刻に受け止め、心理的問題を抱え、(7) 人工知能やロボットに取って代わられることを危惧している。

3　ドイツのジェネレーションZは親世代の人生目標を引きずっている。大きな夢は家族を作ることと旅行だ。裕福になりたいとか、不動産を所有したいとか、社会に積極的に関わりたいといった志は、他の国の同世代と比べるとそれほど大きくない。(8)

4　ズーマー世代は道徳的なコンセンサスを評価する。メディアや社会の期待に合わせるのが自己表現だと考えている。それでも家父長的な考え方、性差別や人種差別という思考パターンとは距離を

置こうとする。言葉を換えると、

ヴィーガンレストランにタバコの煙が不似合いなように、旧来の白人中心で男性優位なものの見方はズーマーの世界像に当てはまらない。

受け入れられるか、受け入れられないかを「高い意識」で判断するズーマー世代の変化は、わたしから見たら遅すぎるくらいゆっくりだ。問題は限界線がどこに引かれているかだ。自分と違う考え方や行動を不適切だと感じるなら、精神性は地平を広げることに逆行して世界を狭めるだろう(9)。技術革新には他者や未知のものへの関心が必要だ。未来が過去から憶測できない状況ではなおさらだといえる。デンマーク生まれのアイスランド系芸術家オラファー・エリアソンがいっている。

「世界との摩擦が創造力の源だ」

開放性　それこそが心の課題

ウーバー（アメリカで誕生した配車サービス）のドライバーがタクシー事業者の収益を下落させ、Airbnb社のホストがホテル経営者に差をつけるようになって、ＶＵＣＡ的世界では変化の規模が大きいことがわかってきた。変化が徐々に進むことはめずらしく、「勝ち組の総取り」が基本だ。コロナ禍以前からビジネスモデルとテクノロジーはとっくに様変わりしていた。置かれた環境によって緻密にあるいは急速に人間の働き方、生き方、学び方、コミュニケーションの取り方は変わる。成長著しいスタートアップ企業は名だたる投資家を挑発する。それは刮目《かつもく》するようなソリューションにかぎらない。名だたる投資家のよりどころであるドイツ株価指数まで時代遅れのように思わせる。雇用主は当初上辺だけ変化に対応するだけかもしれない。けれどもわたしたちはタップによる決済、グーグルドライバーレスカー（グーグルが開発を進めている自動走行車）といった衝撃的な技術革新が偶然の産物ではないことに気づいている。そうした技術革新は人と違うことを考え、これまでＳＦの話だったことを試す人によって案出されるのだ。

そういうわけで、すぐれた経営者と従業員は技術的なセンスやマーケティングのノウハウと共に新しい視点やオーソドックスではない試みに心をひらくべきなのだ。たしかに、そのことを理解する企業も次第に増えている。だがまさにその点で、古い世代も中間の世代も、そして若い世代もまた試されることになる。考えを切り替え、一夜にして自分の行動を調整することは大半の人にとって至難の業だからだ。

学校が休校になった。そのせいで公園やカフェに人が増えている。二メートルのソーシャル・ディスタンスなんて守れるだろうか。どうだっていい。春が来た。春を味わいたい。コロナ禍がはじまった最初の数日で人間の意識を変えることは、タンカーの進路を変更するのと同じくらいむずかしいと思い知らされた。深刻な事態だというのに、分別をもとうというアピールを多くの人が聞き入れなかった。外出制限がはじまってようやく、ソーシャル・ディスタンスを守り、自宅にこもり、できるだけ人と会わないようになった。

開放性の欠如は意識にのぼらないことが多い。これは人間の九十五パーセントが自分は平均以上に開放的だと思っていることからきている。[10] 数学の天才でなくてもこの数字はおかしいと気づくだろう。わたしたちは自分を買いかぶっているのだ。それも大いに。ほとんどの人が自分は未来志向だと思っているのだとしたら、人類の半数は従来の考え方に固執していないことになる。こうした視野狭窄《きょうさく》は人間の本性だ。わたしたちは持続することに重きを置いている。さまざまな情報を効果的に処理し、以前からわかっていると信じていることを補完したり、拡張したりする。

コロナ時代に九十人のゲストを結婚披露宴に招くことは正気の沙汰ではない。それはそうだが、その結婚披露宴の準備に一年をかけていたら、脳内では経済原理が働く。断念するなどありえないと思うだろう。ことによっては必要不可欠だとこだわるかもしれない。脳内の省エネプログラムは通常ならとても良い働きをする。市内観光ガイドのように複雑な世界の水先案内をしてくれる。これには道に迷わず、無駄なことをせずにすむという利点がある。ところが光あるところには闇がある。新しい道を探求する代わりに、踏みならされた道を選ぶことが好まれる。

慣れ親しんだ枠組みがなんらかの変化で壊れるとき、独創的な人間ですら足をすくわれることがある。芸術監督クリスティアン・シュトゥックルがそういう経験をしている。二〇二〇年に予定されていたオーバーアマガウ（ドイツ南部のバイエルン州にある村）のキリスト受難劇（イエス・キリストが十字架刑に処される受難の過程を再現する劇が、十七世紀から十年に一度村人総出で上演されている）をはじめて二年延期せざるを得なくなったときのことだ。

「いかれているのは、事の次第をはっきり認識したはずなのに、まるでわかっていなかったことだ。いきなり我に返って自分に問いかけた。いまいったいなにをしているんだ、と」[11]

これまで存在していた準拠枠が瓦解すると、わたしたちはこの世界を理解できなくなる。どんなに心を開放していても、新奇な考えや提案や要求にはとっさに壁を作ってしまう。いつもと違うヨーグルト製品を買うときですら迷いが生じる。読者のことを「Leser*innen（「男性読者」を意味するドイツ語Leserと「女性読者」を意味するLeserinを融合させた造語。ドイツ語では職業をあらわす名詞で性差別の解消をめざしたこうした造語がよく使用される）」と呼ぶとき、言葉の美意識が損なわれたと感じる。年齢が三十三歳になると通常、新しい音楽を発見しなくなるという。[12] そしてドラマ『THIS IS US／ディス・イズ・アス』のシーズン3を見終わったり、『ナポリの物語』第四巻「失われた女の子」を読み終わったりしたとき、わたしたちは喪失感を味わうだろう。他にもすばらしいドラマや読むに値する本があっても、まず慰めにはならない。カーニバルやオクトーバーフェストが中止になれば、ドイツ人の多くが茫然自失するだろう。二十一世紀になってもなお、わたしたちはなぜ慣れ親しんだものにしがみつくのだろう。より大きな充実感を与えてくれるものに飛びつかないのはなぜだろう。その理由は十全に研究されている。

慣れ親しんだものを吸収するのはたやすい。新しいものを取り入れるには思考構造を変えなければならない。

認知発達心理学のパイオニア、ジャン・ピアジェがこう指摘している。情報を同化吸収できるとき、わたしたちは多くの知識を苦もなく易々と自分のものにする。自分にとって好ましい宇宙を段階的に補完し拡張する。だが異質な情報に適応するのはむずかしい。知らない意見や考え方や行動様式は自分の思考構造にうまく組み込めない。ちょうど別のパズルのピースが混入したようなものだ。精神的に対峙《たいじ》しなければならなくなる。その重要性を認め、留保を解かなければならない。またこれまでの思考構造が時代遅れだと判明し、直面する状況にそぐわないとわかったときには放棄する必要がある。そのすべてが精神的な負担となり、自己像にゆらぎを与え、自我を傷つける。南ドイツ新聞でフリーデマン・カーリヒが書いている。

「人間は物理的にも、精神的にも立脚点を求める。ある空間のある場所を自分の居場所ととらえた者はその場所に引き寄せられる[13]」

新しい考えがわたしたちの世界の脅威となるとき、わたしたちはこれまでの解釈を正当化するために抵抗するという。だが、しかし、だれにそんな必要があるのだろう。ばかげたことはやめよう！　せせこましい心のあり方《マインドセット》で、ささやかな幸福は維持できるかもしれない。だが大きな広い世界では、心の狭さは進歩を滞らせる。イギリスの哲学者フランシス・ベーコン（一五六一－一六二六）がいっている。

「見わたすかぎり海だからといって、陸地がないと考えるのはだめな冒険家だ」

技術革新を進める者にも同じことがいえる。新しいものに適応しようと努力する者は新しい岸辺をめざせる。吸収する場合と違い、適応するときは自分の認知構造を拡張する。新しいものは古いものとのあいだに摩擦を起こし、地平を広げる。わたしたちは新しい見方や行動パターンを考慮に入れる。役割が多様化し、個人的発展がいや増し、創造力が発揮される。なかなか期待がもてるではないか。ただしすでに指摘したように、わたしたちの脳は本来、即応可能な情報を好む。あらかじめもっている自分の意見が挑発されると、わたしたちはそれを異質なもの、あるいは間違ったものと感じる。それは世界でもっとも革命的な自動車にもあてはまる。

テスラは電気自動車のベンチマークだ。にもかかわらず、テスラの自動車もその外見は馬車の延長上にある。原因は部品にあるわけではない。電気自動車にはガソリンタンクがないし、モーターは缶詰くらいの大きさだし、充電池はそれほど重くない。これはデザインに従来なかった自由を与える。開発者とデザイナーのノートパソコンにはわくわくするような図案が存在する。ではなぜ実際のデザインはフォルクスワーゲンやBMWと同様の昔からよくあるスタイルなのか。その理由はイタリアの自動車デザイナーであるアンドレア・ザガートが明かしている。

「電気自動車に関心を寄せる人たちがわたしの知るフォルムを求めていることがうれしくてならない。わたしは消費者を技術革新へと誘《いざな》う必要があるが、過大な要求をしては、消費者は新しいもの、異質なものを拒絶してしまう(14)」

持続には圧倒的な魅力がある

同様のことは他の業界でも起きている。テクノロジーはすでにあるが、顧客、従業員、利害関係者がやり過ぎだと感じるせいで進歩にブレーキがかけられるのだ。コロナ禍以前からわたしたちの大半は現状に満ち足りていて、生活が乱されることを甘受できなくなっている。わたしたちは案内され、出迎えられることを欲している。もっといってしまえば、そっとしておいてほしいと望んでいるのだ。心がまだそこまで追いついていないのだ。無理もない。過去の生活と労働の世界ではいまあるものに疑問を呈する動機がほとんどなかったからだ。ものがあふれている社会では新しいものの魅力は相対的に落ちる、とスイスのシンクタンク、ゴットリープ・ドゥットヴァイラー・インスティテュートが指摘している。[15] 製品のマイナーチェンジばかりが繰り返され、サービスの向上も緩慢だ。一般社員のみならず、企業そのものも、疑問をもたずに活動できることを最近まで望ましいとしてきた。こうした心のあり方《マインドセット》がわたしたちの骨の髄まで染み込んでいる。DNAに刷り込まれているといっても差し支えないだろう。しかもそれは一般社員にとどまらない。トップマネジャーでさえ、そこから自由ではない。会社は管理職と一般社員に開放性を要求しつつあるが、矛盾したことに経営陣には継続という言葉を口にする傾向がある。アップルの伝説的デザイナー、ジョナサン・アイブが退職するときも、ソフトウェア会社ＳＡＰのＣＥＯが交代したときも、ダイムラーの取締役会会長にオラ・ケレニウスが招聘されたときも、信頼と継続が約束された。

••••••••••••••

二〇一九年秋、クリスチャン・クラインとジェニファー・モーガンがＳＡＰ社の共同ＣＥＯに就任した。ニュースチャンネルｎ－ｔｖで新しいＣＥＯはこんな見取り図を描いて見せた。

「われわれの戦術とＳＡＰ社の方針を継続する。着手してきた計画はすでに実を結びつつある。われわれは今後もよい結果を生むべく、これらの計画をつづける」(16)

••••••••••••••

当時、このインタビューを見たわたしは違和感を覚えた。役員交代は一般社員と顧客を次のレベルへ上げるためではないだろうか。どうしてリーダーは心の開放が必要だと範を示す機会を逸するようなことをするのだろう。なぜすべてこれまでどおりだなどと訴えるのだろう。もしかして前任者に敬意を払ってのことだろうか。それとも一般社員と利害関係者の気持ちを落ち着かせるための気休めだろうか。わたしは、不用意に口をすべらせてしまったものとにらんでいる。

ひらかれていて、適応しようとする思考はアボカドトーストのようにわたしたちの時代にマッチするが、それでも慣れ親しんだもののほうが未知のものよりもわたしたちに近しい存在だ。

自分の行動と意識的に対決しないかぎり、だれもこういう状況から抜け出せないだろう。トップに立つ者でさえそうなのだ。

マイクロソフトのCEOサティア・ナデラは変化を望まない傾向がどのようなことに影響を及ぼすか理解した最初のCEOだろう。ナデラはこういっている。

「変化はどんなものでも困難を伴う。企業というものをいったん忘れ、個々の人間のことを考えてみよう。だれかが『やあ、きみには今日変わってもらう』などといったら、とんでもないことだ。不愉快きわまりないだろう。しかし、なにもしなければ、なにかに適応するというもっとも人間らしい技量は宝の持ち腐れになるとみんなわかっているはずだ。企業も変わらなければ、いつか存在できなくなる[17]」

変化は不安を伴う。賭けてもいいが、新型コロナウイルスが蔓延したとき、だれもが驚いたはずだ。たいていの人にとって、一番大変だったのは自分が感染するかもしれないという不安ではなかった。曖昧模糊としたややこしい状況にいきなり叩き込まれたことだ。一夜にしてVUCAが自宅に押しよせ、日々、状況が変わった。チェンジマネジメントもないまま、わたしたちは突然、ホームオフィスに仕事を切り替え、オンラインで顧客に連絡を取り、ウェブ会議をひらき、編集計画を更新し、新しいフォーマットや製品を開発せざるをえなくなった。時を同じくして、金融資産が急落し、スーパーの棚が見たこともないほどがらがらになり、学校が閉鎖された。そして大学入学資格試験《アビトゥーア》がいつどのように実施されるか、というよりそもそも実施されるかどうかすら、だれにもわからなくなった。わたしたちは終わりの見えない事態に巻き込まれたのだ。まわりでは会社や商店も閉まってしまった。経済的に立ちゆくのかという不安が芽生えた。やがて、徐々にだが、わたしたちは危機的状況の中で

開放性が低い人	開放性が高い人
結果の出ている成功パターンに従って行動する。自分の見解に固執し、広く行動するよりも深く行動する。はっきりした目標を好み、与えられた仕事を確実にこなす。危機を解決すべき問題ととらえ、可能なかぎり速やかに現状に復帰しようとする。	自分を作り手と理解している。独自に考え行動することを好む。反復し、いろいろな角度から関心をもって試みる。他の人の生活や活動に興味を抱き、関連性を調べる。危機を変化と改善のための触媒とみなす。

見えてきた可能性に視線を向けられるようになった。一時停止し、正気に戻り、本質的なものに絞り、新しい労働形態、生活形態を試してみた。なかなか適応できないのは人間らしいし、ふつうのことだ。開放性は、気にかけなければ活発化しないエクセレントな能力に属する。

脳を成長志向に切り替える

二〇二〇年春でもはっきり見てとれたことだが、新しいこと、未知のことに心をひらくことは多くの人にとって簡単ではなかった。開放性というリソースは満遍なく付与されているわけではないからだ。新たな経験とアイデアをどこまで求めるかはわたしたちの遺伝子が決める。だれもが生まれながらに保守的に性向と開放的な性向を併せもっている。

多くの性格特性と同じで、開放の度合いも無理やり変えられるものではない。新しい経験に心をひらきたいなら、内省と良い習慣で技量を上げることは可能だ。エクセレントな人は生涯にわたって日々この技量を上げている。

…二〇一四年、マイクロソフトは業界で落ち目の企業とみなされて…

いた。ところがサティア・ナデラがCEOになってから一変した。理由はナデラが導入した企業文化にある。ナデラは開放性が成功の秘訣だと理解していて、開放の度合いを上げることをすべての社員に課した。ソフトウェア開発者にも、トップマネジメントにも、そしてなにより自分にも。

「退社するとき、自分にこう問わなければならない。『どこかで頑迷すぎなかっただろうか。あるいはどこかで成長しようとする気持ちに陰りはなかっただろうか』」[18]

マイクロソフトの企業文化を変える決定的なアイデアをもたらしたのは天啓でもなければ、コンサルタントのエリート企業でもなかった。スタンフォード大学の心理学者キャロル・S・ドゥエックの著書を妻に勧められ、ナデラが読んだことがきっかけだった。ベストセラーになったドゥエックの著書は「成長型マインドセット」の利点を説いている。その説によると、心をひらいて、現状に固執しなければ、人間は才能を花開かせつづけるという[19]。この考えがナデラの心の琴線に触れた。会社を指揮する上での核心を成長型マインドセットの簡単な心理的原理に見出したのだ。つまりなんでも知っていると高をくくっている社員に学ぶ姿勢を強いたのだ。社員がお互いをライバル視するのではなく、一丸となってラディカルな新しいソリューションを追求しないかぎり、マイクロソフトに再上昇はないとナデラは見た。企業が成功を収めるには、社員がインスピレーションを出しあっていっしょに成果を上げ、フィードバックする心構えを忘れず、テクノロジーの豊富なオプションから進んでさまざまなことを汲みとることが欠かせないのだ。

ナデラが進めた開放は成果を上げた。二〇一九年、マイクロソフトはアップルやアマゾンを抜いてもっとも価値の高い企業になった。ナデラが企業文化を百八十度転換したおかげで、顧客も社員も就職希望者もマイクロソフトをふたたびクールで革新的だと見るようになった。マイクロソフトの副社長ジョー・ウィッティングヒルがいっている。

「わたしたちが行った企業文化の転換と再編はじつにうまくいったと確信している。わたしたちは現在も将来も成長型マインドセットの深い理解を足場にすることだろう[20]」

ナデラのサクセスストーリーから、エクセレントになるために必要なきっかけはどこに転がっているかわからないということを教えられた。ナデラが二〇一四年にＣＥＯに就任し、変革と開放と活力の模範へと会社を導いたとき、キャロル・Ｓ・ドゥエックの著書は出版されてからすでに数年が経っていた。その本はシアトルだろうと、シュトゥットガルトだろうと、どこでもモヒート二杯分の代金で購入できる。だからといって、だれでもナデラのようにその本の真価を読み取れるとは限らない。

だれもが一流のＣＥＯと同じすぐれたアイデアをもてればいいのだが。

正直いって、ナデラ以外にアイデアをここまで効果的に形にできる人はいないだろう。それでも、できたらすばらしいとわたしは思う。画期的な認識はなにから生まれるかわからない。わたしたちに必要なのはその価値を認識する心のあり方《マインドセット》だ。目を見ひらいて世界を歩き、専門とは違う未知の刺激に潜む技術革新力に気づき、それを把握し、自分のものとし、自分のプロジェクトやキャリアに応用することが肝要なのだ。

わたしたちの中にいるゴリラ

新しい経験に心をひらくというのはなにを意味するのだろう。「サイエンティフィック・アメリカン」誌が答えを出している。

「新しい経験に心をひらく人は通常、知的好奇心があり、独創的で、想像力に富んでいる。知覚可能な刺激がより多く意識に届くので、他の人が見ないものに目がとまる[21]」

たしかに開放値が高い人は開放値が低い人とは違った目で世界を認識する。ある有名な実験がその違いをあきらかにしている。

一番いいのは、あなたも試してみることだ。ユーチューブ（YouTube）をひらいて、「Awareness Test Simons Chabris」と検索して、短い映像を見てほしい。ハーバード大学の実験心理学者クリストファー・シャブリーとダニエル・シモンズは同じクリップを百人以上の被験者に見せた。白いシャツを着た三人に黒いシャツを着た三人。「白いシャツを着た人がバスケットボールをパスした回数を数える」というのが課題だ。[22]やってみよう。パスの回数は正しく数えられたはずだ。しかしそれより興味深いのは、プレイヤーの中に紛れ込んだ黒いゴリラを見たか、という問いのほうだ。

ゴリラの乱入に気づいたのなら、あなたの開放値はかなり高いだろう。ただし数えることに熱中して気づかない確率のほうが高い。この実験では、被験者の四分の三がゴリラに気づかなかった。[23] 理由は明白だ。大半の人は白いシャツの人と行き交うボールに意識を集中させる。課題をうまく解決するにはこうするほかない。学校ではこうした集中力が称揚される。思い出してみてほしい！　優等生は気を散らさず、九九や動詞の過去形をしっかり覚えた。だが授業以外のことに気を散らす子はできの悪い生徒、注意散漫な子とみなされたはずだ。

刷り込みはあとあとまで影響し、元々わたしたちの思考に備わっているものを強化する。限られたリソースを保護するため、わたしたちの脳は重要と思われるものに集中するようにできている。ケルン体育大学の認知およびスポーツプレイ研究科の心理学者カリーナ・クライツがこのことを証明している。その結果、矛盾する効果が判明している。

従事していることと周囲の刺激を区別すればするほど、その刺激は少なくなる。

重要でないことは、わたしたちの意識にのぼらない。高い知性をもつ者でも避けられないこの現象[24]を、心理学者は「非注意性盲目」と呼んでいる。わたしたちは木を見て森を見ない。そしてバスケットボールをパスする人たちにまざるゴリラに気づかない。非注意性盲目は、あまり変数がない仕事を正確に効率よくこなす助けにはなる。貸借対照表や税務申告やインプラント治療には集中が必要だ。

そういうときには有効だ。しかしＶＵＣＡ的世界はルールを一変させる。視野を狭くせざるをえない仕事は評価されるし、やりがいがあるが、それは標準化に適している。だから将来、人工知能に取って代わられるだろう。一定の特殊な分野ではアルゴリズムとニューラルネットワークが容赦ないほど効率的に作業する。人間はとても太刀打ちできない。

マンモグラフィーの画像診断は責任重大だ。それなのに間違いが起きて、明暗を分けることがある。最近は人工知能でマンモグラフィー画像から癌を発見する技術が開発されている。医師は診断に介在せず、点検も行わない。人工知能の正解率はほぼ九十パーセントに達している。つまりいまや自己学習型人工知能はマンモグラフィー画像内の異常を放射線科医と同じレベルで発見しているのだ。(25)

結果はいうまでもない。デジタル化が進めば、自動化できる仕事に人間の知能はいらなくなっていくだろう。医療現場で画像診断が人の生死を分ける場合でもだ。そうなると、わたしたち人間に残されるのは状況に対処し、技術に外部委託できない、あるいは少なくともまだ不可能な問題を解決することだけだ。

エクセレントな人にはなぜ好奇心が欠かせないのか？

「好奇心以上に強く働きかけるものはない。それは個人の場合も、社会の場合も、組織の場合も同じだ」

サイエンステクノロジー企業メルクのウェブサイトにはこう書かれている。二〇二〇年一月にアメリカ合衆国の最初のコロナ感染者がシアトル国際空港に到着したときから、メルクは急ピッチで抗生物質を研究している。児童から取り除こうとしている好奇心をよりによって健康産業の企業が職場で重視するとは。好奇心を手堅い言葉で言い換えると「知識欲」になるが、同時に遊びの要素や奔放なイメージがついてまわる。真面目な努力や新しいソリューションへの開放性とは異なる、試したり、こっそり探りを入れたりといった無意味な行動を連想させる。

好奇心の評判が悪いのには歴史的背景がある。教会から見ると、好奇心は宗教上の罪だった。神が全知全能であることに疑問を呈することになるからだ。数学者で天文学者でもあったガリレオ・ガリレイはそのせいで苦渋をなめた。ガリレオの知見によって、世界は新しい時代に入るが、彼はカトリック教会が支持する天動説に疑義を唱えたことによって教会に罰せられた。ガリレオが問題解決への第一歩とみなした好奇心は、新時代になって教会のタブーから解放された。それからは学問と研究の原動力へ格上げされた。

好奇心は電気、ペニシリン、宇宙飛行、iPhone、グリーンエネルギーをもたらした。

子どもはみなセサミストリートで学んでいることがある。質問しない者は愚かでありつづけるということだ。すぐれた技術革新を生み出せるのは好奇心のある人間だけだ。企業もそう考えるようになった。ガリレオの時代から四百年経って、テクノロジー業界、医療業界、製造業界の経営陣は「何が技術革新の文化をもたらすか？」という問いに「好奇心の促進と報酬」と答えるようになった。一生をかけて世界中の無知蒙昧《むちもうまい》と戦ってきた有名なスウェーデンの統計学者ハンス・ロスリングの言葉に耳を傾けてみよう。

「好奇心をもつことは開放を肯定し、積極的に新しい情報を求めることを意味する。また自分の世界観に合わない事実を受け入れ、その結果を理解しようとするということだ。そして過ちを犯しても困惑するのではなく、関心を寄せるということでもある[26]」

　好奇心はわたしたちが徹底的に考えるきっかけとなる。そして新天地へ乗り出し、変化した、というより悪化している状況に適応する契機ともなる。学者の場合は物事の裏を見る楽しみにもつながる。学者のほぼふたりにひとりはメルク社の好奇心インデックスで最高の評価を得ている。一方、公務員はわずか四人にひとりだ[27]。研究者はときどき立場上の限界を超えて好奇心に駆られるからだろう。

　一九二九年夏、若い医師ヴェルナー・フォルスマンは昼休みに自分の左腕に麻酔をし、血管に針を入れ、カテーテルを静脈から六十センチ先の心臓まで通した。そしてカテーテルの先端が右心室に達しているのをレントゲン写真で確認した。彼の上司たちは、フォルスマンが自分を実験台にしたことをよく思わず、彼の評判は損なわれた。だが学問的好奇心は勝利した。フォルスマンは研究をつづけ、その後も自分を実験台にして、一九五六年、心臓カテーテルの発明でノーベル生理学・医学賞を受賞した。(28)

セレンディピティ　新しいものを探し、見つけることについて

ハチノスツヅリガの幼虫はプラスチックを食べる。このことを突き止めたのはスペインの生物学者フェデリカ・ベルトッチーニだ。養蜂を趣味にしている彼女は養蜂箱を清掃していたときにハチノスツヅリガの幼虫が湧いていることに気づいた。幼虫は蜂の巣を破壊していた。ベルトッチーニは取り除いた幼虫をビニール袋に入れて観察した。するとしばらくして幼虫は袋を食い破って這いだしたのだ。ベルトッチーニはこの事実をさらに調べ、彼女の研究チームは、およそ百匹の幼虫が十二時間後、約九十二ミリグラムのプラスチックを食べたことを確認した。プラスチックの分解速度としてはこれまで知られていたどんな方法よりも速かった。おそらく幼虫の消化器官がポリエチレンに似た分子構造をもつ蜜蠟《みつろう》に適応していたからだろう。(29) ビニール袋を敵視する流れの中で、これはセンセーショナルなニュースだった。

進歩はラボやノートパソコンで起きると一般に思われているが、そんなことはない。耳目を集めるような発見はしばしば、思いがけないところで起きるものだ。こういう偶然の賜は英語でセレンディ

ピティ（serendipity）と呼ばれる。響きはいいが、訳しづらいこの言葉は「セレンディップの三人の王子」というペルシアのおとぎ話から来ている。セレンディップはスリランカの古称だ。おとぎ話によると、セレンディップで強大な王が三人の王子と暮らしていた。王は王子たちにこの世でもっとも高価なものを与えようとする。だが権力や財産ではなかった。王は王子たちにすぐれた観察眼をもつように諭したのだ。まもなく王子たちは草が育つ音を聞き分けられるようになる。その後、特別なものを見る目を養い、本来無関係な情報をつなげる嗅覚をもつ。こうした特技を生かして、王子たちはどんな状況にもめげず世界を股にかける。

マーク・ザッカーバーグ、イーロン・マスク、ラリー・エリソンはこの王子たちの現代版といっていい。

あるいはドイツに目を向けるなら、アプリ「ブリンキスト（Blinkist）」を開発したホルガー・ザイム、トビアス・バリング、ゼバスティアン・クライン、ニクラス・ヤンゼンの四人ということになるだろう。

…………

ノンフィクションの本の要約が読めるアプリ「ブリンキスト」を開発したベルリン在住のこの四人の創業者は二〇一九年末の時点で世界中に一千二百万人のユーザーを抱えている。彼らはまさに己をもって他を推し測ったのだ。

…………

「未読の本がここ数年どんどん本棚にたまっていくのに、この問題への納得のいく解決策がなかった。あるときわたしたちは、アイデアやコンセプトを伝えるのに本当にいつも三百ページを必要とするのだろうかと自問した[30]」

そこからノンフィクションの要約をアプリで音読するというアイデアにつながった。ユーザーは十五分で一冊の本の骨子をつかむことができる。「好奇心旺盛な心に奉仕する」という標語は「ブリンキスト」にぴったりだ。

現代版セレンディップの王子王女が知的だというのは旧来の意味だけではない。彼らがトレンドを把握し、チャンスに気づくのは、目を見ひらいて世界を股にかけているからだ。他の人より先んじられるのは繊細かつ特別な、型にはまらないものを感じとるセンスがあるからだ。目ざとく、好奇心に満ちた人は、非注意性盲目を患う人が見落とし、先入観にとらわれた人が奇抜なだけでいかれているといって捨て去るものを金に変える。

学者、アーティスト、作家といった創造的な人はいつもそのように仕事をしている。フランス人画家イヴ・クラインは自作のインターナショナル・クライン・ブルーだけでキャンバスを染める。iPhoneを発明したスティーブ・ジョブズは電話とカメラとMP3プレイヤーを一体化した。ドイツのアルゴイ地方でホテル経営をしているクラウス・フーバーは標高九百五十メートルの山頂にツバメの巣のようなアウトドアキッチンを作り、自然の中でゲストに美食と文化を提供して……いる。[31]

セレンディピティは探していないものに突き当たる幸せな才能といえる。思いがけない発見をし、すばらしい思いつきをし、通りすがりにピンとくるような示唆を受ける。だがそれがすべてではない。偶然の思いつきは、そのポテンシャルを理解し、追いかけるときはじめて技術革新や幸福や成功の鍵となる。そういうことに目ざとく、即座に対応できる人はごく少数だ。古代からそういうものだった。ギリシア神話に、幸運な偶然がいかにはかないかを象徴する神カイロスがいる。カイロスはいろいろなところに出没するが、じっとしていることはなく、すぐに去ってしまう。捕まえられるのは一瞬だけ。迷わずカイロスの前髪をつかまなければだめだ。その一瞬が過ぎると、カイロスの禿げた後頭部をつかみ損ねることになる。時すでに遅し。単調な毎日に埋没していると、そういうことがよく起きる。いつもどおりの仕事をこなすほうが、ものになるかわからないひらめきを追いかけたり、突然の思いつきを追求したりするよりも重要だと思っているからだ。

それゆえなんでもできるが、しなくてもよい状況では、わたしたちは偶発的なものから目をそらしがちだ。

ケルン体育大学の心理学者ダニエル・メメルトがそういう結論に達している。メメルトはハンドボールの選手と行った実験で、監督が指図しすぎると、選手は良い位置にいるチームメイトを見落としてチャンスを逃す傾向が強くなることを突き止めた。監督の指図が先入観となって、選手は特定の戦術に固執し、偶然の幸運に気づかなくなる。これを企業に置き換えると、プレッシャーとハンディキャップ、スタンダードとプロセス、そして自分はすぐれていて、ミスを犯さないという思い込みが注意力を削ぎ、目をくもらすことになる。セレンディピティ効果を発揮させるなら、突拍子もないアイデアを肥沃な大地に植えつける努力を惜しんではいけない。

ハイウェイモードからサファリモードへ

はっきりいってしまおう。最近まで多くのトップマネジャーは好奇心やセレンディピティや成長型マインドセットを世迷《よま》い言《ごと》だと切り捨てていた。ウェブサイト「未来研究所」が新しい経験として注目している開放性は、職業上の成功には重要ではないとみなされてきた。(32)「実行中のシステムの変更は厳禁（Never change a running system）」それが現行のシステムの原則だ。一般社員と管理職の大多数が井の中の蛙で、私情をまじえないことをよしとしていた。そして多くの人がいまだにそうだ。なぜならひらかれていて、ダイナミックな心《マインドセット》のあり方は命令されてできるようになるものではないからだ。わたしたちの心に深く根を下ろした習慣を根底からくつがえすからだ。もちろんコロナ・パンデミック以降、絶えざる変化と矛盾する目標の釣り合いと情報の増大が顕著になり、新しい観点や価値を熱心に好奇心をもって吸収する必要があることがわかってきた。だが急激に学習しつつも、多くを開放することに心の準備が整っている人はごくわずかだ。古い規範に逆戻りするようなら、わたしたちは昔ながらのルーチンワークや主義主張に足をすくわれないように断固注意しなければならない。簡単にできることではない。けれども、無計画なことに対応するように脳を鍛えることはできる。ニュージーランドの企業コンサルタント、ダグ・マールシャルクはこの必要不可欠な思考の転換について、じつに的確なたとえをしている。

これまで大半の人はハイウェイモードで考え、働いてきた。だがこの先VUCA的世界で有効なのはサファリモードだ。

最近まではどうだっただろう。仕事でも、生活でも、スピード記録を打ち立てることしか頭にないドライバーのように記録的な速さでものごとを処理する人がもっとも成功した。そういうシステムの中でわたしたちは学校に通い、大学で単位を取り、修士号や博士号まで取得し、キャリアアップに血道を上げ、わきめもふらず最短コースでゴールをめざしてきた。努力すれば報われ、速度を上げれば、より速く先に進め、そうすればより確実にゴールに辿り着く。ルートは明確に示され、成果ははっきりと定義されていた。

VUCA的世界における成功はこれとは違う。はるかに計画不能だ。未来がどのように展開するか、確実に予測することはきわめて困難である。従ってエクセレントな人は、存在を知られていなかったシーンに対応することになる。しかも新型コロナウイルス感染症が猛威をふるっているのだから始末に困る。長期計画は無効となり、毎日計画を立て直すことになる。計画が立たない世界ではもはや日曜日の朝の高速道路でのようにアクセルを踏めないことを、わたしたちは自分の生活の中で体験した。医師も政治家も手探り状態で、新たに学習し、状況を観察し、進むべき方向を調整し、修正するほかない。まさにこうしたことをダグ・マールシャルクはケニアのサファリで完璧に実践した。(33)

　自分でハンドルを握ってサファリを体験するとき、セレンディピティのなんたるかがわかる。都合よく象が鳴く保証はない。カバが水から出てくるかどうか、ライオンがちらっとでも姿を見せるかどうかまったくわからないのだ。野生動物があらわれるのを水場で何時間も待つことのほうが多いだろう。そうやって野生動物に近づこうとするのは一見無計画に思える。だがよく見ると、そこにもシステムがある。ダグ・マールシャルクはいっている。

「わたしは起きたことを写真やビデオに撮り、メモをした。わたしたちが足を延ばしたところを国立公園のマップに記録し、見かけた動物の中でも希少なものの行動パターンについて情報を入手し、グループ内で意見交換した」

　そういう準備をしたおかげで、ヒョウを見たという情報に触れたとき、すばやく確実に行動できたという。

スーパー遭遇者の秘密

ＶＵＣＡ的世界もアフリカの自然と同じようなものだ。充実した体験を望む者には目標地点についての知識と忍耐と思わぬ発見に気づくセンスが求められる。ただしわたしたちが期待するのは野生動物との遭遇ではなく、思考の糧となるものだ。ボストンのシモンズ大学教授サンドラ・エルデレーズは、情報探索中に偶然発見した曖昧なものの価値を認識し、アイデアの源泉たりうると直感することを「情報遭遇」と名付けた。これを一番うまくできるのがスーパー遭遇者だ。そういう人は、良いものは別の場所や思ったよりも近いところにあることを知っていて、すぐれた思いつきを計画に織り込む。これは嗅覚がなければ無理な相談だ。エルデレーズは、スーパー遭遇者が思いがけない情報の価値をどこで認識するのか検討した。だが測定でき、あとづけ可能だという期待はものの見事に打ち砕かれた。

スーパー遭遇者は気分が変わるだけですぐれたアイデアに気づく。

潜在的な絶望感は、だいじなものの手がかりをつかんだという高揚感に変わる。ただし、たいていのセレンディピティ・スペシャリストは自分の行動を宣伝したりしない。山師だと思われるのがオチだからだ。だが事例をひとつだけ紹介しよう。ウォルト・ディズニーはディズニーランドのアイデアを子どもの遊び場で思いついたという。娘がブランコに乗っているのを見て、子どもだけでなく、大人も楽しめる遊園地を作らなくてはと思ったという。

巨大な企画もこんなささやかな思いつきからはじまる。ただし平凡な観察や偶然の出会いや小耳にはさんだ程度の話から生まれたそのアイデアが、企画開始の決定打あるいは壁を突破するのに欠けていた添加剤になるといっても、企画部門やイノベーション部門では相手にされないだろう。偶然の発見が大きな成果を上げてはじめて、その種の話は受け入れられ、エクセレントな人の証明書となる。スターバックスの創業者ハワード・シュルツのエピソードもそうしたもののひとつだ。

ハワード・シュルツは世界的富豪千人のひとりに数えられているが、元からそうだったわけではない。一家で最初の大学進学者だった彼は、まずスターバックス・コーヒー・ティー＆スパイス社の社員となった。当時のスターバックスはシアトルに小さな店舗を四店持ち、焙煎したてのコーヒー豆やコーヒーメーカーを売っているだけだった。だが就職して一年後、シュルツはミラノに出張し、イタリアのコーヒー文化に触れた。バールという店舗形式や顧客ひとりひとりに応対するバリスタという職業、クレマが浮かぶコーヒー。感激した彼はこういうコーヒー文化をアメリカ合衆国に持ち込みたいと思った。経営陣はそのアイデアに消極的だった。そこでシュルツは独立し、自分のコーヒーハウスを開業した。それでもスターバックスという社名にこだわりがあり、機会を見つけてスターバックスの商標を創業者から買い取った。あとはよく知られているとおりだ。シュルツは小さなコーヒー焙煎会社を、三万を超える店舗を展開するグローバル企業へと変身させた。その魅力は「アイスカフェ・アメリカーノ」や「フレーバーコーヒー」といったドリンク類にとどまらない。スターバックスの各店舗は、顧客が自宅やイタリアのバールにいるような感覚を味わえるコンセプトを打ち出している。

もちろん情報遭遇とセレンディピティがグローバル企業の礎石となることはまれだが、セレンディピティは小規模でも機能する。それにはわたしたちが偶然の刺激を知覚し、それに喜びを覚え、自分の予感をナンセンスと断じないことが前提だ。

料理人のナカムラ・トオルはドイツの他のコックと違って、ヨーロッパの高級料理を和食と結びつけ、独自性を出すコツを心得ている。「SZマガジン」誌のインタビューでナカムラ・トオルは、フェンネルと緑茶のソースを添えたヨーロピアンシーバス料理を偶然思いついたと語っている。

「自宅で食器を洗っていたときに煎茶を飲んでいたんです。そしてあのビネグレットソースを思いついたのです(34)」

生魚に緑茶のソースを添えて出すなどと、だれが思いつくだろう。わたしには無理だ。レシピどおりに料理することはできるが、このようなものを自力で考案するにはフュージョン料理やフードペアリング（食べものや飲みものの相性のいい組み合わせ）の知識が欠けている。セレンディピティは専門知識と結びついたときに真価を発揮することがここからわかるだろう。わたしたちがノウハウをもち、偶然観察したことに価値を見出し、自分のプロジェクトに統合できなければ、偶然という幸運は微笑まないだろう。

未熟な思いつきに価値を見出すことはグループワークでも重要だ。ライティングセミナーで参加者にグループワークをしてもらうと、よくこんな経験をする。だれかがそれまで話しあわれたことを超える発想を口にし、未熟だが、はっとする表現を見つけることがある。だがこうした鋭い思いつきははかなく消える。だれひとりその価値に気づかず、それに気を配らず、それをさらに紡ごうとせず、そこに立ち戻ることはない。そのひらめきは霧散し、月並みなことを熱中して話す。わたしが作業を中断させ、さっきのひらめきを指摘しないかぎり、それを仔細に検討したり、思考のジャンプ台に使うことはない。「セレンディピティが手に入ったら（そうそうあることではないが）、それを生かさなければならない」とダグ・マールシャルクはいっている。[35] 結局のところ偶然が役立つのは、その価値がわかり、その偶然を賓客のようにもてなし、粘り強く投資する人に限られる。

まとめ　ひらかれた精神のための七つの示唆

複雑きわまりない環境において、数式やレシピやルールなどの習い覚えた知識は時代遅れとまではいわないが、あまり評価されない。それでも過去の産物の水準はもうしばらく維持されそうだ。だが新しい時代に対応するには、高い専門的能力や冷徹なロジック以上のものが必要とされる。ドラマチックに激変する世界では、ひらかれたハングリー精神がエクセレントになるための基本要件だ。これから述べる七つのメソッドがあなたの頭の働きを機敏にしてくれるだろう。もしかしたらあなたが勤める会社はいまだに既知のロジックにすがっているかもしれないが。

1　無制限の好奇心

イギリスの宇宙物理学者スティーヴン・ホーキングは人生最後にした講演のひとつでこういっている。

「いいですか、みなさんは星を見上げても、足下に目が向かない。自分が目にしているものがなんであるか理解するよう努めてください。宇宙はなぜ存在するのか考えてください。好奇心をもちつづけてください(36)」

ホーキングは自然科学のスーパースターだった。尋常ではない才能をもつ者として、尋常ではない成功がなにをよりどころにしているかわかっていた。個人の場合も、企業の場合も、技術革新のポテンシャルを開放する鍵のひとつになるのが好奇心だと知っていたのだ。むろん好奇心ならなんでもいいわけではない。とりわけビジネスシーンでは、目的に合った情報を探すように求められる。この種の好奇心はすばやく手堅い結果をもたらす。だがオレゴン州立大学の組織心理学者ジェイ・ハーディの研究によれば、とくにすぐれた技術革新をもたらすのは広がりのある異なる好奇心なのだ(37)。といっても、適当に情報を探しまわることはこれまで評判がよくなかった。

「こうした好奇心はしばしば表面的な気晴らしだとみなされる。未成熟な好奇心だというのだ……テレビをザッピングする十代の若者のように」

２　幅広い読書

エクセレントになるための世界一簡単な方法は幅広い読書だ。小説、ノンフィクション、伝記、学術書、哲学書、雑誌、ブログ、政治、マネジメント、教育、株式、心理学。これほど視野を広げてくれるものはない。シンプルで、たいして金がかからず、だれにでもアクセス可能なものだ。そして大半の人が過小評価している。社会階層の下のほうにいる者は、その傾向が強い。

ビル・ゲイツは一年に五十冊の本を読んでいる。彼ほどの人間であれば、世界中の要人が門戸をひらくだろうし、どこへでも行くことができるはずだ。それにもかかわらず読書がもっとも重要なインスピレーションの源泉だとしている。どこへ行くときも、いつも本を一冊携えている。ゲイツのブログを見ると、さまざまなジャンルやテーマの本を読んでいることがわかる。[38] この読書傾向は開放とさまざまな好奇心の結果で、幸運な発見や独創的なブレークスルーをするのに恰好の地ならしとなる。

３　反響室から出る

わたしはアマゾンの「あなたへのおすすめタイトル」をよく見るし、どのファッションブランドが自分に一番よく合うか知っているつもりだ。またアングロサクソン系の国でバカンスをするのが好きで、もちろんツイッター（Twitter）で自分と同じ話題や考えをもつ人をフォローしている。わたしたちの多くはこういう感じで生活している。だが勝手知ったところに長居するのは犠牲を伴う。わたしたちの寛容さと想像力と技術革新力を弱体化させるからだ。わたしたちはもっとも好みに合うフィルターバブル機能（インターネットの検索サイトでユーザーが見たくないような情報を遮断することで自分の見たい情報しか見えなくなる機能）に安住し、グーグルやフェイスブックなどのアルゴリズムの支援を受ける。社会全体に情報が分散し、両極化する。このフィルターによって視野が狭まり、「異質な」情報は手に入らなくなり、挑発されることも、ひらめきを受けることも、前々からあった自分の考えを揺さぶられることもなくなる。ただしわたしたちが積極的にそれに抗《あらが》い、新鮮な足がかりを意識して求めるなら話は別だ。人、本、文化的イベント、旅先の国、好みの食事などがミックスされれば、人生に彩りを添えるだけではなく、好奇心を刺激し、わたしたちを技術革新を推し進めて変化を乗り切るエクセレントな存在にしてくれるだろう。

4　多義的であることを受け入れる

VUCA的世界にはもはや単純明快な真実は存在しない。多くのものが曖昧模糊となる。つまり不明瞭で矛盾を抱える。是非を決めづらい状況が増える。新しい社員をチームに完璧に組み込みたいが、成果を上げるのに不可欠なツールに習熟していない場合は？　海辺の地所を購入したいが、日当たりのいい側が騒音のひどい道路に面していたら？　コロナ禍の中、年老いた両親がさびしがっているので訪ねたいが、感染を避けるためにやめておいたほうがいいか？　どれも判断がむずかしいだろう。大方の人は単純な答えを望み、明解で迷いのない決断をしたいものだ。ひらかれた心の持ち主なら複雑な感情を受け入れ、それを独創的に生かすこともできる。映画監督オーソン・ウェルズがいっている。

「芸術の敵は限界がないことだ」

技術革新にも同じことがいえる。条件のきびしさはわたしたちを挑発し、ありがちな解決策を捨て、大胆かつ常識はずれの方法を選ばせるだろう。

5　専門家の陥穽《かんせい》に気をつける

わたしたち人間は認識に関して無駄を省こうとする。だから都合の悪い情報をフェードアウトさせ、軽視し、過小評価する。あいにくすぐれた専門家ほど、そうなりがちだ。ある領域の権威を自認すると、たいてい新しいものの見方をしなくなる。(39)知識が増えると陥りやすい教条主義からどうすれば逃れられるだろう。その問いにハーバード大学教授エレン・ランガーが答えている。

「異なるシグナルを、たとえそれが微弱であろうと、またそれまでの経験と矛盾していようと、オープンに認知しよう。大切なのはそのシグナルをすぐに分析したり、分類したり、評価したりしないで、あるがままに認知することだ。うまくいけばなにかに気づいたり、観察したりすることができるはずだ」

エクセレントな存在になるためのこのやり方は一朝一夕には身につかない。とっさの判断や先入観に惑わされないように絶えず努力する必要がある。

6　専門以外にも目を配る

指針となるアイデアはふつう思いがけないところからやってくる。専門でなくとも、嗅覚が鋭い人はしばしば、専門家が見落としたことを突き止める。デンマークの建築家ヤン・ゲールがそういう瞬間について語っている。あるとき心理学者でもあるゲールの妻が質問をした。

「建築家はどうして自分たちが設計した家に住む人のことを考えないの?」

ゲールが建築家としていつも当然と思っていたことにくさびが入った。それ以来、ゲールはこう自問するようになったという。子どもが喜んで遊べ、大人が日光浴をし、サイクリングする人が快適に感じ、車を運転する人が車を自宅に置いておきたくなるような都市を作るにはどうしたらいいのか。その結果、ニューヨーク、モスクワ、ロンドンで都市改造が行われた。そしてとくに暮らしやすい都市の模範例として改造されたのがコペンハーゲンだ。

7　知的謙虚さを実践する

新しい経験に心をひらいていれば、処理済みのことに疑問を呈する機会も増える。客の要望を聞きつづけていると、矛盾を感じなかったコンセプトでも再検討を余儀なくされることがある。思いがけない視点がほぼ完成した設計図に疑問を投げかけることもある。情報が追加され、内心済んだと思っていた決断に迷いが生じることもある。こうした経験は興ざめだ。仕事が増える。大丈夫だと自分にいい聞かせたくなる。その一方で、他者の意見に耳を傾ける人は新しい認識を受け入れ、必要とあれば『キル・ユア・ダーリン』（ビート・ジェネレーションを代表する詩人アレン・ギンズバーグを描いたアメリカの伝記映画）の主人公が置かれたような極限状況でも知的謙虚さを知るようになるだろう。いい気持ちはしないだろうが、社会研究者ブレネー・ブラウンのおかげで、わたしたちは傷つく心の力について知っている。その心がわたしたちを生き生きとさせる。だからそれは「技術革新と創造力の変化の生誕地」となりうる。(40) バリアをはずしてはじめて、わたしたちは驚いたり、考えつづけたり、リスクを冒したり、主義主張を乗りこえたりできるのだ。

ビジネス本のベストセラー『ドリーム・チームズ』の著者シェイン・スノーは知的謙虚さについてこう説明している。

「新しい経験に心をひらくというのは、酢漬けキュウリの味がするアイスクリームを食べる覚悟があることを意味する。知的謙虚さは、酢漬けキュウリアイスが思いのほかおいしいと認める覚悟があることを意味する」(41)

エクセレントたらんとする者は他人の考えを受け入れ、躊躇《ちゅうちょ》せずによりよいものを教えてもらうことができる。

まとめ
「ひらかれた精神の７つの示唆」

1 無制限の好奇心

2 幅広い読書

3 反響室から出る

4 多義的であることを受け入れる

5 専門家の陥穽《かんせい》に気を付ける

6 専門以外にも目を配る

7 知的謙虚さを実践する

第2章
内　省

あなたの希望や価値を知るのは
あなただけ

イローナとライナー・ヴェルデ夫妻は長年準備した夢を実現した。ヘッセン州北部にアカデミーを設立したのだ。築三百年になるバロック様式の屋敷を舞台にしてセミナーやイベントの参加者、そして静寂を求める人に時宜に合った刺激や雰囲気満点の隠れ家を提供している。ふたりの事業は順調だ。アカデミーはドイツでもっとも革新的な事業ベスト100に選ばれ、ゴールデンタイムに放送されるARD（ドイツ公共放送連盟）のニュース番組「ターゲスシャウ」でも紹介された。記念物公開日（ドイツの記念碑保護財団の主催で九月の第二日曜日に開催されている）には七百人の訪問者がある。これだけ有名になると、大半の人は慢心するだろうが、ヴェルデ夫妻は違う。アカデミーが動きだすとすぐ事業の棚卸しをはじめた。マデイラ島で一週間、今後の将来像を探求する時間をもち、帰国すると、自分の人生に意味を与え、有意義な人生を追求するパーソナリティに重点を置くというわかりやすい概念と明解な目標を打ち出した。夫妻は大きな絵を描きながら、すでにプロジェクトの具体的なアイデアを手にしたのだ。

エクセレントたらんとする者は夢を実現し、プロジェクトを完遂し、肩書を得、表彰されたところで歩みを止めない。獲得したステータスに感激し、どんなに感謝の気持ちや誇らしさや完全無欠な感覚をもとうとも、達成したことでよしとせず、自分の行動を振り返り、経験を反芻《はんすう》し、先を読み、可能性と弱点を確認し、行動のバリエーションに目を配り、リスクを計算し、価値や必要性や優先順位を明確にする。しかも毎日、毎月、毎四半期、毎年なにをするかも決めている。そしてそのために時間とエネルギーをうまく使う。なぜならエクセレントたらんとする者は、わたしたちがもてる技量と可能性の大半をそこに注ぎ込むのは当然のことだと思っているからだ。そのための完成予想図はない。

それは自分で考えなければならないことだ。

自分で考える者は先に進める

昔から人は自分の人生を顧みてきた。デルポイのアポロン神殿の入口には「汝自身を知れ」と刻まれている。いわんとしていることは曖昧で明解ではない。簡単にいえば、自分の行状を見直し、一度決めたことを何度でも検討し直せということだ。といっても、わたしたちのほとんどは内省がどういうものかきちんと学んだことがない。むしろその逆で、他人の判断という鏡に自分を映すことに慣れきっている。

賞賛と評価、「いいね」と「お気に入り」、売上高と注文数を見て、わたしたちは正しい道を進んでいると思う。なんといっても、まわりがそう見ているのだから。

心地よいフィードバックがなければ、わたしたちは失敗したと思う。少なくとも話題にする価値はない、と。もちろん賛意とフィードバックからは多くを学ぶことができる。外部の人間にどう見られているか知ることは、パーソナリティの発達に役立つ。だがその評価はどこまで本心から出たものだろうか。批評はどこまで的確だろうか。フィードバックはどこまでわたしたちの自己評価をカバーするだろうか。多くの人はめったにそういう疑問を抱かない。日々の出来事にかまけて、いわれたこと、与えられたものを鵜呑みにする。たとえば工業規格、流行、一般的なやり方。それではいけないのだろうか。社風に合わせることが求められた時代なら、むずかしく考えず会社の期待に沿うのはキャリア戦術として悪くない判断だ。チームがヒエラルキー構造で、考え方や行動や意図を正確に共有することが求められているならば。

プライベートな場でも同様のことが起きている。わたしたちは他人が気になる。進学を決めるとき、子どもを作るとき、完璧な自撮りをするとき、わたしたちの決断が他者の意見から完全に自由であることはめずらしいくらいだ。

ドイツ系スイス人作家ジビュレ・ベルクは大衆の判断に任せる傾向を批判している。ベルクから見ると、人間は責任を引き受け、決断するのが苦手で、その時点の主流に乗ろうとする存在だという。

「あなたは、目立たないほうが生きやすいと子どものときに気づいたのではないか。ことさら有能でもなく、無能でもないのがいい。大学に進学してからもそうだ。もちろん専攻は経済学。……いつも身なりを整え……失敗だけはしないように気をつける。なぜだろう……平均的な行動をし、気の利いたことを心地よい声で語るきちんとした人が期待されていると思っているからだ[1]」

ジビュレ・ベルクがこれを書いたのは十年前だ。それから世界は変貌した。少なくとも理論的には

そう認識されている。ところが、できるだけ摩擦のない人生を送ろうとする人たちはデジタルの変化を歓迎していない。なぜなら標準的な作業工程や計画可能な課題を効率よくこなすことをよしとしているからだ。それに対して、自分で考える人は技術革新や付加価値を生み出す。パリ経営大学院の戦略科学者ジアーダ・ディ・ステファノの研究チームが行ったコールセンタースタッフへの実験でそのことがあきらかになっている。研究チームはコールセンターのスタッフに、一日の終わりに通話記録を見直して、そこからどういうことに気づいたか考えるように依頼し、同数の対照群にはマニュアルどおりに働いてもらった。違いは顕著だった。十日後、内省した被験者の作業効率は対照群よりも二十三パーセント上がった(2)。比較のものさしとして、研究チームは顧客の評価を使い、実験終了後、それを分析した。そこからは、スタッフが自分の仕事内容を仔細に検討するのをやめると、そこから生まれる利点もすぐに失われることが読み取れた。三ヶ月後、どちらの実験群も前の状態に戻ってしまった。研究チームはこう結論づけた。

過去を振り返り、未来に思いを馳せ、自分の行動を反芻すれば、一般社員も管理職も仕事をよりうまく遂行することができる。

そういう人のほうがストレスに苦しむことが少なく、幸せをより感じ、変化に進んで対処する。つまり仕事でもプライベートでも、定期的に検討すれば、成果が上がるし、健康状態もよくなる。専門や社会のトレンドでいま際立っているのはなんだろう。どうやったらそこからメリットが得られるだろう。あがり症やニューテクノロジーへの不安はどうすれば解消できるだろう。人工知能が仕事の一部を肩代わりする時代になっても成果を上げるにはなにができるだろう、自分をどういうふうに育てればいいのだろう。まだ経験が浅い同僚に心をひらくにはどうしたらいいだろう。交渉でうまく自分の目的を達成するにはどうしたらいいだろう。そう考えてはいけないだろうか。家族の中ではどういう態度をとったらいいだろう。親として、伴侶として。仕事は家族にどのような影響をもたらすだろう。あるいはその逆はどうだろう。もっとうまくできるのではないか、などなど。こうしたことに思いを巡らすことは、個人や家族の問題でも、仕事や資金の問題でも同じように大きな役割を果たす。

ビル・ゲイツは年齢を重ねるにつれ、熟考することに時間を割くようになっているという。二十代のころは、マイクロソフト・ソフトウェアがパーソナルコンピュータの夢を実現できるかどうか、そのことしか頭になかった。だが六十歳を超えてから関心事が変わったという。家族のために充分に時間を割いているか、友情を深め、新しい友人を作っているか。日々、新しいことをどれだけ学んでいるか。

「二十五のときなら笑い飛ばしていただろう。しかし歳を取ってからは、そうした問いがだいじになった」とビル・ゲイツは書いている(3)。

知識社会は自分で考え、自分の人生や世界に責任をとる人間を必要としている。社会の上層部だけではない。デジタル化する労働の世界ではあらゆる階層で、独自にものを考え、驚くべき観点をもち、

自分のすぐれたところを絶えず伸ばす人が必要とされている。コロナ・パンデミックによって、わたしたちはそのことを目の当たりにした。レジ係が突然リーダーシップを発揮したり、ホームオフィスの体制になって、社員がこれまでの行動特性《コンピテンシー》では考えられない決断をしたりした。また二〇二〇年三月、「ハンデルスブラット（Handelsblatt）紙によれば、学習の大きな壁と指摘された教師たちがたった一度の週末で一気に変身した」という。[4] もちろん社長たちはズーム（Zoom）やウェブエックス（Webex）で社員たちをコントロールしようとした。ところが驚くほど多くの社員が自分の判断で動き、課題を作り、解決策を見つけ、最高の形で提出した。

危険な新型コロナウイルスは、経済の原動力の活性化を後押しした。

インザ・クラージングは企業向けデジタル・コーチングプログラム「ザ・ネクスト・ウィー（The Next We）」の共同開発者で、運営会社のＣＥＯ（最高経営責任者）に就任している。ＶＵＣＡ的世界においてエクセレントな存在になるための鍵を、クラージングは成長をみずから促す用意があることと定義している。コロナ・パンデミック以来、それまでよりも多くの人がそれに挑戦している。アフター・コロナの時代にデジタル化が進むならそれに越したことはない。

「この状況を楽しめる人なら、この上なくわくわくする時代を体験するだろう。なぜなら新しいオプションが信じられないほどたくさんあるのだから」

落馬事故で両腕を骨折したクラージングは著書『二時間だけの社長（Der 2-Stunden-Chef）』の中

でこう予見している。(5)

上から見渡すことがもたらすもの

子どものとき、一日を振り返ることはわたしにとって当たり前のことだった。両親は信心深く、就寝前に良心の点検をするのが日課だった。こうした古典的な内省には良い面と悪い面があった。小さいうちから自分の内面を見つめ、自分の行いを確かめることが習い性になるのはいいことだが、大きなことをするよりも、なにもしないことに目が向くようになるのはよくない。過ちや怠慢に注意が向き、成功や喜びや勝利にはあまり光があてられなかった。だが内省の精神的父イグナチオ・デ・ロヨラ(一四九一 ― 一五五六)は毎日内省すべきと考えていたわけではない。イエズス会の共同設立者である彼は、内省があらゆる「魂の衝動」を見つめるいい機会になると考えていた。

五百年前の内省はすでに三百六十度評価に類似していた。

いまと同じように当時も、過ちや怠慢と同様に成果と進歩を視野に入れていた。そして当時と同じようにいまも、人は日常の雑事に距離を置きつつ、観察者として自分自身に視線を向ける。その際、ものごとを美化することも、悪くとらえることもなく、できるかぎり客観的に自分を観察することが肝要だ。目的は、リアルな自己評価、個人的および専門的な成長、そしてもちろん弱点など変えたいものを同定することにある。うまくいったことを感謝の気持ちをもって認識し、新しいアイデアを発展させ、いつもとは違う立ち位置から関係性や状況を検討し、倫理的なジレンマをあきらかにし、思考をもっと高いレベルにもっていくことも重要だ。

史上最高のバスケットボール選手マイケル・ジョーダンはいっている。

「わたしは自分のポシションをどこにし、どんな選手になりたいかイメージしていた。自分をどの方向に成長させたいかも正確に知っていた。そしてそこに辿り着くべく集中した」

自分の人生を内省するとき、あなたは認識のプロセスを作動させる。プライベートでも、仕事上でも、また技術的にも主要な問題に取り組み、既定路線を超えて自分の意見をもつことになる。これが習慣になれば、短い時間で他人の真実や先入観を受け売りしなくなるだろう。

あなたが自分の経験や関心事を内省するのにどういうメソッドを使おうと、どこで行おうと、それはどうでもいいことだ。ビジネスパートナーが六ヶ月ごとにマインドフルネストレーニングのために修道院にこもる。友だちが毎週何回も感謝の記録をつける。人生地図や人生のタイムラインなどのメソッドの指導を受ける。車で帰宅途中、その日にあったことを良い意味でフィードバックする。どれも自分を継続的に改善し、自分らしいエクセレントに近づく方法として適している。

内省で大切なのは、継続することと、自分に距離を置くことだ。特殊な環境や特別なメソッドを

それほど気にすることはない。

内省は活動中でも可能だ。たとえばバイクに乗っているとき、リビングで音楽を鑑賞しているときでも問題ない。わたしの場合は小さいころからの習慣で、寝る前に一日を振り返り、人間関係や可能性や次にすべきことを考える。あるいはその日にあった良いことのベスト3を上げることもある。なんならわたしのまねをしてもらってもいい。ただしそのときは、仕事の手を休め、日常の雑事を忘れることだ。くれぐれもフェイスブックのニュースフィードやリアルタイムフィード、ワッツアップ（WhatsApp）を見ながらとか、仕事をしながらとかはしないように。ながらでは、良い考えは浮かばない。

ドイツ首相アンゲラ・メルケル（二〇二一年退任）はひと息ついたり、熟考したりする時間がとれるように予定を組んでいる。そして明晰《めいせき》に考える必要のあることには長時間の飛行中や、電話が邪魔しないときや、週末をあてている。

「前の週を振り返り、これから数日の課題を検討する時間をいつも確保するよう努めている。熟考するのに最適なのは休暇中の散歩だ」

これは本人の経験から来ている。

「数時間でも時間がとれると、精神的に解放感を味わえる。むずかしい課題を考えるのはそういうときだ(6)」

「活動中の観想」(Contemplativus in actione)、これがロヨラの理想だ。この概念は矛盾する言葉を組み合わせている。そして矛盾を抱えたわたしたちの存在と見事に合致する。一方で活動、つまりなにかに取り組み、形づくる行動をし、もう一方で観想、つまり自分の感情や思考や行動を観察し、正確に知覚する。キリスト教色に染められたこの二次方程式を読み解くと、アジャイルプロジェクト・マネジメントの開発サイクルを先取りしているように思えてならない。成長のどのステージでも、新しい知見や観点を組み込んだ評価の段階があとにつづく。これをわたしたちの日常に取り入れるのはたやすい。行動して立ち止まり、また行動して立ち止まる。いつもこの調子で活動と観想を繰り返せばいい。

自分自身との対話は運命的瞬間にすばらしいソリューションや最終的な答えをもたらしてくれる。

活動しながら考えにふけるだけで、目の前が明るくなり、内面の独立が得られるのだ。これで心構えができ、明晰なコンパスを手に入れられる。むやみに主流に合わせることも、反射的に抗うこともなくなる。

「内省は成功するための、最も使われていないと同時に最強のツールだ」

生きる技術に関する著書が合計すると四千万部に達するアメリカの心理療法士リチャード・カールソンがいっている。内省。ポジティブ思考をしないこと。一方はわたしたちのリアリティをより良く理解する助けになり、もう一方はわたしたちをリアリティから遠ざける。

客席かコックピットか？

飛行機に乗りあわせた人たちは運命共同体となる。それでもそこには決定的な違いがある。それは別にどの座席を購入するかということではない。飛行に責任を負うかどうかという違いだ。まず乗客から検討してみよう。社会の線引きがこれほど露骨に行われるところはない。後方はエコノミークラス、足元に数センチの余裕を求める人が追加料金で前方の席につく、前方では頻繁に飛行機を利用する旅行者とトップマネジャーが上等な食事と最高のすわり心地を享受する。そういう違いはあるものの、基本的にみんな乗客だ。ツアー客だろうと、トップマネジャーだろうと、決まったルートを飛び、キャビンアテンダントの指示に従う。一方、コックピット内のパイロットはまったく違う体験をする。機内の権限は彼らにある。飛行経路、飛行高度、場合によっては不時着もパイロットの裁量で決まる。パイロットは無事に着陸する責任を負い、すべてのデータを熟知し、管制官と共同作業をし、気象状況を観察し、飛行条件が変わればそれに対処する。

人生もそれに似ている。ツアー客であろうと、ファーストクラスの乗客であろうと、乗せてもらっていることに変わりはない。パイロットはみずから飛行機を操縦し、飛行経路について考える。あなたはどちらだろう。

人生が飛行機なら、あなたは乗客とパイロットのどちらを選ぶだろう。

選ぶにあたって、あなたが一般社員か、中間管理職か、経営幹部かは考えないでほしい。内省は自営業者とトップマネジャーの特権ではない。創意工夫する一般社員もいれば、なにも考えない社長もいる。もちろんその逆も。熟考し、自分の運命に責任をもつことは、だれにでもできる。

「すべては自分の肩に乗っている」

ノーベル生理学・医学賞受賞者クリスティアーネ・ニュスライン＝フォルハルトがいっている。エクセレントであるための基本要件は考える勇気だというのだ。

「他人の言葉を聞きすぎないことだ。自分で考え、決断する勇気をもとう。あいにく多くの人は自分に考える力があると思っていない[7]」

内省は自己反省や思い悩んだり、考えすぎたりすることとは違う。またポジティブな思考や、自己陶酔して歓声を上げることとも共通点はない。静かに目立たずわたしたちに道を示し、成長させる。

「どんな活動でも、内省することでその質が改善される」とミュンヘンビジネススクールのスポーツマネジメントおよびスポーツマーケティング教授トッド・デイビーがいっている[8]。だからエクセレントたらんとする者は、したいこととできることのあいだに存在する穴をすこしずつ埋めるための確実で現実的な方法として内省を評価する。それをしたいのか、できるのか。それだけのポテンシャルがあるのか。自信はあるのか。どんなリソースが使えるだろう。難点があるとしたらどこだろう。危険が潜んでいるだろうか。他になにが必要だろう。だれに話をもっていけばいいだろう。どういう根拠で説得すればいいだろう。最悪の場合、なにが起きるだろう。バックアップ体制はどうしたらいいだろう。

習慣や才能、計画や目標を内省することで、だれのものでもない、カスタムメイドされた認識を手にできる。マネジメントコンサルタントや専門誌の記事に負けず劣らずの洞察を得られるのだ。自分の可能性や限界としっかり向き合いさえすれば、勇気が出て、さらなる成長をめざし、自分に邪魔なものを特定して、それを取り除く方策が練れるだろう。

平凡からエクセレントにいたる道は内省を経由する。

じっくり考えない人は、いまの地位にずっととどまることになる。肯定的な自画像は守れるが、現状維持でしかなく、一歩も前進しない。それに対して、内省する人は考えを押し進める。物事を多角的な視点で見つめ、より賢明になる機会に恵まれるだろう。そして自信をもって自分の目標や可能性に舵を切ることになる。

・・・・・・・・

イルカ・ホルストマイアーはＢＭＷの役員に就任する前、ＢＭＷディンゴルフィング工場の工場長だった。あるインタビューで経営の専門家である自分が工場長に就任したときの心境をたずず

・・・・・・・・

ねられて、こう答えている。
「もちろんその人事についてひと晩考え、何人かに相談し、あれこれ悩みました。でもそれでわかったのです。生産の現場といっても、結局はプロセスと人間がだいじ。それならよくわかっている、と」[9]

考え悩んだことで、ホルストマイアーは冒険をする自信をつけたのだ。

熟考するなら、なにについてがいいか？

自分自身を批判的に見るのは一種の精神的フィットネストレーニングだといえる。だいじなのはそれを習慣にすることだ。だれでも使えるトレーニングプランはないが、代わりにいろいろなアプリがある。自己探求の入門に適しているアプリといえば「スリー・グッド・シングス―幸福日誌（Three Good Things – a Happiness Journal）」がオススメだ。毎日、すてきな経験を三つ書き込んで、そのときの気持ちを記憶にとどめるアプリだ。このアプリには、あなたをひと押しし、いつもなら忘れてしまうようなささやかな喜びや日々の成果を意識させるというポジティブな効果がある。

「スリー・グッド・シングス」の発想はアメリカ合衆国ノース・カロライナ州のデューク大学医学部で行われた実験に基づいている。精神医学と行動研究が専門のブライアン・セックストン教授はその実験で、人間がポジティブな経験よりもネガティブな経験のほうをはっきりと記憶することを突き止めた。とくにストレスがかかっていたり、疲労したりしていると、ポジティブなことや無難なことを意識しなくなるという。そういう場合に「スリー・グッド・シングス」は有効だ。毎日うれしいことを三つ振り返れば、ささやかな幸福感やすぐに消えてしまうような成功体験をもっと濃密に感謝の気持ちをもって味わえるだろう。凶と出た一日でも、どこかに光明が見えるものだと理解できるはずだ。

脳生理学から見た場合、わたしたちはポジティブで建設的な思考を司る領野を鍛えていることになる。二週間もつづければ結果が出るはずだ。ぐっすり眠れるようになり、幸せな人間関係が作れ、生産性が上がり、健康になり、ずっと意識して人生を考えることができるようになる。セックストンによれば、感謝の気持ちは抗うつ剤プロザックと同等の効果があるという。もちろん常用する危険や副作用はまったくない[10]。

「スリー・グッド・シングス」のようなアプリの刺激はもちろん小規模だが、あなたが思考型よりも行動型なら、自分を考えるためのすぐれた入門編となるだろう。さらなる思いつきや考えが頻繁に生まれるはずだ。

アプリを使った内省はランニングマシンでジョギングをするようなものだ。

思考は狭い道を進むが、状況によってありとあらゆる方向に考えを向ければ、おのずと思考に余裕が生まれる。自由度は無限だ。抽象的なものから個々の具体的な問題までカバーするだろう。内省は人生の大問題を熟考するのに役立つが、目前の交渉を心の中でイメージしておくのにも使える。人間関係や家庭生活を分析するのにもいいし、仕事やキャリア、心身の健康、資金繰り、毎日の習慣や活動、関心や情熱について考えるのにもいい。去年一番すてきだったことはなんだろうと過去を振り返ってもいいし、今日はどうしたら良い日になるだろうと現在に考えを巡らしてもいいし、来週や来年はどういうことに焦点を当てたらいいだろうと未来に思いを馳せるのもいい。あるいは誇れる成果や目標や期待や希望、近いうちに学んだり、試したり、経験できることを思い描いてもいい。人生がすこしでもよくなるようにしたり、ネガティブな習慣をもっと良い習慣に変えるためにはどうしたらいいかと自問するのもありだろう。人生の意味について考え、より高く、より速く、より遠くへと望むのがばかげていると思うのもいい。アメリカの児童文学作家ドクター・スースがじつにいいことをいっている。

左から考え、右から考え、下から考え、上から考える。試してごらん。きっとあなたにしか思いつかないことがあるから。

メモ、覚え書き、日誌

内省しているとき、あなたの可能性は無限となる。全世界がひらかれる。だから自由奔放な思いつきを記憶にとどめるといいだろう。一番いいのは日誌を残すことだ。考えの流れ、中途半端なアイデア、邪魔な感情、感動した経験などを書き残せば、永遠は大げさでも、かなり長い期間それを記憶し、心の軌跡を思い返し、そこに自分の成長を読み取り、自分がどういうテーマにこだわっているか、あるいはこだわりすぎているか認識できる。トーマス・マンからマーク・ザッカーバーグにいたる、目を見張る成果を上げた人々が、メモをしたり、スケッチしたりして自分の心のプロセスを分析するのは有益だといっている。

アメリカの作家エリザベス・ジョージは詳細な調査に基づいて書いた「リンリー警部」シリーズでつとに知られている。とくに興味深いのは、どの巻でも制作ノートを「つけている」ことだ。ジョージは毎朝執筆する前にアイデアや感じたことをメモする。かなりの分量になることもあれば、一、二ページのこともある。たとえばこんな感じだ。「キャラクターを作るのはむずかしい。新味のあるキャラクターなどひとりもいないような気がすることもある。いままでに同じ人物を造形したことがあるのではないかと不安になる。……つまるところ、わたしたちが書けるのは、自分が理解していることや、実体験したこと、あるいは感情移入できることだけだ。そしてわたしは他の作家よりも感情移入がうまかったにすぎない。それでもわたしの個人的経験など高が知れている……」(11)

気づいただろう。ここでいう日誌は、わたしたちが普通イメージする日記とは違う。「……した」という文体で表面的な体験をつづるのとは違い、内面で体験したことを書き記すものだ。日誌は心の深いところまで入っていき、高い水準の熟考を可能にする。決まったルールはない。といっても、たいていは意図しなくても知覚、検討、行動の三段階を踏む。

1　知覚

たいていの場合、はじめに問題がある。なにかが不安にさせていると気づく。「新味のあるキャラクターなどひとりもいないような気がすることもある」。不安になると苦しい。だがその不安を受け入れさえすれば、思考のプロセスは動きだす。

2　検討

ここでいう思考は、ただ考えるのとは違う。絶望したり、堂々巡りしたり、はてしのない口論で混乱したりすると、思考は思い悩みへと変化して、先へ進めなくなる。だが自分自身に距離を置きさえすれば、どうやって状況を良いほうへ向けたらいいか内省し、自分の強み（「わたしは他の作家よりも感情移入がうまかった」）を見つけるか、弱み（「わたしの個人的経験など高が知れている」）を特定するかしてバランスをとることができる。

3　行動

これがもっとも重要だ。検討から行動にいたる道は、どうすればすばやく効果的に見つかるだろう。目標を立てるのがいいか。実現可能な具体的なアイデアを見つけるのがいいか。戦術と別の選択肢となる計画を立案するのがいいか。

日誌をつけることで、わたしたちはエクセレントに近づける。少なくとも頭の中では自分がなりたい自分になっていき、どうすればうまくいくか、その可能性を割り出す。手間はかからない。毎日十五分メモを取るだけでいい。忙しければ三分でもいい。日誌を書く時間帯を決めて、思いつくままに書くだけだ。手直ししたり、飾ったりしないで、考えたことをメモする。うまくいけば、カナダの組織行動学教授ナンシー・J・アドラーが書いているような体験ができるだろう。

「最高の内省ができたとき、わたしは手元を覗きみて、自分が次に書くことに驚く[12]」

エクセレントは刺激と反応の間隙《かんげき》にある

内省は人によって違う。行動型の人なら熟考するのが苦手だろう。そういう人はサッカーのゴールキーパーに似ている。自分の役目に全力投球して結果を出す。だがこの心のあり方《マインドセット》は役立つよりも、害を及ぼすことのほうが多い。イスラエルのある研究チームが印象的な研究を発表している。トップリーグとチャンピオンズリーグで行われたペナルティキックおよそ三百本を分析したのだ。その結果、ゴールキーパーはゴールの真ん中にポジショニングを定めるとき、高い確率でペナルティキックを止めていることがわかった。ところがプロのゴールキーパーのほとんどが、この無策ともいえる戦術が性に合わないらしく、ペナルティキックの九十パーセント以上で、ゴールの左右どちらかにポジショニングを定める[13]。研究チームはこの行動を次のように説明している。ゴールキーパーは期待を一身に受け、成功しなければというプレッシャーを感じる。無数の目がゴールキーパーに注がれる。一回のゲームで数百万ユーロの金が動く。そういう状況下で冷静でいられるわけがない。しゃかりきになるはずだ。あれやこれや考えるだろう。成功に慣れた人の多くが似た状況にある。自分の立場を死守する人は失敗して、無策だという非難に晒《さら》されるかもしれないという不安を覚える。だが焦りやストレスや行動主義が、この人なら大丈夫だという印象を与えるだろうか。それはありえない。

新型コロナウイルスによるシャットダウンの直後、ドイツ連邦政府は緊急支援として企業へ補助金を給付した。この緊急支援は零細企業救済が目的だったが、最初に申請したのは、経営状態が健全なスポーツグッズメーカーのアディダスだった。予想外だった。申請自体は妥当だったが、アディダスは消費者の信頼を失った。経営陣はだれひとり、そんな結果になると思わなかった。経営陣の心理はよくわかる。好機は逃さないというわけだ。しかし企業であれ、私人であれ、どんな状況でも不都合な刺激─反応モデルを発動させてしまう決定的瞬間がある。

内省とは、立ち止まって観察し、自分の行動や感情や思考を意識的に評価することだ。そうすれば渦中にあっても冷静でいられる。想像力さえあれば、ある行動が部外者にどういう影響を及ぼし、なにがやり過ぎで、なにが動機になっていて、他にどんな選択肢があるか考えられるはずだ。早撃ちがマイナスに働きうるかどうかも、内省さえしていればまず間違いなく気づけるだろう。内省という心の対話はわたしたちを人間につきもののゆゆしき扁桃体の働きから解放してくれる。「金があるならもらってしまおう」「またあった。買ってしまおう」「知らないことだから、関わらないことにしよう」といった衝動から自由にしてくれるのだ。

内省はスイッチと実行の間隙にあり、わたしたちの行動のレパートリーから適切な反応を選んでくれる。もちろん選ぶには時間がかかる。だが管理職が使える時間はゴールキーパーと同じくらい短い。機を逸するのが怖い。とくに経営者は行動と決断と舵取りにプレッシャーを感じる。カリフォルニアの企業コンサルタント、ピーター・ドラッカーはこのことをだれよりも良く理解している。だから経営陣には冷静に立ち止まるよう勧めている。

「冷静に内省して、効果的な措置を講じなさい。静かに熟考することで、効果はもっと上がるだろう」

ドラッカーは同時に、行動型の人がもっとも重要だと思っている疑問に答えている。その疑問とは

投資収益率はどうなる？

倫理面はわきに置いて、費用便益分析をしてみよう。内省などといってもアカデミックなだけで現実から遊離して聞こえるかもしれない。けれどもよく考えれば、振り返ることで成功率が上がっていることがわかるだろう。内省は失敗をしそうなときにブレーキをかけてくれる。わたしたちの完全無欠さに陰りが出たり、イメージを毀損したりすることから守ってくれる。別の選択肢やポテンシャルを認識させて、別の視点を与えてくれることもある。なぜなら専門的な行動特性《コンピテンシー》をもち、一直線に目標に突き進めばいいというものではないからだ。創造力、技術革新、顧客への特別な体験の提供が問

題のときは、既成の枠にとらわれずに考え、ヴィジョンを描き、自分の関心、価値、感情の明確なイメージを得ることで先に進める。早い時期に冷静な内省と効果的な行動の相関関係を理解できればなおいい。


二〇一九年に大学卒業の直後、高級なイチゴのチョココーティングを販売するオンラインショップ「フライリーツェ」をドイツではじめたカトリン・バウアーがいっている。

「だいじな決断はすぐに下すべきではない。それは大人のすることではない。なにかを決断するとき、わたしは二十四時間待ち、部外者にそれを見てもらうことにしている(14)」

矛盾しているようだが、先に進もうという人は瞬間的にブレーキをかける必要がある。

どういう自分になりたいのか？

わたしはどう成長したいのだろう。「そういう問いに自分で答えを出せる人だけが、なにかを達成する」とノーベル賞受賞者クリスティアーネ・ニュスライン＝フォルハルトがいっている。「そうしなければならないからという理由で、なにかを成し遂げる人は、エクセレントにはなれない。自分がエクセレントだと感じることはないだろう」

ではなにがわたしたちの望むものに近づけてくれるだろう。わたしはなにを重要と思うだろう。わたしにとって価値があるものはなんだろう。わたしの根っこにあるのはどういう人間だろう。簡単に答えられるものではない。女性指揮者ヨアナ・マルヴィッツは十三歳で自分の天職を見つけたというが[15]、そういう人でも、人生は山あり谷ありだ。たとえ内省をしていても容易ではない。それでも、真摯に自分自身と心の対話をし、自分のパーソナリティと成果を客観的に見る人は先に進めるだろう。なにはともあれ熟考する価値はある。

関心

自分を突き動かすものはなんだろう。どういうときに本領を発揮できるだろう。自分の力とエネルギーを注ぎ込みたいのはなんだろう。自分にとってエクセレントはなにを意味するだろう。重要さの順位はどうなっているだろう。金、センス、名声、創造力、承認。人生でなんとしても実現したいのはなんだろう。そのためにはなにができなければならないのか。

予測

未来に目を向けてみよう。来年のこの時期になにを達成しているだろう。五年後、なにをもって自分がエクセレントに近づいていると思えるだろう。専門のトレンドや文化的トレンドはどうなっているだろう。五年か十年のうちにすぐれた存在になるために、どういうふうに成長したらいいだろう。

選択肢

目下最大の計画はなんだろう。その計画で芽が出ないときはどうしたらいいだろう。どの選択肢に魅力を感じるだろう。自分の人生はどんな土台の上に築かれているのだろう。その土台に亀裂が入ったとき、どこまで耐えられるだろう。自分が幸福を感じ、成果を上げ、充実感を覚える道が他にもあるだろうか。

決断

決断をするときのものさしはなんだろう。選択を早まってはいないだろうか。他にどんな選択肢を視野に入れているだろう。そのことでだれかを傷つけるだろうか。反論してなにが得られるだろう。どんな感情が芽生えるだろう。不安、うれしい期待、心の平安、希望？

経験

この大きな成果をもたらしたのはなんだろう。人でも物でも、なにか良い意味で驚かせるものがあっただろうか。予測できなかったことがなにかあっただろうか。どうすればもっと簡単に目的を果たせただろう。次はなにが必要だろう。維持すべきなのはなにで、捨てたほうがいいのはなにだろう。

習慣

誇れる習慣はなんだろう。その理由はなんだ。どうやってその習慣を獲得したのだろう。その習慣は人生をどこまですてきなものにしてくれるだろう。もし習慣をひとつやめるならどれだろう。代わりにどんな習慣を身につけたらいいだろう。そうすることで自分は良い方向に変化するだろうか。まわりの人はそのことに気づくだろうか。

フランスの作家で社会批評家だったマルセル・プルーストは『スワン家のほうへ』の中で習慣が無自覚に働くところを描写している。自分の人生にも、なにも考えずに行える習慣があるだろうか。それは快適だろうか。それとも思考や感情を麻痺させるだろうか。

コミュニケーション

どういう範疇で言葉を選んでいるだろう。意識的に選んでいるだろうか。口に出していってから後悔することがあるだろうか。信頼を得られるだろうか。人は自分のアイデアにどれだけ感激するだろう。そのためにどんな手段を使えばいいだろう。傷つけずにどうフィードバックしたらいいだろう。自分の言葉は相手にどう響くだろう。相手に影響が及んだことに気づけるだろうか。注目の的になっているだろうか。黙って相手の話に耳を傾けられているだろうか。

優先順位

人生でもっとも大切なものはなんだろう。金か、それともセンスだろうか。健康、それとも享楽。家族、それともキャリア。ステータス、それとも社会正義。安全、それとも自由。用心、それとも信頼。自分、それとも社交に時間を割くことだろうか。自分の優先順位をどれだけ徹底して守れるだろう。家族と過ごしたいのに、なぜ毎週五十時間も働くのだろう。バカンスで浜辺に寝そべりながら、自分の人生に文化が足りないと嘆くとしたら、それはなぜだろう。

開放性

親しい間柄の人は自分とどのくらい似ているだろう。気に入っている人に自分自身が見出せるだろうか。異なる視点を検討し、自分の正しさにこだわらないディスカッションを最後にしたのはいつだろう。はじめから自分とは違う人の視点を充分考慮しているだろうか。最後に未知の領域へ足を踏み入れたのはいつだろう。

強みと欠点

自分の行為が地方新聞のトップ記事で取りあげられたらうれしいだろうか。最大の才能はなんだろう。そしてどの才能を活用するのがいいだろう。家族／仕事／会社では自分の強みをどうやって実現すればいいだろう。どの行動特性《コンピテンシー》が注目を浴びるだろう。やる気になれないか、そこそこの成果しか上げられない課題はなんだろう。理由はなんだろう。エクセレントであるためにどれだけの時間と意識を注ぎ込んでいるだろう。もっとがんばれるだろうか。自分だけの経験と教育とパーソナリティを混ぜ合わせたらどうなるだろう。そしてそれはどんな力になるだろう。

キャサリン・マーはイスラム学とオリエント学を大学で専攻し、サンフランシスコのウィキメディア財団の事務局長に就任している。いまインターネットでもっとも力のある女性のひとりと目されている。どうやって転身したのだろう。マーはそれを目標にしたわけではない。彼女の関心と経験が彼女をその地位につけた。

「わたしはエジプトとシリアで暮らし、アラビア語を学び、アラビア語で思考します。大学教授になってもよかったでしょう。しかし、次第に関心領域が広がったのです。大学を卒業したあと、開発援助団体で働き、人権と民主主義に関わる仕事をしました。それがウィキペディアとの縁につながったのです。ウィキペディアのスタッフになったのは事務局長になるためではありません。ウィキペディアの活動に興味があったからです[16]」

対話、ディスカッション、プレゼンテーションの準備

テーマはなんだろう。そこにどんな可能性があるだろう。同意できることと同意できないことはなんだろう。自分のポジションはどこだろう。革新的なメッセージをどう形にしたらいいだろう。どんな質問と異議がだされるだろう。

目標

今年の一番だいじな目標はなんだろう。能力開発の場合、人との出会いの場合。すでにそれをどこまで達成しているだろうか。それを達成するのにいま必要なメインのステップはなんだろう。いま取り組んでいる課題は自分の目標や価値に合致しているだろうか、などなど。

いましていることで、エクセレントな存在に近づけるだろうか。

将来

来客を思い描いてみよう。未来のベストな「わたし」が立ち寄ったと考えてみるのだ。五年間の経験を積み、成果を上げ、強くなり、知識も増した自分だ。タイムトリップしてきた「わたし」がいまの生活を見る。どんなアドバイスをくれるだろう。なにを変えろ、勇気ある一歩をどういうふうに踏めばいいというだろうか。未来の「わたし」はなにを勧めるだろう。

まとめ　客観的視点を得るための七つのアイデア

バスケットボールのスター選手コービー・ブライアントは自分のことをこう語っている。

「もっぱら前に進むことを学ぶために内省している」

まさしくだいじな点だ。目の前の課題をうまくこなすために一歩さがる。不安を一歩一歩克服する。動機や価値や関心を明確にし、自分がやりたいことに適した行動をとる。他者の決断は判断規準にならない。もちろんエクセレントたらんとする者は他者の言葉に耳を傾ける。しかし重要な決断をするとき、他者の言葉や考えを鵜呑みにしない。長い目で見れば、自分のパーソナリティを客観的に見るほうが、他人の言動を理解することにつながる。(17)

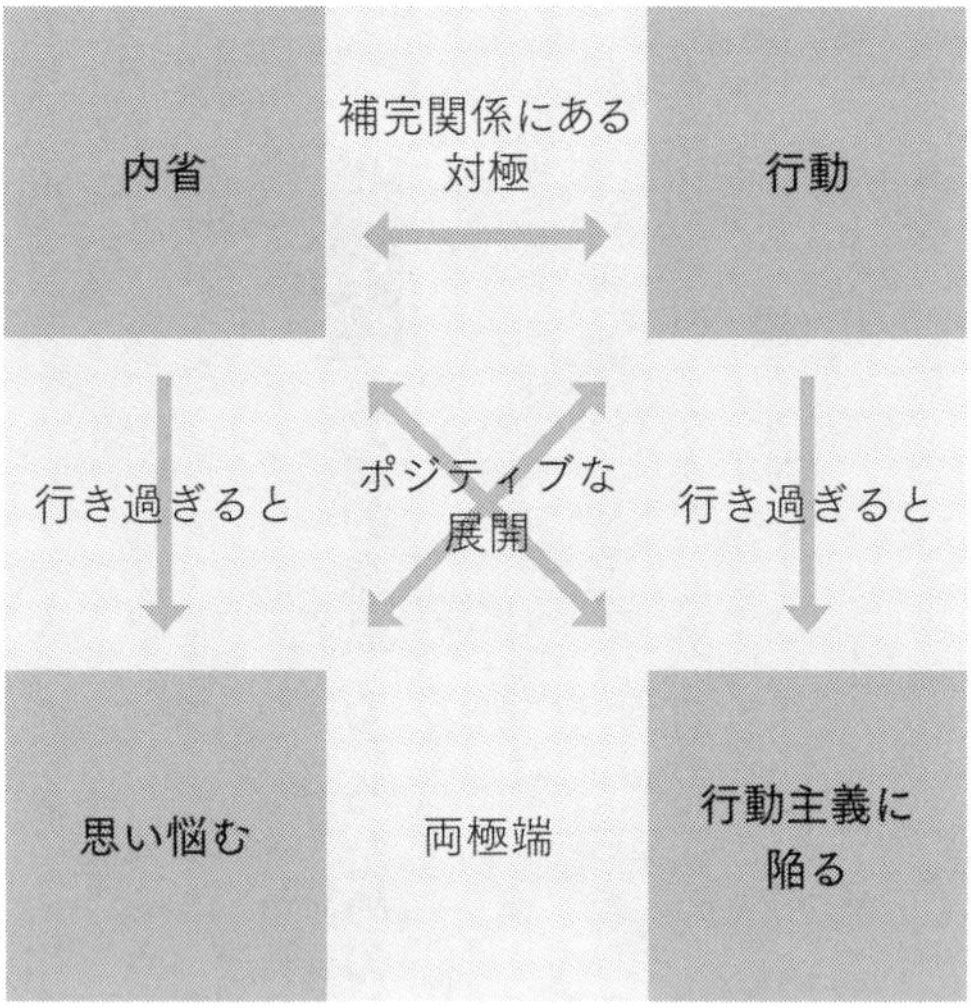

出典：フリーデマン・シュルツ・フォン・トゥーン、一部改変

1　思考と行動のバランスを見出す

ついつい思い悩む人は問題のループに絡めとられてしまう。思考の力を知っている者は、ポジティブに考えさえすれば成功がついてくると自分にいい聞かせがちだ。この自分自身に向かい合う際のふたつのバリエーションは、どちらもそれだけでは役に立つよりもむしろ害になる。それは上記の表からわかるだろう。

ご覧のとおり、内省はバランスを保つために具体的な行動を必要とする。さもないと実りのない煩悶に堕《だ》することになる。またその逆で、内省なき行動は無軌道な行動主義に陥りやすい。

2　思考のメリーゴーランドから下りる

科学者たちは内省に癒やしの力があるといっている。内省は問題解決の一助となって心の健康に貢献し、鬱になるリスクを軽減し、自分の人生の手綱がとれているという感覚を与えてくれるという。ところが統計を見ると、自分のことを考えすぎる人は思い悩むようになるケースが多い。だが思い悩みすぎる人が他の人よりも客観的で、解決に近づけるという逆のケースは存在しない(18)。だから内省する人も気をつける必要がある。過去を振り返ったり、未来に思いを馳せたり、いまを考え抜くことが望ましくない思いに変質しないように、計画的に内省するのがベストだろう。一日の決まった時間に行う。決まった時間だけ行う。筆記する。アプリを使う。コーチについていてもらう。決してあなたの邪魔をしない友人といっしょにする。そして数値化できる結果があるとなおいい。自分を他人のように見られるなら、思考が堂々巡りする危険は減る。

3　自分自身に疑問を呈する

だれにでも、他人の目を引く特徴がある。それでも色眼鏡によってその価値を見誤る人はいる。目標に邁進している管理職は、自分が挑発的で小うるさい人間だと思われていると知ったら愕然とするだろう。元気はつらつとした行動型の女性は、ビジネスパートナーに神経過敏で興奮しやすいという印象を与えていることに気づきもしない。逆に控えめな女性はチームを落ち着かせると勘違いされやすい。あなたの行動がまわりから実際とは違う規準で評価されていると感じたことはないだろうか。信頼する人からのフィードバックでも、そういうケースがある。真実はたいてい自己認識と他者認識のあいだにある。

4 優先順位をつけ、それに従って生きる

わたしたちには自分の人生に絶えず新しい視点を加えようとする傾向がある。もっと多くの知り合い、もっと多くの課題、もっと広く、もっと活動的で、もっとツールをというように。だがこうやって増やすことはわたしたちがエクセレントであるためには害になる。あなたの中で眠っているものを目覚めさせたいのなら、必要なのはパワーと自由な思考だ。だから自分のコアな部分を心にとめ、必要とあらば、はっきり「ノー」といおう。もちろん公私ともにもっとも重要なものがなにかを知っていることが前提だ。自分をよく知り、優先順位がつけられれば、本筋からそれた課題を拒絶したり、招待を断ったり、限界を伝えたり、時間泥棒とエネルギーのヴァンパイアの正体を暴いたり、あなたを目標から遠ざける類いの課題を放棄したりすることも楽にできるようになるだろう。

5 いまいるところは正しいだろうか

わたしたちの良い面を生かし切りさえすればエクセレントになれるだろう。自分の価値と志を職場でうまく開花させるにはどうしたらいいか自分に問いかけてみよう。会社の価値観と折り合いはついているだろうか。会社の哲学がたとえ新しいものに思えても、あなたにやる気を起こさせるような理想を描いているだろうか。それとも製品、社風、社内の空気、生産方法などがあなたの自己理解とぶ

つかってはいないだろうか。仮にあなたが持続可能な世界を望んでいるとしよう。その場合、環境保護関連の規則が経営上不利に働くとみなす会社なら、あなたにとっては間違った職場ということになるだろう。雇用主に合わせて、自分の規準や関心を抑えることは、キャリアを積むには都合がいい。だがそれでエクセレントになれるわけではない。

6　わたしは充分にできているだろうか

ミシェル・オバマは自伝『マイ・ストーリー』の中で、ふたつの問いが人生を決定づけたと書いている。最初の問いは「わたしは充分にできているだろうか」というものだ。物心がついたころにはそのことを考え、その問いのおかげで、ベストを尽くしてこられたという。ふたつ目の問いはハーバード大学出身の法律家としてキャリアを積んでいたときに生まれた。「いまやっていることはわたしにとって充分に納得がいくだろうか」という問いだ。そのことを熟考するのはだいじだ。成功体験のリストにいくらチェックを入れても、幸せになれるとは限らない。だからミシェル・オバマは目標を立てるたびに、そのときだれよりもうまくやれていることが天職か、充実感を覚えるものか、生きる意味に値するかを自問する。

7　内省は共同ですることも可能

　内省する人は自分の人格を見つめるだけではない。倫理観や世界観について考えもする。そういう場合は、ふたりないしおおぜいで取り組むのも悪くない。だれかに招待されたときや、休み時間に、問いを投げかけてみるといい。もし人工知能が発明をするとしたら、それに付随する権利も得られるだろうか[19]。あるいは完全なロックダウンと、デジタルによるアリの這い出る隙もない社会の監視と、どちらがより悪い状況だろうか。社会や経済にどんな結果をもたらそうとも、健康を優先すべきだろうか。オープンに話せる場が前提になるが、倫理的ジレンマについて熟考すれば、世界像が広がる。あなたは新しい認識と視点を得るだろう。唯一無二の解決策が見つからなかったとしても。なぜなら根本的な問題にそんな解決策はないからだ。

まとめ
「客観的視点を得るための７つのアイデア」

1 思考と行動のバランスを見出す

2 思考のメリーゴーランドから下りる

3 自分自身に疑問を呈する

4 優先順位をつけ、それに従って生きる

5 いまいるところは正しいだろうか

6 わたしは充分にできているだろうか

7 内省は共同ですることも可能

第3章
やる気

エクセレントが
華やかにはじまることはめずらしい

「どんな成功も挑戦することからはじまる」

第三十五代アメリカ合衆国大統領ジョン・F・ケネディはそう見ていた。やる気はケネディを世界一強力な地位につけただけではなく、人類を月に立たせた。自分を超えることを決してやめようとしない人らしく、ケネディは努力をすれば成功することを知っていた。もちろんそれがあくまで可能性であって、確実ではないことも。月並みに聞こえるかもしれない。しかし本当に月並みだろうか。エクセレントは生まれついたものではなく、たいていの場合、苦労して獲得したものだということに、わたしたちは本当に納得しているだろうか。わたしはそうは思わない。正直にいえば、他の人がやり遂げたことを、わたしたちはなんど感心と嫉妬のまなざしで見てきたことだろう。こんなふうに考える人はめずらしいのではないだろうか。


圧倒的な成功が一夜にしてなることはめったにない。むしろ眠れぬ夜を幾晩も重ねた結果だ。


「女性の第一人者になるにはなにが必要でしょうか?」

女優メリル・ストリープはそう質問されてこう答えている。

「継続と上品さね[1]」

かなり納得できる返答だと思う。

勤勉　過小評価されている力

たとえば親友が数学で優をとったとか、同じスポーツクラブの仲間が起こしたスタートアップ企業がユニコーン企業（評価額が十億ドルを超えるスタートアップ企業を指す）になったとかいうとき、わたしたちの視線はトップの成績、表彰台、十億ドルの評価額といった目を見張る成果にしか向かない。その陰で積み重ねたこと、持久力、暗中模索、不安、挫折、誕生パーティの欠席、全力投球といったものはわたしたちの目に入らない。なぜなら成功を収める人はひとりでがんばるからだ。努力、失望、投資、失敗、負担は気づかれないようにする。そして自分の世界が輝かしいものになったときはじめてその一部を明かす。

「成功するかどうかは、すぐれた才能よりも確信とハードな練習で決まることが多い」とビーチバレーの世界チャンピオンでオリンピックのメダリスト、キーラ・ヴァルケンホルストがいっている。あるインタビューで、異例の成功の前になにがあったかを明かしている。

「ビーチバレーをはじめたとき、すぐに成果を上げられたわけではありません。トーナメントに出場するため中国へ行ったときのことです。どうせ一回戦で敗退して帰国するだろうと思っていました。そうすれば賞金は一切もらえません。自費の航空運賃はとんでもなく高かったし、さらに滞在費もかかります[2]」

才能というと聞こえがいいが、継続することやへこたれない根性は野暮ったい。たしかにハードに働き、物知りになり、長年経験を積むことがエクセレントになるための秘訣だと認められてはいるが、じつは生まれながらの才能のほうが高く買われる傾向にある。自力でがんばってきた意志決定者でも、才能という言葉の魅力にはかなわない。それはユニバーシティ・カレッジ・ロンドンの心理学者チアユン・ツァイとハーバード大学のマーザリン・R・バナージの研究であきらかだ。(3)ふたりは百人以上のプロミュージシャンにふたりのミュージシャンのプロフィールとデモテープを渡し、そのふたりが成功するかどうか、才能があるかどうかを検討してもらい、ふたりのうちどちらを推すか判断してもらった。ただし二本のデモテープが同じものであることは被験者たちに知らせなかった。プロフィールも一点違うだけだった、ちなみに片方のプロフィールはそのミュージシャンの才能を披瀝《ひれき》しており、もう一方はミュージシャンが努力を重ねたことがわかるようになっていた。研究結果には興味深い点が三つあった。そのひとつはデモテープが同じものであることに、大半のプロミュージシャンが気づかなかったことだ。ふたつ目は被験者たちが才能よりも熱心な稽古のほうを成功に必要なことと判断していたことだ。三つ目は矛盾が示されたことだ。被験者の大半が結果として才能があるように見えるミュージシャンのほうに軍配を上げたからだ。とりわけ年配の経験豊富な被験者が努力よりも才能に好印象を示した。

この研究からこう結論づけることができるだろう。やる気はエクセレントであるためにもっとも重要だが、相応の評価を受けていない。じつはアリストテレスの文言からもエクセレントであることのエッセンスを読み取ることができる。『ニコマコス倫理学』でアリストテレスは、人間にはどのように生き働くかを自分で選択する自由があると書いている。二十世紀になって、アメリカの哲学者ウィリアム・ダラントがこの考えをさらに先鋭化させている。

「エクセレントとはトレーニングと習慣によって習得される技術である。わたしたちは美徳をもち、卓越しているから、正しく行動するのではない。正しく行動することで、美徳や卓越さに近づくのだ。繰り返し行っていることがわたしたちを形作る。従ってエクセレントなのはそのとき限りの行動ではなく習慣なのだ(4)」

エクセレントは良い習慣と同義だ。習慣によって達成できる可能性は高まる。ただし簡単になるわけではない。

なぜならエクセレントな人は達成したこと、たとえば数学の成績の優、経営学修士号（ＭＢＡ）、世界チャンピオンのタイトル、特許、功労勲章、経営役員への昇格、完璧な結婚、鍛え抜いた身体といったものに固執しないからだ。アリストテレスが定義しているように、エクセレントな人は絶えず最善を尽くし、能力が上がるにつれて自分の規準を引き揚げる。タイガー・ウッズがいみじくもいっている。

「試合に勝ったからといって、成功したとは思わない。だいじなのは年々良くなっているかどうかだ」

これがエクセレントたらんとする者の精神のあり方だ。すでにどんな成果を上げていようとも、その人の人生は魅力があるかどうかよりも、やる気があるかどうかで決まる。

すべての道は最初の一歩からはじまる

一九二九年、パリ。二十二歳のリー・ミラーはパリにやってきた。ニューヨークではスーパーモデルの走りとして人気があった。しかし彼女は被写体ではなく、撮る側になることを望んだ。だが人生の再スタートはきびしいものとなった。初期の写真技術はむずかしく、挫折してしまったのだ。アメリカの女性作家ホイットニー・シェーラーの歴史小説『光の時代(The Age of Light)』によると、その直後、リー・ミラーは撮影機材を手放している[5]。写真教本だけ残して、写真技術の理論に没頭した。新しいプロ用カメラを買うだけの資金はなかった。シャッタースピードと絞り値の関係性、照明条件、ピント、構図について徹底的に学んだ。次にリー・ミラーは、前衛写真家マン・レイのアシスタントになる。生活していくのがやっとの報酬しかもらえなかったが、蔵書の整理をし、撮影機材を組み立てながら、彼から吸収できることはすべて学びとった。そのうち次第に名が通るようになり、第二次世界大戦期、ヴォーグ誌の従軍写真家としてノルマンディ上陸作戦、ブーヘンヴァルト強制収容所の解放、ヒトラーの自宅、破壊されたケルン市を撮影した。彼女の写真はいまでは二十世紀の重要な記録として認められている。

エクセレントのはじまりが魅力的であることはめずらしい。

リー・ミラーはどんな逆境でも、道しるべがなくてもひるまなかった。本人以外のだれも写真家になれるとは思っていなかった。プロゴルファーのベルンハルト・ランガーも似たようなデビューの仕方をしたし、作家J・K・ローリングやフィンテック企業の創業者バレンティン・スタルフもそうだ。みんな、先が見えない状況でキャリアを積みはじめ、人から笑われ、だれにもヴィジョンを信じてもらえず、実際にはじめは海のものとも山のものともわからなかったにもかかわらず歯を食いしばった。

オンラインバンク「N26」はドイツでもっとも価値のあるスタートアップ企業だ。創業者バレンティン・スタルフは二〇一九年にヨーロッパの経済雑誌から年間ベスト経営者に選ばれている。はじめは小さな企業だった。スタルフは当初から伝統的で新規参入がむずかしい銀行界に飛び込むつもりだったが、「はじめは大風呂敷を広げた」状態なのはわかっていた。だから共同創業者のマクシミリアン・タイエンタールは当初スマートフォンを使った子ども向けのプリペイドクレジットカードの販売を考えた。これは決して大風呂敷ではない。観測気球が上げられた。この成功を土台にして、スタルフは簡易なバンキング・ソリューションをはじめた。五年後、N26はドイツではじめてユニコーンになった。

もちろんヘリコプターに乗って一気に山頂をめざす人もいる。もしかしたら一夜にして注目される

かもしれない。恵まれた環境が用意されたり、顔の利くパトロンがついたりするかもしれない。順調に成績を上げている企業を引き継ぐかもしれない。あるいはほんの偶然から世界が求めていたアイデアを思いつくかもしれない。といっても、たいていの人間は谷底からこつこつ登るものだ。登りつづけるのは骨が折れるわりに、実りが少ない。アメリカの心理学者アンジェラ・ダックワースは、魅力的でないのに、苦労ばかり多い登山にどんなものが必要か研究している。ベストセラー『やり抜く力』以降、ダックワースは忍耐強さの権威とみなされている。ダックワースのもっとも重要なメッセージは

やる気は成功の第一要因だ。知能指数、出身、才能、人間関係、資金よりもだいじだ。

販売であれ、カルチャーシーンであれ、エリート大学であれ、どんなところでも道を切りひらくのはたいていやる気だ。アクセス回数が百万回を超える動画の無料配信プロジェクト「TED Talks」で、ダックワースは成功の方程式を紹介している。

「長続きするかどうかは情熱、長期にわたるねばり強さ次第で持久力にかかっている。持久力とは、一週間とか一ヶ月ではなく何年もかかる将来設計を立て、その計画を実現するために倦《う》まず弛《たゆ》まず働くことだ[6]」

もちろん成功には才能もいる。だがダックワースの研究結果からは、才能そのものはちっぽけなホタルの光にすぎないことがわかっている。それが大きな光になるには、障害を払いのける意志をもつ

必要がある。幸運に恵まれたり、顔の広い一族の出身であったりしても、それだけで壁を突き破れるものではない。

ビル・ゲイツはマイクロソフト社を創業してから最初の五年はプログラムのソースコードをすべて自分でチェックしていた。[7] グレタ・トゥーンベリが、自分の主張を書いた紙を持ち、ひとりでスウェーデンの国会議事堂前に立たなかったら、気候変動問題でいまの役割を担うことはなかっただろう。プロゴルファーのベルンハルト・ランガーはキャディをやり、基幹学校（四年間の初等教育を終えた学童が入学する五ないしは六年制の学校）卒業後はゴルフトレーナーの助手として働いた。ローリングは、ハリー・ポッター・シリーズの第一巻の出版を十二の出版社から断られてもあきらめなかった。それだけのやる気がなかったら、いまでも教師だっただろう。「すべての出版社が断るまであきらめなかったでしょう。でも、そうなるのではないかと何度も危惧しました」[8]

有用な人材とエクセレントたらんとする者の違いは動機にある。有用な人材は、幸福、賞賛、財産、名声、安全、次のキャリアアップといった報いが欲しくて努力する。エクセレントたらんとする者もこういうものを高く買うが、本来の原動力は自分を成長させたいという深い欲求だ。つねに楽しいわけではないし、成功するかどうか雲をつかむような状態だったとしてもかまわない。

熱狂だけではなぜ充分でないのか？

Biss（やる気）というドイツ語（「かみつく」という意味の動詞beißenから派生）には長いあいだ、しつこい（verbissen）というイメージがつきまとっていて、印象のいい言葉とはいえなかった。それから新型コロナウイルスが世界中に蔓延し、短期間でだれしも歯を食いしばるしかない状況に追い込まれた。多くの場合、国の支援が最悪の事態を和らげてくれはした。だが一夜にして健康への不安と同時にまったく新しい習慣がわたしたちの生活に入り込んできた。商店前の長蛇の列。労働時間の短縮。キャンセル。マスク。渡航を避けるべき国。二〇二〇年春を境に、わたしたちの多くは以前よりもすこし忍耐力と規律を身につけた。

新型コロナウイルス感染症のせいで、わたしたちはほぼ忘れかけていたこの特性を再認識することとなった。この特性はアジャイル開発や顧客志向のデザインにおける知識と同様に、ＶＵＣＡ的世界でも利点がある。人気のある企業はおそらく今後も快適さと遊び心のサインを出しつづけるだろう。果物の無料提供からおしゃれなオフィスビルにいたるまで。だが同時にデジタルへの転換はスムージーのように淀みないものではないという認識が育っている。第四次産業革命における労働世界は、たとえ出口が不透明でも、企業のきびしい現実に向き合うパーソナリティを必要としている。

…マイクロソフトの依頼でデータ分析会社「YouGov」が行った調査によると、ドイツの勤労者…

のふたりにひとりがデジタルへの転換で仕事が楽しくなると思っていることが判明した。[9] ノースカロライナ州にあるトップマネジメントコンサルタント会社の社長ジム・グルンドナーはこうした歓迎ムードに待ったをかけている。

「簡単そうに見えるが、じつはむずかしいだろう！　わたしの経験からいうと、目標に達するために数々の制限を突破するだけのエネルギーと決意と意志が長期にわたって求められるだろう。デジタルへの転換は一朝一夕には成功しない。指標となる進歩がはっきりするまで数ヶ月を要することもあるだろう。初期の歓迎ムードが過ぎると、過酷で骨の折れる競争がはじまる。成立期（Forming）と動乱期（Storming）を経て、いったん安定期（Norming）に入り、最終的に遂行期（Performing）まで戦い抜く『覇気』が必要になる[10]」

熱狂する人は多くても、必要な忍耐力がある人は少ない。「持久力とは人生をマラソンのように走ることだ。短距離走ではない」とダックワースはいっている。人事課の人間がマラソンで結果を出したことを行動力がすぐれている証とみなすのも当然といえよう。なぜなら百メートル走はだれにでも完走できるが、マラソンの場合はふるいにかけられるからだ。トレーニングしていない者はゴールの何キロも手前で息切れする。だから四十二キロを走りきることで気力があるかどうかがわかる。速さは関係ない。できる人間には男女を問わず、自分の限界を超える意志がある。一歩また一歩。トレーニングに次ぐトレーニング。はじめの高揚感は着火剤でしかない。次に必要なのは忍耐力だ。十二ヶ月毎週欠かさず三、四人でトレーニングすることは最低限の心構えだといえる。

誠実さ、リローデッド

創造力。能力開発。大局を見る目。自己組織化。即戦力となるチーム。安定期（Norming）。動乱期（Storming）。遂行期（Performing）。新たな労働の世界を表す用語はルーチンワーク、こまめな労働、小心とは無縁だ。だれでも自分のポテンシャルを出し、才能を開花させ、大事を成すことが可能であり、またそうすべきということだ。だれもが大きな事業に関わり、貢献する。せせこましい賃金労働とはおさらばして、構想に携わったり、プロセスを組み立てたり、物語を書いたりする。そして会社を黒字にする。働いていても、プライベートのときと同じように自由を感じ、わくわくして生きがいを覚える。やっかいな仕事、せせこましい行為、無味乾燥な数字、骨の折れる品質改善、断るのにへりくだることは時代精神にそぐわず、永遠に過去のものとなる。あいにくわたしたちは不都合な真実を見落としている。創造力は規律と結びつかないかぎり、真価を発揮しないということを。だれでもお試しはできる。動乱期（Storming）に面白そうなアイデアを出す。けれども、すばらしい企画、すぐれた製品、ニーズに合ったサービスも、煮詰まっていないアイデアやひらめき、思いつきを具体化し、資金を注ぎ込み、改良を重ね、完成させないかぎり、ないも同じだ。

………

ミュンヘン在住の小説家で翻訳家グードルン・ペンドルフはコミックのシリーズ『アステリックス』一巻から二十九巻までをフランス語からドイツ語に訳し、数百の登場人物にドイツ語の名

………

前を与えた。グラウトフォアニクス（Grautvornix、「なにも恐れるな」という意）、デンクディアニクス（Denkdirnix、「考えるな」という意）、グーテミーネ（Gutemine、「良いミーネ」の意、ミーネは女性のファーストネーム）。二〇二〇年、ペンドルフはこの文化的成果が評価されてドイツ連邦共和国功労勲章を受章した。だがペンドルフが成し遂げたのはギャグや言葉遊びだけではない。言葉の再構築にも注目すべきだ。コミックでは吹き出しに合わせて訳文を埋め込まなくてはならないからだ。ペンドルフはそのことをこう回想している。

「あらかじめ描かれている吹き出しに原文どおりに訳すと長めになるドイツ語テクストをはめこむため、よく一文字一文字数えたものです[11]」

コミックの翻訳であれ、ワクチン開発であれ、イノベーションプロジェクトには細部まで正確を期し、明確なプロセスを踏み、ときには長期にわたって充分なリソースと物理的なエネルギーを注ぐ必要がある。

ベルリン在住のバイオテクノロジー企業家オルフェルトとコンスタンツェ・ラント夫妻はPCR検査キットを最初に開発した。コンスタンツェ・ラントは二〇二〇年一月にだれよりも早く武漢での感染者に注目した。なにかが起きていると予感したが、それからは些末な調査がつづいた。ラント夫妻は新型コロナウイルスのゲノム塩基配列に関する研究論文を調べ、最初のPCR検査キットの生産にこぎつけた。十年前のパンデミックの報告書を参考に、コンスタンツェ・ラントは大量の検査キットをリーズナブルな価格で購入した。こうして準備したラント夫妻は三月から六十カ国以上に向けて毎月数百万個の検査キットを供給することを可能にした。この時期は社員も含め二十四時間働きづめだったという。子どもたちも大学を休学して協力し、五万個の検査キットのラベル貼りを手作業で行った⑫。

誠実さに華々しさはない。わたしたちの時代では袖カバーやフォルダーと同じように二次的な扱いを受けている。だがそれは違う。細部を疎かにしていては、大きなことはできない。報告書を精査し、調査を実施し、検査キットを発注し、価格をつけ、ラベルを貼りつける。それもまた適切なときに的確に予想するセンスと遜色なくだいじなことだ。

エクセレントな人はすごいことをしたからエクセレントなのではない。大きなことが細々したことに支えられていることを知っているからだ。

コロナ・パンデミックが起きた最初の数ヶ月、ドイツとオーストリアは西欧諸国の中でうまく対処しているほうだった。理由のひとつはドイツ、オーストリア、スイスの三国の集中治療室の病床数が比較的多かったことだ。もうひとつはすでに確立されていたすぐれた医療体制を短期間にさらに改善したことだ。同時に、そして矛盾した話だが、だれが考えてももっとも必要なことなのに、ささいなことが疎かにされた。医療、研究、政治が一丸となって新型コロナウイルスと戦う一方で、ドイツではもっとも簡単で、安上がりな方策が実施されなかったのだ。国民全員にマスクを配布することだ。市場にマスクがなかった。あったとしても割高だった。二月後半でさえ、一個あたり四十五セントだったマスクが十三ユーロ五十二セントに値上がりした。集中治療室の医薬品も逼迫した。医療関係者でなくてもその名をよく知っているプロポフォル、ロラゼパム、モルヒネなどの日常良く使われる麻酔薬や鎮静剤が不足した。おそらく高度に発達した西欧でも、使い捨てされる平凡な薬品の生産能力が限られていたせいだろう。

ダックワースの研究のおかげで、わたしたちは誠実さがいまも古びていないことを知っている。エクセレントな人にとって、誠実さはパーソナリティの五つの大きな特徴のうちもっとも大切だ。といっても、誠実さには信頼できる場合と目的を志向する場合というふたつのタイプがある。ダックワースはその違いを以下のように定義している。信頼できる人はいつも時間どおりにトレーニングにやってくる。目的志向の人もそうだが、金目当てであるところが違う。誠実さはエクセレントにつながり、わたしたちはきびしい努力と高い要求というふたつの要素をひとつにする。

ニュルンベルク公立劇場の指揮者で音楽監督のジョアナ・マルヴィッツは指揮台上の寵児《ちょうじ》だ。強みはなにかと問われたとき、こう答えている。

「自分を評価するのはむずかしいことです。集中してリハーサルする人間であることは知っています。自分にも、いっしょに音楽を作る人たちにも、本番で心行くまで演奏できるよう努力し、問題を解決し、練習することを期待しています[13]」

これは目的志向だ。四六時中働く。ただし自分のためではない。本番で心がのびのびと解放されるための秘訣なのだ。

習慣の力

やる気、根気、勤勉。言い方はいろいろあるが、それをつづけるのは骨が折れる。だが大幅に楽にすることは可能だ。良い習慣という魔法の言葉がある。力は反復によって増幅する。もちろんそこには乗りこえなければならないものがある。行動の変化ははじめのうちこそ問題ないが、設定値よりも下回れば問題が大きくなり、長期的には想像以上の障害が生じる。習慣の良し悪しにかかわらず、行動するにせよ、しないにせよ、いやというほど反復してはじめてポジティブかネガティブな結果を招くことになる。はじめは徐々にだが、上昇するにせよ、下降するにせよ、次第にその傾向は大きくなる。仕事であれ、人間関係であれ、食事や学習や消費、金遣い、メディアの利用と選択であれ、アリストテレスのいうとおり、エクセレントなのは行動ではなく習慣だ。預金残高はわたしたちの資産運用の習慣を反映する。腹筋を見ればスポーツをしているかどうか一目瞭然だ。最新の知識は毎週土曜日に専門書を読むことで培われる。同僚との良好な関係は、ストレスがあっても付き合いをつづけるくらいでないとむずかしい。だからこういっても誇張にはならないだろう。

わたしたちが人生で達成するもの（あるいは達成しないもの）は人畜無害に見える無数の習慣の

結果だ。

ただしひとつも問題がないわけではない。成功や失敗が、適切な習慣あるいは不適切な習慣による結果かどうかは、見極めがむずかしい。子どものときからまともに日よけをしなかったとしても、のちに肌の色がどうなるかなんてだれにもわからない。もっとやさしい言葉をかけていれば、離婚したパートナーといまでも結婚生活をつづけていられたか、だれにわかるだろう。インターネットで注目度をあげるようにし、周囲の批判にも耳を貸していたらどうなるか、だれにも予測がつかない。結果をある程度予測することはできても、正確なところはだれにもわからない。

「良い習慣は熱心につづける価値がある」とアメリカを代表する現代作家ジョン・アーヴィングがいっている。だが未来を見ることはできない。だから不適切な習慣でなにが起き、適切な習慣でなにが達成できるか見誤ることもあるだろう。ティラミスをおかわりする。ネットサーフィンをすこしする。ミーティングを意味もなくつづける。トレーニングをさぼる。べらぼうに高いコーヒーに金を出す……なんだっていうんだ、ちょっとくらい楽しんでもいいじゃないか、一度くらい。しかしたいていの場合、一度ではすまない。翌日にはまた同じことをはじめから繰り返すだろう。良い習慣の場合も同じだ。その多くはなんの変哲もないものに見える。出勤途中に専門のポッドキャストを聞く。日曜日には翌週の計画を立てる。不当な批判を聞き流す。ビニールの手提げ袋を使わない。ＳＭＳで感謝の気持ちをあらわす。いやなことに腹を立てるかわりに、どうしたらいいかたずねる……そのどこがすごいといえるだろう。一見しただけではたいしたことに思えない。しかし生産的な習慣は呪文と同じだ。

小さな努力を積み重ねれば、ポテンシャルは上がる。

途中でめげたりしなければ、エクセレントの新たな次元がひらく。小さな変化も、つづければ人生が変わるくらいの変動になりうることを、ジェームズ・クリアはベストセラーになった著書『一%メソッド』でこう表現している。

「繰り返すこと（つまり毎日意識して行うこと）が最後にはあなたという人間を作り、あなたが信じるものをこしらえ、あなたのイメージを形作る[14]」

新たな良い習慣は、それほどよくない古い習慣の代わりになるだけでなく、もっと良い習慣を生むことになる。わたしもちょうどそのことに気づいたところだ。この一年暮らしている家はエネルギーの再生が可能だ。だから努力しなくても、わたしたちは以前よりはるかに持続可能な環境にある。ただ思いがけないことに、それ以来、乾燥機の使用とか食品の扱いなど他の領域でも意識が高くなった。

改良したいのが世界であれ、自分自身であれ、高い目標を立てるのはすばらしいことだ。中国語を学ぶ。オリンピックで金メダルをとる。地下室を片づける。役員になる。高校教師になる。七時間睡眠ができるようにする。バイクで平気で斜面を下れるようになる。問題はできることと、できるようになるはずだという思いのあいだにクレバスが口をあけていることだ。目標が大きければ、高望みした計画やヴィジョンの成功率は下がる。それに対して、見たところどうでもいいような日常の習慣はその亀裂に橋を渡し、持続するために必要な成功体験をもたらしてくれる。

ダイエットするとしよう。一キロ、三キロ、十キロ。希望の体重がどのくらいにせよ、体重計の数値が下がるまで数日はかかる。良い習慣を実行すれば、成果が上がったことがすぐにわかるだろう。万歩計がいい。三日にわたって毎日五千歩ずつ歩数を増やす。ミュースリ（ドイツのシリアル）に蜂蜜を加える習慣をやめる。いつもは赤ワインを二杯飲むところを一杯に控える。さらに毎日飲むことをやめる。一分間のプランキング（両腕を体側に付けてうつ伏せに横たわり、その写真や動画をインターネットに投稿する遊び）が朝の日課になったら、もっと長くやろうとしている自分に気づくだろう。

新しい習慣は世界を動かすほどのものではない。だが自慢できることであり、さらになにかをする動機付けになる。

ささやかでもポジティブな変化なら無視するのは禁物だ。新たな良い習慣をどのくらい繰り返しているか数えるべきだ。アップルウォッチのアクティビティアプリでノルマ達成を確認して自分を誉める。実際に減量したり、腹部がへこんだりするにはもうすこし時間がかかるかもしれないが、すでにトラッキングすることができる。いい感じでスタートすれば、あとは流れに乗るだけだ。時間が解決してくれる。生産的な習慣を繰り返せば、効果はどんどん上がる。

マット・ヘイグは作品が三百万冊売れ、三十カ国語に訳されているイギリスの小説家だ。二十年前ヘイグは重度のうつ病にかかった。以来、十一回再発している。良い習慣はヘイグの救いとなっている。

「わたしはしないほうがいいことをあえてしている。ささやかなことなのに克服するのが大変なこと、たとえば映画館に入ること」

ヘイグが自分の経験から学んだことはこうだ。

「負の感情を拭い去ろうとしても無駄だ。うまくいかない。なにかポジティブなことをぶつけて、バランスをとるほかない。そうやってごまかすのだ⑮」

納得していても、またはじめのうちうまくいっていても、それだけで生産的な習慣や決めごとをつづけられるものではない。うまくつづけるにはスポーツ精神が必要だ。何度も奮起して習慣にしなければ、当たり前のことにはならない。そうなってはじめて習慣は負担ではなくなり、逆にやらなければ物足りなく感じるようになる。「十回繰り返せば癖になる」古代ローマの詩人ホラチウスが二千年以上前にそう励ましている。たとえば背中のエクササイズ、フロス、言語学習アプリ「バッベル(Babbel)」を使った毎日のマイクロ・ラーニング、デスクの片づけ、早起き、おめでとうのメールと感謝状、パロディ番組「ブレイン・キャンディ」を観ない。欠かせないと思える生産的な習慣を二桁身につければ、わたしたちの生活もすこしはよくなるだろう。どの習慣もわたしたちのメンタルの許容量を上げ、エクセレントな人に近づけてくれるはずだ。

優先順位をつける

二〇二〇年の復活祭の週末。わたしたちは新型コロナウイルスの危険にさらされた。わたしは自転車であたりをひとまわりして帰宅した。自宅の前の広場で隣人たちが大きな輪を作っていた。最近よく見かける光景だ。真ん中にガーデンテーブルがあって、プロセッコ（イタリアの代表的なスパークリングワイン）が一本のっている。隣人のひとりがわたしに、台所からグラスをとってきて、プロセッコを飲まないかと誘った。すこし迷った。引っ越してきたばかりなので仲間に入りたくはあった。だがボトルには複数の人が触れている。ボトルをつかむのに、キッチンタオルをもってこようかと頭の片隅で思ったが、すぐにその考えを捨てた。用心深すぎると思われたくなかったからだ。通ぶっていると思われるのもいやだった。だからこういう状況ではやってはいけないと常々思っていることをした。どんなものでも、招待や仕事の依頼や助けを求める声を拒絶するのはむずかしいことだ。相手をがっかりさせるようなことをいうには、こちらも勇気がいる。おおっぴらに批判されるかもしれないし、陰口をたたかれるかもしれない。それに耐える気力が必要だ。それなりの理由があっても、わたしたちの心に深く根ざした社交辞令に反する行動をとるには気力が求められる。しかしエクセレントになりたいのなら、そういうことをしなければならない。優先順位をつけずにノーベル賞を受賞できる人などいない。財産家になる人もそうだ。子どもを心の強い人間に育てることだって、自分の健康を考えることだって、すばらしいプレゼンテーションを準備することだってできはしない。なぜならエクセレントであるには集中してことに当たる時間とエネルギーが必要だからだ。時間とエネルギーはわたしたちの精神力と不即不離の関係にある。自分の生活の中で精神力を発揮する場を作らなければ、開花することはない。

とてもだいじな人だが、その人のせいで気が散ったり、気になったりするなら、その人は邪魔者だといえる。マイケル・ジョーダンやコービー・ブライアントのトレーナーだったティム・S・グローバーがいっている。

「エクセレントな人は孤高の存在だ。自分の目標を達成するためになにを必要としているかなど、だれにもわかってもらえない。あなたにいてほしいと、他の人が思っているところは、どれひとつとってもあなたの居場所ではない(16)」

グローバーがいっていることは、世界クラスのスポーツマンや一流の学者だけではなく、自分を超えようと思っているすべての人に当てはまる。それが仮に世界一おいしいエルダーフラワーコーディアル（イギリスの伝統的なドリンク）を作っている場合でも問題は同じだ。すべてを正確にやったとしても、気にかかっていることがあれば、最高のパフォーマンスを発揮することはできない。自分の目標を知り、それが可能な環境を守り抜いてはじめて本領を発揮することができる。そうなれば、まわりから好かれることはないかもしれない。それは代償なのだ。

　ある男が町一番の理髪師になった。しばらく前から彼は新しい顧客を獲得する努力を怠っていたが、それでも常連客はひとりではさばききれないほど増えていった。数ヶ月のあいだ朝の七時から夜の七時まで働いた。そして予約システムを変えるほかないと思った。来店してすぐに次の日取りを決めないかぎり、予約ができないようにしたのだ。そのせいで数人の常連客が来なくなった。だが一定の水準を保つには、これしか方法はなかった。

　どうがんばっても、わたしたちのリソースには限りがある。だからどんな分野でも、エクセレントたるには決断を迫られる。それは個人的なことの断念にとどまらない。しばしば自分勝手に振る舞い、理解されず、極端な行動に及ぶ必要も起きるだろう。具体的にいうと、他人と距離を置き、拒絶し、ノーということを学ばなければならない。面白そうな誘いや招待を断り、長すぎるビデオ会議や益のない人間関係をやめ、頭の中の疑問や自己批判も無視し、パートナーや子どもや両親や隣人、サークルの仲間の期待に応えない。どうすればできるのだろう。繰り返し内省すればいいのだ。なにを大切にするか考える。子どもの誕生日か国際会議か？　ネットフリックス（Netflix）かネットワークか？　研修会かワインの夕べか？　新年会かフィットネスクラブか？　答えは自分にしか出せない。結局のところあなたの目標に立ちはだかっているものを知るのはあなただけなのだから。自分の娘を友だちのところまで車で送っていくなら、手術症例報告書をその日のうちに読むことはできないだろう。朝のミーティングに出るつもりなら、環境にやさしい鉄道をあきらめて、飛行機に乗るほかないこともある。もうひとつ依頼を受けて、神経が参りそうになるとしたら、それはあなたの責任だ。次のことを受け入れよう。

エクセレントをめざしつつ、つねに八方美人でいることは不可能だ。

無理をして引き受け、志や価値から目をそむけるなら、しばらくは耐えられるだろうが、そのうちに限界が来る。割を食うのは自分だけではない。まわりも迷惑することになる。欲求不満になり、精も根も尽き果て、我慢が利かなくなり、落ち着きを失い、敵意をむき出しにし、攻撃的になる。まわりはそのことに気づくだろう。解決する処方箋は一枚だけだ。自分らしく生きるために、友好的かつ粘り強く自分に合った環境を作るのだ。

「他人の期待が自分の思いだと勘違いしないように気をつけよう」

これは女優のイーリス・ベルベンが若いころに気づいたことだ。

「本当に自分が望んでいることか、それともまわりが望んでいるから無理をしているのか。いまやっていることが本当に自分のしたいことなのか、繰り返しチェックする必要がある。他人の期待をはねのけるにはエネルギーがいる。けれども幸せになりたいなら、それしか方法はない[17]」

わたしたちに指揮棒を振るのはやさしさや親切心ではない。必要なのは謝るのではなく、罪の意識を感じずにノーをいう勇気だ。そのための尺度は自分で決めた価値、優先順位、目標だ。断りの言葉が自然に口を突いて出てくるようでなくてはならない。「いいえ、おうかがいする時間がありません」「いいえ、明朝のミーティング時間をずらすことはできません」「いいえ、いまは新しい依頼を受けていません」「いいえ、メインディッシュだけにしてください」そして「いいえ、家族を優先して、自分のキャリアをあきらめる気はありません」あるいはその逆で「いいえ、親の役割を仕事より下に見るつもりはありません」こう明言するにはまず決意がいる。だがそのうち習慣になる。なぜならやるかやらないかの決断は自分勝手に下しているわけではないからだ。それは自分のエネルギーや創造力や精神力の使いどころを意識的に選んだ結果だ。エクセレントであるために時間と空間を作ることが肝要なのだ。

エクセレントな人は成熟する必要がある

人生では後世に語り継がれるような夢の瞬間に巡りあうことがある。たった一度クラブ選手権で優勝したときの表彰楯が二十年後も飾られている。事故にあったときにとっさの勇気で命を救う。二百年以上前から世界中でクリスマスのイメージを決定づけてきたクリスマスソング。女性ではじめて合衆国副大統領に就任する。多くの偉大なことが、人生でたった一度だけセンセーショナルで指標となりうるものに巡りあった人によって実現されてきた。当然、通常の基準を超えたエクセレントなことをやってのけたのだ。しかしたった一度エクセレントなことができただけでは、それがどんなにすばらしくても、ポテンシャルを上げつづけたことにはならない。

真にエクセレントな人はビーコンを見つけて、そこでとどまることはしない。たとえそれがどれだけ遠くまで照らしていても。

自分自身を乗りこえられる可能性に限界はない。どんなところでもそうだ。だからエクセレントたらんとする者ははじめての成功がどんなにすごいものでも、そこがゴールだとは思わない。毎日、毎月、毎年、さらなら成長をめざして学び、最善を尽くす。それはプライベートであれ、仕事であれ、小さなことでも、大きなことでも変わりはない。

ベルンハルト・ランガーがゴルフのトレーナーのままだったらと想像してみよう。一九七〇年代、人口千人の村で生まれた左官の息子としては、それでもすばらしい成功だといえる。あるいはJ・K・ローリングが『ハリー・ポッター』シリーズの第一巻だけで書くのをやめていたらどうだろう。ふたりのキャリアはそこでハッピーエンドを迎えていてもおかしくなかった。最初の成功だけでもエクセレントな人生を送るに足る水準に達していた。だがふたりとも、違う選択をした。ランガーは何年にもわたってシニア・プレイヤーズ選手権で優勝を飾った。『ハリー・ポッター』のあと新たな主人公を生み出したローリングは有名になった自分の名前でなくても新しい作品にニーズがあるかどうか知るために、偽名で出版し、そのことを長く隠していた。

あなたが大学に入学したてでも、フィンテックを立ちあげようとしていても、ラブラドール・レトリバーのブリーダーになっても、ウイルス学に没頭しても、だれかと永遠の愛を誓っても、また得意分野で自分のベストパフォーマンスを実現しようとしたとしても、パフォーマンスを最高潮にもっていくには一年ではまず足りないだろう。三年でもまだむずかしい。五年、十年、十五年つづけられてはじめて、わたしたちはかゆいところに手が届くようになり、倫理的な問題や社会への影響を習い覚える。自己管理のスペシャリストであるアンジェラ・ダックワースがいっている。

「耐久力という持続する意志が必要だ。やる気を出すというのは、あることに関心をもち、育てつづけることを意味する」

あまり新味はないし、革新的にも聞こえない。面白いともかぎらない。まさにそこが厄介な点だ。なぜならプライベートでも、仕事でも、今後同じように機能することはまれだからだ。プロジェクトとリレーションシップは常にスムーズに進行しなければならず、さもなければつづける価値がないと思うとしたら僭越《せんえつ》というものだ。ＣＡＤを操作するにせよ、新しい町で暮らすにせよ、ヨガをはじめるにせよ、はじめは喜々としていても、たいていはそのうちに面倒な段階がやってくる。それを乗りこえた者だけがやりがいのある充実した領域に達する。だが唯一無二の人間関係や理想的な職場を求めていても、あれこれ試し、連関性のないことに首を突っ込むだけで必要な判断ができない者は見聞を広めはするが、ほとんど表面的な理解にとどまってしまう。

だとすると、エクセレントたらんとする者は専門やパートナーや勤務先を変えてはいけないのだろうか。もちろんそんなことはない。エクセレントであるには、自分の使命といえるものへ持久力を向けることが前提となる。そのためには探求と発見の段階が欠かせない。その段階が地平を広げ、教育と経験とパーソナリティの融合を実現するのだ。ただし、より良いものを求めて考えなしにやり方を変える人と、複数の才能を同時に真剣かつ集中的に伸ばす人ではおのずと違いがある。

女優のクリスティアーネ・パウルは医師でもある。いまは医学とはまったく無縁な分野ですぐれた結果を出している。しかし専門の変更はやる気が失せたということではない。またすこしだけ別の分野を覗いてみたというのでもない。パウルはいくつものむずかしい目標を並行してめざし、両方をじっくり試した末に女優を選んだ。エクセレントたらんとする者の場合によくあることだが、パウルはいまもまだ終着点に着いたとは思っていない。

「たぶん人生の半ばか三分の二といったところでしょう。間違っても足を止めはしません。一定の水準に達したと思っても、まだいろいろと試して、いろいろなことに心をひらきつづけます(18)」

自分がエクセレントであることを証明しつづけようとする、その原動力はどこからくるのだろう。すでに一流の女優であり、ライバルの追随を許さないというのに。答えは複雑だ。ダックワースによれば、こういう場合、五つの要因が絡み合っているらしい。勇気、成功の追求、効果的なトレーニング、自信、絶えず完全をめざすこと。つまり失敗するかもしれないという不安を克服する人はやる気があり、自分の目標に向かって集中することができ、運をつかみ、ベストを尽くす覚悟があるということだ。

まとめ　ベストを尽くすのに欲しい七つの示唆

ハイキングやサイクリングの経験があれば知っているだろう。もっとも美しいコースには砂利道もあれば急坂やつまずきやすい箇所やヘアピンカーブやよじ登る必要のあるところなどがある。慣れた人でもそこを進むにはやる気が求められる。人生も同じだ。才能に恵まれていたり、資格をもっていたり、経験があったりすれば、耐久力とやる気がなくてもコースをはずれることはないだろう。だがやる気のいいところはトレーニングでなんとかなるところだ。

1　力量を上げる

「いやなことを毎日ひとつやりなさい」と人権活動家でアメリカ合衆国の元ファーストレディ、エレノア・ルーズベルトがいっている。落下傘降下をするまでもない。だれにだってやりたくないことがあるだろう。失敗を認めること。好きではない人に接触すること。仕事のオファーをフォローアップすること。ノーということ。傷つきやすいところを見せること。新しいことに取り組んで、初心者となること。

2　エクセレントに終わりはない

エクセレントであることは、個々の成功を超えてずっとつづく。キャリアアップ、執筆していた本の完成、職場での抜擢、売上目標の達成、夢のような仕事。そういうものを手にしたら、もちろん祝っていいし、祝うべきだ。それだけのことをやったからというだけではない。喜びと感謝の気持ちはパートナーと分かち合うものだからだ。だがシャンパンのコルクを飛ばして祝い、おめでとうという言葉のシャワーを浴びるのは、人生もサッカーも同じだ。ひとつ試合が終わると、次の試合が待っている。大きなメーカーでも同じことがいえる。フォルクスワーゲンのチーフデザイナー、クラウス・ビショッフは舞台裏を明かしている。

「自動車が市場に出る前に、わたしたちはすでに次のモデルチェンジを検討している。そのモデルチェンジが市場でお披露目されるころには、後継車のデザインができあがっている。そうやってつづけていくのだ[19]」

3　優先順位をつける

多くの人は、エクセレントな人はどうやって時間を作るのだろうと不思議に思うものだ。当然だろう。リソースが無限な人などいない。自分の限界を超えるとき、わたしたちはより多くのことを成し遂げるが、そうしたすごいことも力業では生み出せない。自分のエネルギーを狙いすまして投入しなければ、とてもではないがエクセレントな思考や行動など無理な相談だ。どうすればうまくいくかについて、PR会社「ゲーベン・コミュニケーション」の創業者にしてCEOであるヘザー・ウォーレンがこう語っている。

「三年前、息子を産んだとき、わたしは企業経営者である自分、母親である自分、そして女性のために戦う者である自分にとって成功とはなにかを定義して、明確に意識した。自分にとっての成功を定義してからは、自分の人生のキー領域で前進することに特化して時間を使っている」

優先順位をはっきりさせれば、それだけ気をそらすものを特定しやすくなり、限界を見極め、一番大切なことに力を注ぐことができる。その結果がすぐれたリレーションシップとパフォーマンスであり、さらなる落ち着きと生きる喜びが得られる。

4　努力を計測する

歩数を数える者はだれしも、カウンターが動くと、思わずがんばってしまうものだ。だからよりエクセレントな方法を選んだと認識するのはいいことだ。口を出すよりも聞く耳をもつほうがいい。反論するよりも微笑むほうがいい。エレベーターよりも階段。ビールよりもミネラルウォーター。動物のビデオよりもマイクロ・ラーニングのセット。しぶしぶイエスというよりも、うまくノーというほうがいいし、いきなり本題に入るより、すこし世間話をしたほうがいい。すこしでも自分を乗りこえれば、やる気が出るものだ。アメリカの社会心理学者ロイ・バウマイスターがそのことを証明した。

ある研究でバウマイスターは被験者たちに、一日のうちにできるだけ頻繁に体勢を直すように求めた。やる気度を測定したところ、このわずかな変化が特筆すべき効果を生んでいることがわかった。被験者たちは他の領域でも対照群より多くの努力をしていたのだ。

5　成功に鼓舞してもらう

プレゼンテーションが誉められた。交渉が思いどおりになった。ゴルフトーナメントで優勝した。昇進した。たいていの人が成功を祝い、有頂天になる。自己批判してせっかくの勝利に水を差すようなことをするはずがない。だがすぐれた人間はもっと先へ行く。上辺だけの成功に目がくらむことなく、それを評価する。ものさしになるのは自分にしか判断できない質と行動パターンだ。うまくいったのはどこだろう。次に付け足すとしたらなんだろう。いつもほど気が動転しなかったのはなぜだろう。交渉相手の動機をうまく察知しただろうか。ルーチンワークをどれだけ集中してやれただろうか。違いは一目瞭然だ。すぐれた人間は月桂冠を頭にいただいても、そこに安住することがない。成功を分析して、そこから学び、勝つたびに自分を成長させる。

6　意図と目標をもって学ぶ

パイロットや医者は一定の時間で飛行したり、手術を執刀したりするよう求められている。すぐれた能力とそのためにかけた時間の連関については無数の研究がある。おそらくもっとも有名なのはスウェーデンの心理学者アンダース・エリクソンの研究だろう。その研究によると、起業家、学者、芸術家、職人、スポーツ選手などは、最高のパフォーマンスを発揮するのに一万時間の準備を要するという。だが問題は量だけではない。ちなみに容認できるレベルまでパフォーマンスを上げると、学習が滞るものだ。それからは訓練の質が大きくものをいう。行動心理学者でマネジメントコンサルタントのオーブリー・ダニエルズは、才能あるふたりのバスケットボール選手を例にその違いを説明している。ふたりはそれぞれ一時間トレーニングをする。プレイヤーAは五十回シュートし、ドリブルをし、合間に他の選手とカットインの練習をする。プレイヤーBは二百回シュートする。成功した数を記録してもらい、はずしたときの理由をメモして、数分ごとにフィードバックする。[20] 違いは歴然としている。プレイヤーAはトレーニングで疲れ果てるが、プレイヤーBは明確な目標をもってトレーニングすることになる。

7　己を疑う

認められるのはうれしいことだが、先に進むにはそれだけではだめだ。真にエクセレントな人は同じ目の高さでの修正や反応を欲するし、[21] エクセレントたらんとする者は、相手が成功しているかどうかには関係なく、他人からの示唆とフィードバック、さらには批判的な疑義を積極的に受けとめ、口当たりのいい言葉を弄しないコンサルタントを評価する。質の高い異論に向き合うことで、自信過剰になる危険を回避し、アイデアを実現可能にし、仮説を洗練させ、考えを深め、評価を修正する。心酔してくれている人や成功にあまり恵まれない人からの誉め言葉はうれしいものだ。しかしイエスマンに囲まれた人は思い違いをする。自分を克服できるのは、疑義や矛盾や知らないものの見方を受けとめ、それを糧に成長する人だけだ。

まとめ
「ベストを尽くすのに欲しい7つのアイデア」

1 力量を上げる

2 エクセレントに終わりはない

3 優先順位をつける

4 努力を計測する

5 成功に鼓舞してもらう

6 意図と目標をもって学ぶ

7 己を疑う

第4章
健　康

エクセレントな人は
最高のコンディションを維持するもの

深夜間近。わたしはベッドの中で十五分前からiPhoneでニュースを見ていて、ふと哲学者アラン・ド・ボトンの記事を見つけ、寝る間を惜しんで夢中で読みふける。いやな思いをしているからといって離婚する必要はないし、新しい仕事を覚えたり、知らない土地に引っ越すいわれもない。多くの場合、足りないのは七時間睡眠だという(1)。わたしも同感だ。なかなかうまいことをいう。次の記事にも目を通し、また次の記事にも。どんな話題だったかもう覚えていない。記憶にあるのは、寝るタイミングを失したということだけだ。暑かったり、寒かったりで眠れない。外で車のドアが開閉する音がする。わたしは翌日の天気をチェックする。夫がなにかつぶやく。明かりを消せといったようだ。だが暗くする気になれない。六時間も寝ないうちに目覚まし時計が鳴る。翌朝、わたしは寝不足で機嫌が悪く、仕事をする気になれない。エクセレントな人も心身共に良いコンディションでなければだめだ。というか、良いコンディションを保つ必要がある。

健康というメガトレンド

コロナ禍になって、健康がただ貴重なだけではないことがわかった。わたしたちは健康に気を使う。健康を経済成長よりも上に置く社会などこれまで存在しなかっただろう。突如として体や生活が株価や収益性よりも強い関心の的になった。健康と生存に大きく軸足を移すことがすべての年代で自明だったわけではない。それができたのは心身を酷使することをエクセレントである証と見ることに違和感を覚えた行動型世代のおかげだ。

睡眠を気にしたり、瞑想をしたり、風邪で休んだりする政治家や管理職を軟弱者とさげすむ時代は終わった。むしろその逆だ。新型コロナウイルス感染症の発生以前から精神衛生や健康を優先して、仕事とプライベートのバランスを図ることはスマートなこととみなされるようになっていた。蒙《もう》を啓《ひら》かれた人は「健康とは肉体的、精神的、社会的に福祉が行き届いている状態であり、単に疾病または病弱に煩わされないことではない」という世界保健機関（WHO）の定義をとっくに自分のものにしていた。

人は可能なかぎり健康であろうとし、見た目をだいじにし、できるだけ老けないようにしている。健康というテーマはもはや健康食品店、医薬品店、亜麻仁《アマニ》シード、着圧ハイソックス、ドッペルヘルツ（ビタミンやミネラル製品で知られるドイツの老舗ブランド）の専売特許ではなくなっている。健康は生活全般にわたるもので、なにをするかは好みの問題だ。ミレニアル世代もブーマー世代も栄養価の高いスーパーフードでエネルギーを摂取し、健康管理アプリで健康パラメータを測定し、体調がおもわしくなければグーグルで調べ、腹部、脚部、臀部だけを気にしてスポーツをする時代は終わり、なにか悪癖に気づけば、毎年新年の抱負でそれをなくす決意をする。健康でなければ、すべてが無意味という認識が広まっている。

健康状態が最善なら、パフォーマンスが上がり、多くのことができる。

心身がベストコンディションであることは現代のメガトレンドだ。多くの人の健康状態があきらかに改善しているのに、それでも健康なライフスタイルの追求はとどまるところを知らない。非喫煙者の数が増える一方で、アルコール摂取も意識されるようになった。男性も女性も予防接種に行き、パルスオキシメーターが高級腕時計に取って代わる。これほど正しい食事を気にする時代はない。職業上、有毒ガスや腐食液に身をさらさねばならない者はほとんどなくなった。体を最適化することにわたしたちは気を使っている。生活の質と長寿が大きな意味をもっている。人生の半ばで健康なライフスタイルに関わる五つの要素（アルコール、運動、食事、体重、喫煙）についてのアドバイスに従う者は、二型糖尿病、循環器疾患、癌といった文明病にかかるリスクを女性の場合十年、男性の場合八年先送りにできるとされる。(2) 健康状態が良好だと、すべての世代が幸せを感じ、パワフルになり、自意識を高める。統計的にいまほど健康な時代はない。それなのにわたしたちはもっと健康であろうとする。

ホームドクターによる年に一度の身体検査。わたしは問診の際、もっとリラックスして、エネルギー充電ができていると感じられるといいと話した。つづいていつもどおりの検査がつづいた。超音波検査、心電図、血液検査、ミネラル検査、頸動脈エコー検査。「データから見るにあなたは健康体です」ホームドクターはいった。「つまり心臓病でもないし、癌でもないし、呼吸器疾患でもない。もちろん値をもっとよくすることはできるでしょうが、それはわたしの役目ではありません」

わたしのホームドクターは本心を隠すタイプではない。批判が含まれているのはあきらかだった。病気でないというのは、それだけでありがたいことなのだ。しかし充実した人生を送り、キリマンジャロに登ったり、社長になったりしたいなら、幸せの絶頂にあったほうが実現しやすい。だから活力にあふれているのはありがたい。ボタンひとつでリラックスもし、喜びに顔を輝かせもし、覚醒もし、集中もする。必要とあらば、超人的な力をもつ現代のスーパーヒーローを召喚する。

ウェブサイト「未来研究所（ZukunftsInstitut）」はこの全面的な健康というコンセプトを「ヘルスネス」と呼んでいる。これはこれまでの健康観を超える最適な活力を追求することを指す。要求が高く感じられるが、あらゆる可能性を生涯、最大限に味わえるなら、それに越したことはない。多くの人は予防やフィットネスや健康的な栄養摂取のおかげでかなりうまくやれるだろう。生物学的年齢を暦年齢より下回らせることもあるだろう。わたしたちはそうせざるを得ない。なぜなら

自分の欲求だけでなく、わたしたちへの要求もますます高まっているからだ。

労働市場とリレーションシップマーケティングでは、あこがれの対象となり、最高でありつづけることが肝要だ。それも一生にわたって。そのためにわたしたちはさまざまなアイデアを必要とする。アジャイルマネジメント、好奇心、好意。それはわかる。だが自分の強みをどの水準で展開するかは、わたしたちの性分、コンディション、集中の度合いにかかっている。どこまで大胆に考えられるか。どこまで周到に表現できるか。他の人にどこまで共感できるか。どこまで信頼を勝ち取れるか。どこ

までしなやか《アジャイル》に変化に対応できるか。どこまで辛抱強く高品質を確保できるか。互いになにを信用するか。自信をもって人をリードできるか。そのすべてが自分の状態で決まる。身も心もエクセレントな状態であれば、わたしたちはすばらしいパフォーマンスを披露できるだろう。周囲は見ている。それが肌で感じられるだろう。逆をいえば、うまくいかない人はもがくばかりで、自分の中にあるものを無駄に消費してしまう。疲れていたり、風邪をひいたりで自分をエクセレントだと感じられないとき、わたしたちは簡単に自分の役回りをこなせなくなり、歳のせいにして、それでもなんとかやれたら、それでよしとする。

デジタル、グローバル、マルチオプションが人生を加速させる

わたしたちはいま、社会的関係性を以前よりも巧みに利用している。スマートフォンのない暮らしなどもはや考えられないだろう。リンクトイン（LinkedIn）やインスタグラム（Instagram）で自分を見せ、永遠に残すほどではないメールをなんやかやで長期間保存するようになっている。わたしたちは同僚や隣人と自分を比較し、数年おきにひらかれるクラス会でも比較しあうが、ソーシャルメディアではそれが毎日行われる。かつて同じ集合住宅に住んでいた人の娘がイギリスの寄宿学校に入学しているとか、日光浴しようとしたらインフルエンサーに先を越されるとか、中国のビジネスパートナーをすぐれた交渉相手だと思っていたら、じつはＤＪとしても活動していたとか。ズーム（Zoom）とスカイプ（Skype）でわたしたちはヴァーチャルで複数の場所に同時にいることが可能になり、信

号待ちのときでも寸暇を惜しんでワッツアップ（WhatsApp）をチェックし、夜はリラックスするためにカウチに寝そべりながらストリーミングでハンブルクのタリア劇場の『オデュッセイア』を観たり、有料チャンネルでお気に入りのドラマのシーズン５を観たりする。

オンラインにアクセスしていること、成功すること、親であること、連絡がつくことなどなど、ややもするとテレビ画面を分割して十五の番組を同時に観るのと同じように、わたしたちは注意散漫になる。

アナログであろうと、デジタルであろうと、わたしたちは絶えずなにかを要求され、なにかに気をとられ、触発されている。超人でもなければ、膨大な情報を前に正気を保てないだろう。責任はソーシャルメディアやデジタルテクノロジーにある。そしてわたしたちが弛まず期待することにも。もちろんこれまでにも大きく、はるかにきびしい変革はあった。だがいまとくに大変なのは、わたしたちの生活が加速し、いくつも並行するようになっている点にある。すでに徴候が見られたこの状況に、新型コロナウイルス感染症が拍車をかけた。伝統的な大企業ではこれまで実現しえなかったほど急速にお茶の間でデジタル化が進んだ。ホームオフィスやウェブ会議に懐疑的だった世代の人々までデジタルの可能性を評価しはじめている。ズームのユーザー数はわずか数週間で一千万人から二十億人に急増した。コロナ禍が収束するころには、わたしたちがやむをえず考え、運用し、組織したことの多くが、わたしたちを経済的にも社会的にも新たな次元へ押し上げているだろう。

むろん新型コロナウイルスはデジタルな生活の負担が大きくなったことを実感させるだろう。これまでオフィス、学校、レストラン、フィットネスクラブ、クラブ、劇場などで対面でされていたことが、いきなり自宅でデジタルによって行われるようになった。ロックダウン中でも、わたしたちはヴァーチャルでいろいろなことができる。ショッピングセンターが閉まっていても買い物ができる。大学もオンラインになった。実際に受講すると、これも悪くない。ロベルト・コッホ研究所、メルケル連邦首相、ウイルス学者ドロステン、マルクス・ゼーダー（ドイツの政治家、次期ドイツ連邦首相の有力候補とされた）をネットで見られるようになった。復活祭にはスカイプで祖父母と卵探しをする。エンターテイメントや文化行事も多様ですばらしい。ただしその一パーセントも利用できていないだろう。雑誌社も新刊を出すだけでなく、バックナンバーの閲覧を可能にした。ズームによるライブのヨガコースもある。すべてが同時に進行し、絶えずなにかを求められ、気が散って息つく暇もない。

自主隔離一週目、さまざまな可能性がわたしを魅了した。二週目、さまざまな可能性に感謝した。五週目あたりからヴァーチャルの空間に絞られた暮らしに味気なさを感じはじめた。まるでノンカフェインのエスプレッソのようだ。わたしの好みからすると本物ではない。また頭が痛くなり、目がチカチカし、首が凝った。ソーシャルメディアとメッセンジャーがリアルでの出会いの代わりになった。友だちとの会食もはじめはスカイプでしていたが、そのあとはしなくなった。ザランドの小包を開けることにこれまではわくわくしていたが、いまはサージカルマスクをして買い物をするほうがリアルに感じられるようになった。徹底してデジタル化された暮らしに、わたしの「認知的帯域幅」は次第に狭くなった。この「認知的帯域幅」という概念はプリンストン大学の心理学者エルダー・シャフィールの造語だ。シャフィールの研究によると、わたしたちには精神的許容量に一定の上限があるという。それを使い切ると、インターネットの定額料金のデータ通信量と同じで、速度制限を受けて流れが停滞してしまうのだ。つながりはするが、パフォーマンスを求めるにはビット速度が足りない。そして意外とそういう状況に陥りやすい。

なぜチョコアイスのようにスマートフォンにそそられるのか？

デジタル化、ソーシャルメディア、そして全世界とつながることが、わたしたちにすばらしい可能性をひらいてくれる。ところが三十万年の歴史をもつ脳は、情報と刺激を常時処理するようにはできていない。人は明晰に、独創的かつ直感的に思考できるが、無数のデータを絶えずつないで関連づけられる人工知能ではない。脳が学習し、思考し、最高水準の働きをするには休みが必要だ。逆に過剰な刺激はわたしたちの精神の障害になる。あまりに多くのことを同時にしようとすると、ついていけなくなる。テクストにリンクが貼られているだけで、それをクリックしなくても、学習、分析、結論あるいは情報の評価に必要な認知的リソースを消費する。そのことはテュービンゲン大学のライプニッツ知識メディア研究所の専門家が視線計測研究で証明している(3)。ただちにデジタル認知症、つまり心理的行動特性、社会的行動特性、言語的行動特性の減退を引き起こすわけではないが、脳科学者マンフレート・シュピッツァーはそのことを警告している。だがエクセレントたらんとする者にとって、これは当然のことだ。

デジタルライフが脳に極端な負荷をかけるのはたしかだ。

気をつけないと、ニューメディアはわたしたちの生産性を阻害する。スマートフォンは多くの問題のひとつにすぎないが、アレクサ（Alexa）からズームにいたる数ある個人的デジタルメディアの象徴となる。二〇一五年、ボン大学の情報学者アレクサンダー・マルコヴェッツは六万人のスマートフォンの利用データを分析した。その結果、一日に平均五十回スマートフォンに触れていることがわかった。Eメール、リンクトイン、ツイッター（Twitter）、ワッツアップのチェック、自撮り、株価の確認、バスタブの中からの消灯。平均して十八分ごとに仕事の手を止め、仕事の許容量を減らし、話し相手の忍耐を試すことになる。また絶えず脱線することで脳のエネルギーを想像以上に削いでいる。

その結果について心理学者で作家のレオン・ヴィントシャイトはこう述べている。

「多くの人は、脳がわたしたちを誘導する太古の産物であることを見落としている。わたしたちが身につけている古いハードウェアは、この加速した網目状のデジタル世界には適さない[4]」

脳科学者マルティン・コルテも次のように考えている。

「わたしたちは脳にとって迷惑なほどデジタルメディアを導入している[5]」

インスピレーションへの刺激をネットからひろうのは自由だが、脳は胃袋と同じで飽和するだろう。刺激が多すぎると、脳は一種の緊急時操作に切り替わる。そして飽和すると、拒絶し、単純化するものだ。その結果、判断力が低下し、フェイクニュースに騙されやすくなったり、最初の情報で満足したりするようになって、最善のものを探す努力をしなくなる。

ある心理学者の研究チーム、八百人の被験者、八百台のスマートフォン。テキサス大学の研究チームはたいへんな規模で一見ばかげているように思える疑問に取り組んだ。

「スマートフォンが手元にあることは、脳のパフォーマンスにどのように影響するか」

無作為に選ばれた三つのグループがその答えを出すことになった。第一グループはスマートフォンを控え室に置いておく。第二グループはスマートフォンをリュックサックやバッグに入れておく。第三グループはスマートフォンを手元に置くが、気が散らないように裏返しにしておく。そのあと被験者はコンピュータに向かい一連の問題に答える。その結果から研究チームはそれぞれのグループがどのくらいうまく情報を処理し、蓄積したか読み取った。結果は考えさせるものだった。スマートフォンとの距離が遠いほど良い成果を上げていた。成績が一番よかったのはスマートフォンを控え室に置いてきたグループだった。[6]

スマートフォンがそばにあることはあきらかにわたしたちの精神的ベストコンディションを損なう。集中してテーマを追求し、問題を徹底的に考え、エクセレントなポテンシャルを実現することが困難になる。自分の精神状態を気にする人は、この連関に気づいているはずだ。けれども人間は新しもの好きだ。わたしたちの脳はデジタル技術に惹かれる。タップし、スワイプするたびに、なにかいいことがあるのではないかと期待してしまう。たとえば新たな仕事の依頼。面白そうなコンサートの案内。自分のプロジェクトへの決定的な示唆。社長がわたしたちのインプットに感激している。ネスプレッソからクーポンが届く。友だちがワッツアップを介して会いたいといってくる。書き込んだばかりのブログにコメントがつく。マーベル・シネマティック・ユニバースの映像作品を観る……。

手元のスマートフォンは冷凍庫にアイスクリームがあるのと同じくらい魅力的なのだ。

ストレスや疲労感を覚えたり、退屈だったりすると、わたしたちはドーパミンが欲しくなる。そしてスマートフォンやiPadやゲーム機がそれを保証してくれる。そういうときにデジタルデバイスに見向きもしないことなど無理な相談だ。そしてわたしたちはもっともいい瞬間を逃す。その瞬間について、児童文学作家アストリッド・リンドグレーンがすばらしいことをいっている。

「ただすわって放心するにも時間が必要だ」

神経科学者はそういう無為に過ごす時間をランダムエピソード型沈思黙考（Random Episodic Silent Thinking）と呼ぶ。脳はこのとき古い記憶と新しいものとを結合する。うまくいけば、VUCA的世界で成功と進歩を約束する膝を打つような体験や本当に画期的な着想にいたるだろう。

島へ行こう

夏には、ゆったり流れる川のようにまったりと過ごす日々がある。思い出せるだろうか。夕方になってもしばらく太陽が輝いている。だが仕事をしている日にそういう感覚はない。土曜の午後や日曜の午前に数時間でもそういう時間が作れたら、わたしはそれを堪能することにしている。もし八月に予定表を空白にして、デジタルメディアをオフィスに置き去りにすることができるなら、なにがなんでもそうしたいと思っている。とにかく計画だけは立っている。数週間を無為に過ごすとき、意外と面白いアイデアが浮かび、そのあと数ヶ月、そのアイデアと向き合うことになる。さして特別なことをしなくても、アイデアのほうからやってくる。一日中だらだらしていると、脳が休まる。プレッシャーがなくなれば視点が変わり、新しいことを考えられるようになる。イギリスのノーベル生理学・医学賞受賞者ポール・ナースが中国の若手研究者たちに説明したことがまさにそれだ。

「新しい考えが浮かぶのはプレッシャーがないときだけだ。有能な研究者になりたいのなら、働き過ぎないことだ[7]」

頭がいっぱいのときは、ゆっくりしたり、スイッチを切ったりするのも手だ。散歩もいいだろう。空を眺める。読書をする。うたた寝する。おしゃべりをする。うろつく。庭いじりをする。なんの変哲もないことだ。世界一簡単なことなのだから、だれかの支援を求めるまでもない。たとえばモルディブの北マレ環礁にあるリゾート地ギリ・ランカンフシはターコイズブルーのインド洋に囲まれた環境の中、疲れた客に完璧な静寂とリラックスを提供する。「ニュースを見ない。靴をはかない」というのがコンセプトだ。わたしはこのスローガンが好きだ。わずかな言葉でヒートアップするわたしたちの生活とは対極にある。ただしそれを実現するのに飛行機に乗る必要はないだろう。白い砂浜と完璧な気候はたしかに贅沢の極地ではあるが。

波の音を聞くのに海原は必要ない。噴水でもいける。

あなたはコロナ禍がわたしたちの生活にブレーキをかけたと思うだろうか。そうだともいえるし、そうでないともいえる。パンデミックがわたしたちの行動半径を狭めたのは間違いない。しかしデジタルによって、わたしたちは無制限にいろいろなところへ行けるようになった。わたしたちの生活はパンデミック以前よりも信じがたいほど複雑になった。ホームワークにも、認知的および感情的に極度のストレスがかかる。開発し、アドバイスをし、考え、ものを書き、構想するのにビジネススーツもジョギングパンツも関係ない。どのみち仕事が集中し、時間に追われ、情報の洪水に見舞われ、複数の作業を同時に行い、気晴らしをし、絶えず仕事の邪魔が入る。

そのことは地区疾病金庫《AOK》（ドイツの法定健康保険会社）の科学研究所による「欠勤リポート二〇一九」から充分予測がつく。このリポートによると、ホームオフィスという勤務形態が多い勤労者は、その可能性を利用しない従業員よりも心の健康を損ねているという。テレワーク組の六十七パーセントが疲労を訴えたが、出勤組はわずか四十五パーセントだった。緊張を強いられているケースは出勤組の四十三パーセントに対してテレワーク組は五十三パーセント、落胆を覚えるケースは二十八パーセントに対して三十八パーセント。さらにテレワーク組は集中力に問題を抱え、やる気が出ず、頭痛に悩まされている。そういう負荷を減らすのに、労働保護法も経営協議会も役に立たない。自分で解決するほうがはるかにいい。

デジタルの仕事をして体に変調を来したら、「後ろにさがろう。画家が自分の絵を眺める」タイミングが来たことになる。詩人のクリスティアン・モルゲンシュテルンは精神的に高度に活動的な人が思考の質を確保するにはどうしたらいいかを、マックブックが発明される百年も前に気づいていた。つねにすわっている人がレクリエーションスポーツを必要とするように、デジタル主流のライフスタイルを実践している人は、じっくり考えることができるようにゆっくりひとりで五感を解放する時間を必要とする。「ニュースを見ない。靴をはかない」つまりスマートフォンに強迫観念をもたず、ファイルや報告書を読むのもやめよう。わたしたちががんばるかぎり、脳はルーチンモードになってしまう。たまにわざと日常の雑事から解き放たれなければ、わたしたちの精神力は脱線するだろう。

リンクトインの共同創業者リード・ホフマンはポッドキャスト「マスター・オブ・スケール(Masters of Scale)」にトップマネジャーを呼んで対話する。ホフマンは重要な決定をどこでくだすかとかならず質問する。返事には一定の方向性がある。フェイスブックのCEO(最高経営責任者)マーク・ザッカーバーグは庭を歩く。フェイスブックのCOO(最高執行責任者)のシェリル・サンドバーグはクロストレーナーでエクササイズをしながらさまざまな案件について考える。リード・ホフマン自身は小さなカフェで新しいアイデアを練る。フィアット・クライスラー・オートモービルズ会長のジョン・エルカーンは自然の中に入る。

「自然の信じがたい美しさを見ると、地に足がつくんです。同時に大きなことを考えさせてくれます。夢を描いたり、志に燃えたり(8)」

自宅の庭だろうと、カリフォルニアの海辺だろうと、明確な思考はもっぱら休憩中に生まれる。そのためには、わたしたち自身が立ち止まらなければならない。川岸にすわってモニターをスワイプしていてもレクリエーションにはならないし、女神ムーサも微笑まない。こうした怠惰(Acaedia)は四世紀末、七つの大罪のひとつに数えられていたもので、気晴らしや刺激を求めて無為に過ごすことを意味する。精神的な休憩とはほど遠く、倦怠感や焦りが生じるだけだ。

人は睡眠で再生する

「いまになってわたしの人生に飛びこんできたこの人をみなさんに紹介したいと思います。わたしは三十五年前からこの人に感心しています。高潔さと誠意がありますし、芸術を知っています。そしてなによりわたしは、この人とベッドに入れるのです」

もしもあなたが不眠症に悩まされているなら、女優のシャーリー・マクレーンのいわんとしていることがわかるだろう。睡眠は引く手あまたの贅沢品だ。稀少になれば、それだけ欲しくて仕方がなくなる。睡眠アプリがブームになり、不眠症の人は加重ブランケットで睡眠を取り戻そうとし、最高級ボックススプリングベッドの値段はポルシェ718ボクスターに匹敵する。睡眠がわたしたちを覚醒させるということが次第に知られるようになった。安眠できる人は人生を謳歌できる。月並みに聞こえるかもしれないが、最近までそんな声はあまり聞こえなかった。むしろその逆だった。

睡眠を必要とする人はいびきをかくからわかる。不屈の精神とパワーをもつ者は徹夜も辞さない。

こうした条件付けのせいで、日中セミナーを行い、夜遅くまで執筆する同業者と比べてわたしはだめだと最近まで思っていた。数日寝不足がつづいただけで、遠隔操作されているような気分になる。

寝不足がもたらすものを、ドイツでもっとも有名な睡眠研究者のひとりユルゲン・ツライがこう説明している。

「ちょっと象徴的な言い方をするが、夜というのは外にひらかないドアと同じだ。外界との接点が大幅に減って自己修復メカニズムが働き、朝になってまた外からの刺激に対処するためにエネルギーを蓄積する。夜中のこの『作業』は日中パフォーマンスを発揮するための必要条件といえる」(9)

…………

ドイツ連邦首相アンゲラ・メルケルも同様の経験をしている。睡眠時間が四、五時間といわれているが、そうでもないらしい。

「毎晩ではありません！　ある程度爽快な気分を維持するには、もっと睡眠をとる必要があります」(10)

…………

カリフォルニア大学バークレー校での実験がメルケルの経験を裏付けている。よく眠れるかどうかが、わたしたちの社会的プレゼンスに影響を与えるという。神経心理学者エティ・ベン・サイモンの研究チームは、被験者の第一グループがゆったり眠れない環境を作り、対照群となる第二グループは邪魔されずぐっすり眠れるようにした。翌日、被験者全員に一本のビデオを見せた。ビデオの中の人物が次々と被験者に迫ってくる映像だ。被験者は圧迫感を覚えたときにボタンを押すようにいわれた。寝不足のグループのほうが早く圧迫感を覚えるという結果になった。研究チームは「睡眠を充分にとらないと、わたしたちは社会に不満を抱きやすい」という結論に達した。[11] この研究チームは二度目の実験で逆のことをした。オンラインで千人の視聴者にテレビのトーク番組を見せ、ディスカッションしている出演者たちの気分と社会的ステータスを判断してもらったのだ。出演者の一部が寝不足であることを知っているのは研究チームだけだった。疲れ切った出演者のほうが例外なく人当たりが悪く、成功していないと判断された。要するに、

熟睡すれば、社交的になり、成功しているように見える。

つまりよく眠れることには、快適である以上の効用がある。わたしたちの本質、思考力、輝きに影響するのだ。すばらしいポテンシャルを見せたいのなら、眠りたいという欲求に応えたほうがいい。そうすれば最高の社会になるだろう。メリンダ・ゲイツ、アマゾンの社長ジェフ・ベゾス、オンライ

ンニュースサイト「ハフィントン・ポスト」の創設者アリアナ・ハフィントン、そうしたエクセレントな人たちは、パフォーマンスをフル活動させるために睡眠に気を使っている。安眠は黙っていても得られるものではない。

メリンダ・ゲイツは夜七時以降食事をせず、九時半にはベッドに入る。ジェフ・ベゾスにとって八時間睡眠は仕事のうちだ。トップマネジャーは数少ない重要な決断を下すために報酬が支払われている。そういう立場にいて自分を律せない人は、「疲れていたり、機嫌が悪かったりして」能力を落としている恐れがあるというのだ。[12] アリアナ・ハフィントンは毎日八時間睡眠をとることを自分に義務づけている。

「そのほうがずっと機転が利き、快活で、あきらかに指導力も上がる。はるかに明晰に先を見通せるからだ」

プロの睡眠

サッカー界のスーパースター、クリスティアーノ・ロナウドは睡眠を重視し、睡眠コーチ、ニック・リトルハレスから助言をもらっている。リトルハレスはロナウドがなにを期待しているか承知している。

「ロナウドのようなタイプの人はパフォーマンスを最高にもっていくためにあらゆる手を打ち、よく眠らなければならないことに気づいている」

ロナウドはそのために一日のスケジュールを頭に入れておく。夜中に七、八時間眠る代わりに、九十分サイクルの睡眠を五回にわけて実施している。こうしてパフォーマンスが落ちるのを避けつつ、一日七・五時間の理想的な睡眠を実現している。

ロナウドの睡眠パターンは極端だし、九時—五時勤務や家族生活と折り合いをつけるのはむずかしいだろう。リトルハレスのオススメにはもうすこし簡単なものがある。だれでも自分の生活に組み込めるものだ。秘密は変化の総体にある。トップアスリートの場合、リトルハレスは睡眠に影響するあらゆるもの、それこそシーツから睡眠中の姿勢にいたるまでアドバイスするが、そこまで完璧を期さなくてもいい。すこし改善するだけでも、ずっと気分爽快になる。そこからはじめればいい。

睡眠時間

九十分睡眠を一週間あたり三十五サイクル実施するのが多くの人にとって理想的だ。こうすれば休養に重要なノンレム睡眠、つまり深い睡眠ステージの四つの段階すべてをこなすことができる。眠るたびに体は理想的な休養がとれる。このコンセプトは長距離飛行をする人、若い親、夜勤の医師に適している。自分の生活やバイオリズムに合わせて、つまり深夜〇時前でも、後でも、日中でも適宜、このサイクルを実施できるからだ。重要なのは一週間で帳尻を合わせることと、サイクルが九十分を下回らないことだ。それを確かなものにするため、リトルハレスはクライアントに睡眠日記をつけるように勧めている。

ファッションデザイナーのカール・ラガーフェルドはゆるやかな睡眠のリズムでリトルハレスの勧めを実践していた。

「深夜の二時にベッドに入ったときは朝九時に起床する。真夜中にベッドに入ったときは朝七時に起床する」

この習慣がラガーフェルドにとっては最高のコンディションを維持する重要な秘訣だった。

気分作り

これがもっとも重要なルールだ。そしてデジタルな世界では、多くの人にとってもっともむずかしいものといえる。スマートフォン、ノートパソコン、液晶テレビ、充電ステーション、スマートウォッチ、点滅するLEDを最低でも九十分遠ざけなければならないからだ。睡眠を邪魔するのはブルーライトだけではない。スマートフォンを握ることだけでも興奮する。夜中に顧客から届いたEメールをひらいたり、ゲームアプリの「キャンディクラッシュ」でリラックスしようとしたり、ニュースを閲覧したりと視覚的な刺激を受けるだけで睡眠は阻害される。睡眠の一時間前にエクササイズをするのも逆効果だ。

環境

熟睡したいなら落ち着けて、真っ暗にすることができる寝室が欲しい。室温は十八度以上がよく、安堵感を得られるのがいい。理想をいえば、ベッドはできるだけ大きく、シーツは新しいものを使う。パートナーは静かに寝る人であること。それが無理な場合、別々に寝たほうがいい。リトルハレスはテレビや電子メディアを寝室からなくすようにいっている。スマートフォンの充電は別の部屋で行い、目覚まし時計や睡眠アプリを使わない。

姿勢

多くの人が眠る直前に悩むのが、寝るときの姿勢だ。覚えやすい習慣が役立つ。毎日両足を曲げて利き腕でない側に横になって寝るのがいい。右利きの人は左側に、左利きは右側だ。リトルハレスが著書『睡眠』の中で書いていることには説得力がある。

「快適な姿勢を求めて寝返りを打つのはよくない。うつ伏せから仰向けになるのも、その逆もやってはいけない。利き腕でない側で胎児のような姿勢をとり、目をつむって鼻で呼吸する。そうすれば……簡単に眠れる(13)」

余韻

朝目を覚ましたときは、熟睡の効果を日中までつづかせることがだいじだ。理想的なのは思いついたことをすべて三枚の「朝のメモ」に書くことだ。これは作家で国際的に知られたライティングトレーナーのジュリア・キャメロンのアイデアだ。

「もうろうとし、混乱した思考(おぼろげな不安や考え)を払拭すれば、わたしたちはすぐ冴えた頭で一日を迎えられる」[14]

マインドフルネスは新しいストレスマネジメント

自己組織化は多くの場合、仕事の一部だ。予定表、ＴｏＤｏリスト、時間管理、バレットジャーナル、マイルストーンやカンバンボードを使うことで、わたしたちは洪水のように押しよせる用事に対処している。それはそれでいい。だがセルフケアはそれだけで終わらない。自己組織化に比して、わたしたちはセルフケアにあまり時間をかけない。ミーティングとスプリントゴール（チームが一致団結して作業するための目標）の合間に精神面を気にかけることはほぼない。重要なことや緊急の用件があるときに自分を気にかけたりすれば、立場にもよるが、エゴイストだと思われたり、軟弱のそしりを受けたりするものだ。よくあることだが、ストレス管理をすれば、わたしたちがお互いに無理を強いて、過労になっていることがわかる。息抜きのためにはウェルネスウィークエンドを過ごすのがいい。「暖かい部屋」（冬場に地域で人々が共に暖をとるためのスペース）からウォーターベッドまで心身をリラックスさせる方法はさまざまだ。貴重な数日間、わたしたちは自分の体を感じ、読書に没頭し、自然へのまなざしを取り戻す。そしてこのゆったりした時間からなにか日常に持ち帰ろうと思う。しかしわたしの経験からいうと、それは一週間ともたない。すぐに日常が戻ってきて、悪魔のループをはじめからやり直すことになる。ストレスは管理できても、わたしたちの健康の管理は無理だ。

そうなってしまう理由はわたしたちに深く刻まれたお題目にある。

「まず勉強しろ。遊ぶのはそのあとだ」

そういわれて育ってこなかっただろうか。まずはキャリア、子ども、完璧さ。自信をもつとか、娯楽に耽るとか、リラックスするとかは後回し。そして前者に時間と力を奪われ、後者はやれずじまいになったりしなかっただろうか。まさにそこに誤謬《ごびゅう》がある。わたしたちはリラックスすることや大目に見てもらうことを、成果を上げた褒美だと思ってきた。とにかく税金の申告をしたり、生ゴミを捨てたりしてからでないと、スイッチは切れない。ある分野に完璧な自信がもてないかぎり、気が休まらない。ホームオフィスがうまく機能してはじめて、わたしたちは一時間休みがとれる。それまでは水分をとることも忘れ、休みもとらず、いつでも連絡がとれるようにし、夜遅くまで働く。

だがもっと健全で快適で、そのうえ生産的でもある別の見方がありそうだ。わたしたちはなぜセルフケアをすぐれたパフォーマンスの基本要件として見ないのだろう。スマートフォンの場合ならそれができるというのに。リチウムイオン電池の寿命を延ばすには満充電を避け、使いすぎないことだ。電池の性能を保つのにいいのは、充電池の電池残量を三十から八十パーセントにキープすることだ。それは充電状態を絶えず確認することを意味する。自分のエネルギー容量でも、同じことがいえる。自分の状態を気にかけなければ、健全な状態は維持できない。燃え尽き症候群になりかけたら、そのうちになどといってはいられない。もちろん従業員を追いつめるのを防ぐのに会社のバックアップ体制は助けになる。だが最後にものをいうのはセルフケアだ。


だれかがストレスや負担から守ってくれるなどと期待せず、自分の健康については自分で責任を

とろう。

自分の心身の状態を一番よく判断できるのは結局自分自身。だから定期的に立ち止まるべきだ。「いまどんな気分だろう?」「こだわっていることはなんだろう?」「背中は凝っていないだろうか?」「眼精疲労はないだろうか?」「胃の調子はどうだろう?」「頭はすっきりしているだろうか?」「気分は爽快だろうか?」「なにか欠けていることはないか?」「水を一杯飲もうか?」「ちょっとそのへんをひとまわりしようか?」「同僚とすこし話をするか?」あるいはもっとじっくり考えてみる。たとえば「もっと楽しいことをしてはどうだろう」「感謝するのはどうだろう?」「ちょっとふざけてみるのは?」「冒険は?」

簡単に聞こえるが、こうした自問は仕事の負荷と自由時間がもたらすストレスにはさまれて容易に忘れられてしまう。わたしたちはたいていの場合、事前の設定どおり機械的に働く。課題を処理し、自分の仕事をこなしていく。ところが、仕事が一段落すると、どうしていいかわからなくなる。不愉快な気持ちをわきに押しやり、うまく運ばなかった顧客との話や今後の展開を決定づける重要な次の予定のことばかりが頭の中でループする。

マインドフルネスはこれと好対照だ。定期的に自分をチェックする者は、いまここを意識する。たとえばオフィスの窓から見える入道雲やいれたてのコーヒーといったすてきなものを強く感じることになる。そして心身の限界に来たと気づいたとき、すかさず対処できる。

自分自身に注意し、鷹揚であれば、生活が変わる。抵抗力が増し、充実した人生を謳歌し、ストレスがたまっても落ち着いて対応し、スイッチを切ることができるようになる。そして他の人たちに対しても忍耐強くなる。だから人一倍成功した者は一日のスケジュールにマインドフルネスなエクササイズを組み込む。瞑想、ヨガ、マインドフルネスストレス低減法《MBSR》、デジタルデトックス（一定期間スマートフォンのデジタルデバイスとの距離を置き、実際のコミュニケーションや自然とつながろうとする取り組み）、食事や自然や動物と真摯に向き合う体験。

アメリカ合衆国のテレビ番組の司会者で俳優、プロデューサーとしても活躍するオプラ・ウィンフリーは世界でもっとも有力な女性のひとりだ。彼女は自身が刊行している「オプラ・マガジン」に、マインドフルネスがどんなに簡単にできるか書いている。

「わたしは鳥のさえずり（これぞ本当のツイッター）で目を覚ます。起床する前にしばしそのさえずりに耳を傾ける。これがニューヨーク・シティでなら、トラックの音で目を覚ます。町が目覚め、新しい一日がはじまる。わたしはその一日を生きられることに思いを馳せる[15]」

アメリカの場合と違って、ヨーロッパのオピニオンリーダーは、ほぼ例外なく自分の健康をプライベートなものとして扱い、マインドフルネスのエクササイズを余計なものとみなしているふしがある。だがマインドフルネスのエクササイズが役立つことは証明されている。ハーバード・メディカルスクールの神経科学者ブリッタ・ヘルツェルによる研究で、マインドフルネスストレス低減法のエクササイズをしたあと、記憶や学習能力や感情制御に関わる脳の器官である海馬で脳細胞の活性化が確認さ

れている。

しかし十五分間静かにすわって深呼吸し、空気を意識することを好まない人でも、マインドフルネスの効果を実感することはできる。マインドフルネスのエクササイズは一日のはじめか終わりにするのが有効だが、もっとも効果的なのは、わたしたち自身や身のまわりで起きることをそのまま受け入れることだ。理想をいえば、自分の感情や欲求、反応に注意を払い、それに合わせるといい。

小さいころ、わたしたちが刺激的な一日を過ごして興奮したりすると、親はそれ以上遊んだり、騒いだりしないようにしたものだ。わたしたちは食べものをもらって、ベッドに寝かされて、やさしい言葉をかけてもらったり、キスしてもらったりした。昼寝や夜の眠りから覚めると、わたしたちの世界は元どおりになっている。大人になっても、わたしたちは四歳のころの自分とさして変わらない。じっとしていられず、腹をすかし、機嫌が悪く、失敗をし、自分に与えられた役を演じられなくなる。そういう状況に陥ったら、親が昔したように、すこしだけ自分に注意を払うのが一番分別のある行動といえる。多くの場合、ピーナッツをひとにぎり食べたり、散歩をしたりする。それで充分だ。これで気持ちが落ち着く。ときにはもっとやらなくてはならないこともある。熱い湯につかるとか、内容のある会話をするとか。九時間睡眠もいい。ロックコンサートで発散するのもいい。だれからの招待も受けず、レクリエーションのストレスもない週末も悪くない。

マインドフルネスはなによりもまず健全なセルフケアだ。うまく自分に注意を払うことができれば、覚醒し、すぐれた行動がとれるだろう。理想的なのは、次の長期休暇を待たないことだ。一日のいつでもいいからできるだけ上手にマインドフルネスを実践するといい。公私ともに、それでたいていうまくいくだろう。

まとめ　パフォーマンスを上げる七つの習慣

ひどく月並みに聞こえるだろうが、エクセレントになるには、そのための土台作りがまず大切だ。心身が健康でなければ、うまく働いて、ポジティブにものごとを進め、細部まで気配りすることなどできはしない。ましてやエクセレントな働きなど望み薄といえる。健康に注意するのは、大変な努力をし、別格のパフォーマンスを見せ、長い一日を働きづめで過ごし、良い決断をするのに必要なことだ。ベストを尽くしたいのなら、作戦タイムと運動とリラックスは贅沢なことではなく、必要なことだといえる。

1　生活と仕事を分ける

生活と仕事の切り替えがますます曖昧になっている。だから区切りをつける必要がある。仕事が自分のアイデンティティになっている場合、これはとくにむずかしい。しかし良い社員というのは「もてる力を百二十パーセント出して、五十歳で燃え尽き症候群になる人」ではない。タイムマネジメントのプロ、ロタール・ザイベルトはそういっている。[16] 本当にエクセレントなのは、学生のとき勉学と家族生活を両立させた前連邦最高裁判事のルース・ベイダー・ギンズバーグのような人をいう。「わたしは午前八時半には講義に出席し、午後四時に帰宅した。それからは子どもたちの時間だった。わたしの一日はそこで完全に切り替わる。それはジェインがベッドに入るまでつづく。そのあとはまたエランといっしょに本の世界に入る。どちらの生活も、もう一方の疲れを癒やしてくれた[17]」

２　自分で料理する

コロナ以前、ふたりにひとりは自炊していなかった。だがやる意味はある。男性でも女性でも、料理が好きでよく自炊する人は料理にどんな食材を使うか自分で決定する。自然食品か従来の食品か、季節ものか輸入品か、自作のトッピングか出来合いのソースか。ドイツ食料協会（ＤＧＥ）は第十三回食料報告書で、一週間に何度も台所に立つ人の食事はより健康的で、カロリー制限ができていると している。野菜や果物が選択されるケースが多く、スイーツ、スナック菓子、甘味飲料の摂取量が減る。[18] さらに健康的なのは、自分で料理をして家族や友人といっしょに味わう人だ。[19]

３　完璧主義はストレスになり、エクセレントな人は想像力を羽ばたかせる

完璧さとエクセレントは同義ではない。完璧主義者は用意された理想像を追いかける。そのままなざ

しは間違いや欠けたものに向けられる。不充分だという感覚がストレスになり、最悪な場合、病気になる。[20] エクセレントたらんとする者はもっと健康的な道をとる。やはり規準を高く設定するが、それを意識するだけで、到達できない理想を追求するわけではない。いましていることをうまく、そしてさらにうまく仕上げ、そこからエネルギーを得る。これに対して、完璧主義者はうまくやれないという不安でまいってしまう。

　成功は生まれつきのものではない。ある女性が四十歳にして役員に抜擢されるとする。それは知識と真摯さと存在感を評価されてのことだ。だが自分自身は並み居る役員の中で不安を感じる。そういう人は往々にして外交儀礼上の呼びかけ方や言葉のいいまわしで教養に欠けることが露呈するのではないかと危惧する。コーチングでは成功と成功を感じることは別ものだと教わる。だがそう簡単に納得することはできない。わたしなら、そういう人に次のステップをどう設定しているかたずねてみる。その答えから、どのくらい完璧を期そうとしているかがわかる。そういう人は相手への呼びかけ方を気にする。司教に対して、大使に対して、男爵に対して……。

4　エネルギーをやりくりする

　ミレニアル世代は雇用主に、仕事をもっと減らすべきだと要求する。社内では古株とされるそれ以前の世代が耳にすると、お門違いもいいところだと思うだろう。だが若い世代の意見は正しい。力を出し尽くしたら、自分の役目をエクセレントに全うすることはできない。だからエネルギーをむさぼり食うのはやめたほうがいい。たとえばズームによるミーティングやマイクロソフトのチームズ（Teams）は対面するよりもストレスになる。それはまだ我慢できる。自分をだいじにする人はエネルギーの消費を抑え、場合によってはビデオを停止する。わたしたちが感じることは正しい。ギャラリービューでみんなに見られているという状況はズーム疲れを引き起こす。実際に目を合わせることなくチャットをするのは脳の負担になる。

5　リラックスしている健康志向の人のそばにいよう

起業家で動機付けのトレーナーでもあるジム・ローンはこういっている。わたしたちの人生は多くの時間をいっしょに過ごす五人の平均値だ。体力、体型共にこの五人のほぼ平均だという。発想がポジティブかネガティブかどうかもここからわかる。ストレスをかかえる質かリラックスする質かもわかる。あなたの友人や同僚が自分の健康に気をつけるようなら、あなたも同じ行動をとるだろう。

6　自然の懐へ

ウィーン大学の環境心理学者レナーテ・チェルヴィンカが突き止めたことがある。たとえ短くとも自然の中に滞在すれば、日常に氾濫する刺激によってメンタル面が消耗しても回復するという。公園のベンチで春の息吹に触れたり、川原で足裏に小石を感じたりすれば、胸の鼓動は安定し、血圧が下がり、筋肉の緊張がほぐれる。屋外に五分いるだけでストレスが緩和し、自己肯定感が高まる。一番効果があるのは水場の近くの草むらで過ごすことだ。

7　自分の考えと一体になる

もちろん健康増進のためのコースを予約して受けるのもありだ。あるいは毎日三十分意識的に呼吸する。だがそれほど面倒なことをしなくてもいい。フロリダ州立大学博士課程の学生アダム・ハンリーが注目すべき実験をしている。日常の活動をつづけながら健康を改善できるかどうか調べたのだ。その実験で五十一人の学生に皿洗いをしてもらった。[21]半数の学生は皿洗いのガイドを事前に読んだ。残りの半数はマインドフルネスに関するテクストを読んだ。そこには「自分に集中し、自分の呼吸に合わせて、自分の思考や行動を意識する」という指示が書かれていた。実験後、どちらのグループの皿もきれいになった。副作用として、五感を総動員して皿洗いに集中したグループはそれ以前よりも神経の緊張度が二十七パーセント減り、着想力が二十五パーセント上がっていたが、対照群にはそうした効果は見られなかった。

まとめ
「パフォーマンスを上げる７つの習慣」

1 生活と仕事を分ける

2 自分で料理する

3 完璧主義はストレスになり、エクセレントな人は想像力を羽ばたかせる

4 エネルギーをやりくりする

5 リラックスしている健康志向の人のそばにいよう

6 自然の懐へ

7 自分の考えと一体になる

第5章
統　制

エクセレントな人は
プレッシャーをかけられても
まったく動じない

「保育施設も飲食店も閉まり、文化事業もシャットダウンしました。新型コロナウイルスのせいで、わたしたちの生活にはなにが残るでしょうか」

テレビのトーク番組「きびしいが公平に（Hart, aber fair）」の司会者フランク・プラスベルクが二〇二〇年五月にそういう質問をした。(1) ロックダウンになって七週間が経ち、みんな、神経がまいっているのはあきらかだった。ウイルス学教授メラニー・ブリンクマンは医学界を代表して怒りの矢面に立たされた。スター料理人のアレクサンダー・ヘルマンは学者たちの矛盾した発言にいらだちを隠さなかった。

「ウイルス学者にしつこく質問しないと、なかなか必要な数字を教えてもらえない」

俳優のウルリッヒ・マテスもヘルマンの発言に同調し、興奮した。プラスベルクはたまらず演台から離れた。

「熱くなるのも仕方ないでしょう」マテスは腹立たしげにいった。

「わたしが強情なのも仕方がない」ヘルマンはそう返した。

みんなが口々にいい出したのでブリンクマン教授がいった。

「事実を申し上げてもよろしいでしょうか？」

ブリンクマンが割って入った。

「みなさん落ち着きましょう」

ブリンクマン教授は全員が落ち着きを取り戻して、プラスベルクが演台に戻ろうとするのを待ち、それからこう発言した。

「あなたはいま近すぎました！」

プラスベルクは二メートルの距離を守ったと弁解した。するとブリンクマン教授が親しげにいった。

「できるだけ距離をとったほうがいいのです、プラスベルクさん」

これがエクセレントというものだ。どんなにプレッシャーを受けてもうまく対処する。決然としながらも、愛想の良さは崩さない。冷淡ではなく、それでいて感情をあらわにしない。騒然とした世界でポジティブな影響を与えられるのは、冷静さを保てる者だけだ。まわりが無視したり、攻撃的になったりしてむきになりそうになったときは気持ちを抑えるべきだ。

感情の分布

無駄に大きなエグゼクティブデスクにふんぞりかえるように、リーダーが合理性を盾にする時代はもう過去のものだ。感情が（経済）活動と不即不離だということは、プロのあいだでもよくいわれている。課題や目標に気持ちが入ると、管理職と一般社員の仕事ぶりは改善されるものだ。顧客も便利さだけでなく、気持ちや物語や一体感を求める。気持ちが豊かな人はそうでない人と比べて、心身共により良い状態にあるように見える。しかもポジティブな感情だけでなく、ネガティブな感情にも良い面がある。

…「ハングリーであれ、愚かであれ」…

これはスティーブ・ジョブズが二〇〇五年にスタンフォード大学の卒業式でスピーチしたときの言葉だ。力強く、感情に響く言葉だ。最初のiPhoneが市場に出る二年前、この言葉はビジネスとキャリアの文脈でまったく違って聞こえた。職場では当時、合理性や冷静さや理性が支配的だった。その後iPhone世代があらわれてシリコンバレーの外でもこの考えが理解されるようになった。わたしたちを動かすのは合理性よりも感情（ラテン語で「emovere」は「離れていく、興奮状態にある」を意味する）だということに。

感激している場合でも、嫉妬している場合でも、感情はわたしたちを混乱させ、新しい境地へ誘う。わたしたちは隠れ家から出て、心の底からことに当たるようになる。欲望や不安、怒りといった望ましくない感情にもいいところはある。やる気を起こさせ、注意力が研ぎ澄まされ、思いがけない競争心が首をもたげる。めざましい経済的パフォーマンスはすぐれたアイデアと同じように感情のダイナミズムを糧とする。それはできるところを自分やまわりの人間に証明したいとか、チャンスは逃さずつかむといった崇高とはいえない感情からくるのかもしれないが、そういう感情に動かされれば、ヘラクレス並みの怪力を発揮するだろう。

つまりどんな感情の動きも役に立つ。だが多くの感情はもっと役立つものだ。本当の感動と作られた高揚感を区別し、悔しさと妬みの微妙な違いを理解し、悲しみを受け入れ、天にも昇る心地から死んだように落ちこむことまでの感情の振り幅を感じとる術を学べば、わたしたちは人間として成熟するだろう。ところが実際には、

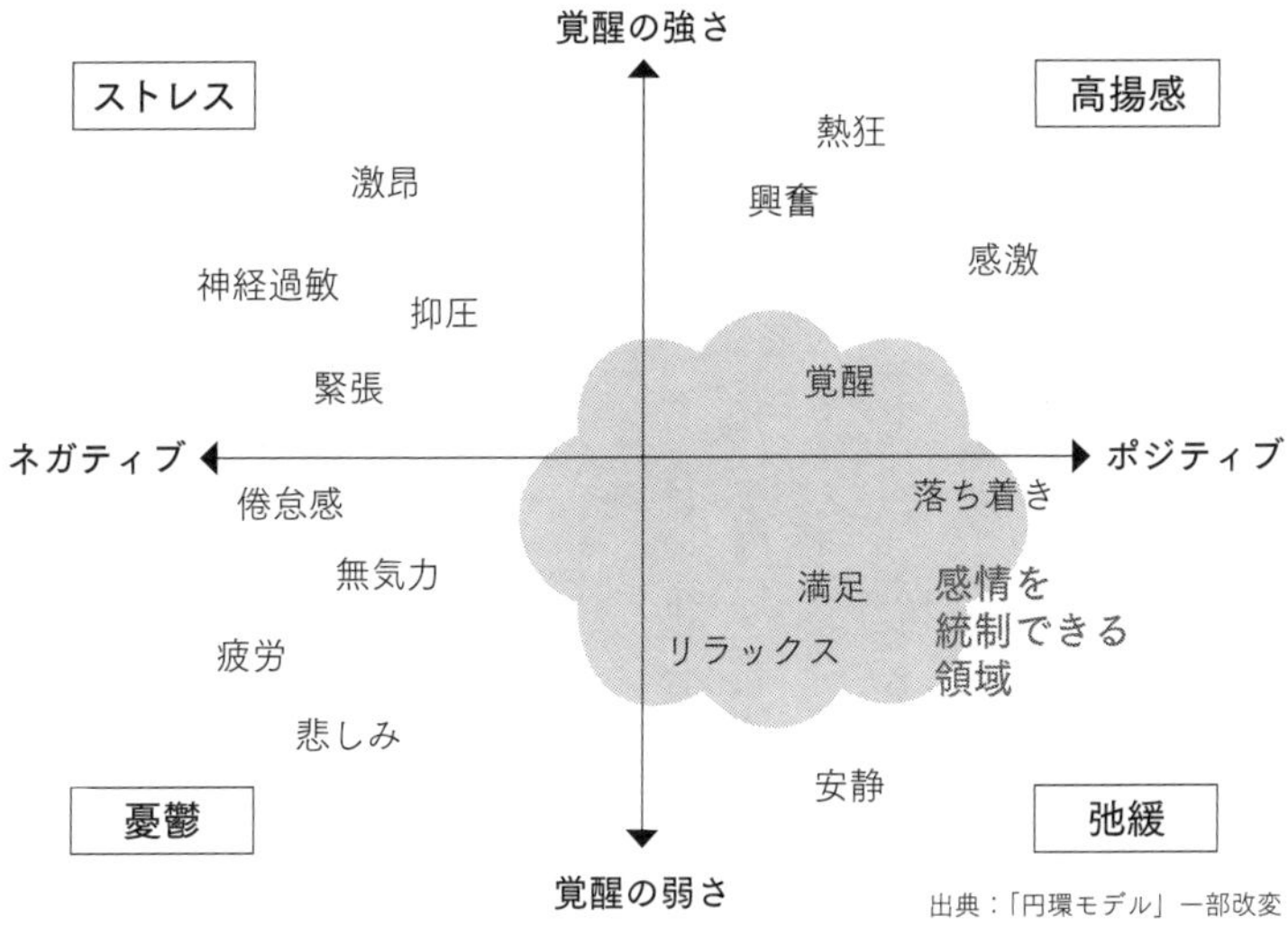

出典：「円環モデル」一部改変

感情の動きをうまく配分したほうがエクセレントになれる。

アメリカの心理学者ジェイムズ・A・ラッセルは感情の動きの種類と分布をあきらかにした。彼が考案した感情円環モデルによると、わたしたちの感情体験はその都度ふたつの軸であらわされる。ひとつは覚醒の強弱。もうひとつはポジティブかネガティブかの差。[2] このふたつの軸を合わせると、わたしたちが基本的に四つの感情世界で動いていることがわかる。ストレスと高揚感、憂鬱と弛緩がそれだ。順を追って見ていこう。

ストレス

好ましいことではないが、わたしたちは日常的にこの感情円環モデルの左上にいる。強く覚醒し、ネガティブなほうに傾斜している。不安がわたしたちを蝕み、心には怒りの炎がともり、怒りで煮えたぎり、時間に迫られ、ストレスホルモンが分泌される。前アメリカ合衆国大統領ドナルド・トランプからアマゾン社社長ジェフ・ベゾスにいたる世界の実力者たちなら、プレッシャーを感じたり、かっとしたりしたときに強い言葉を口にすることができる。そうすることで発散し、権力欲を満足させ、エゴを押し通す。だがこれには欠点もある。ネガティブな興奮状態が高まると、思慮に欠ける行動に出やすく、状況に合ったよく練られた行動はできなくなるものだ(3)。ストレスが増すと、まわりへの気遣いが疎かになる。高度に知的なパフォーマンスや賢明な決断はもっと静かな感情の動きを必要とする。

高揚感

感情円環モデルの右上にいる場合、わたしたちは通常、すごくいい気分になれる。顔が輝き、陽気。このうきうきした感覚は脳内の「報酬系」という神経系が引き起こしている。思いがけずポジティブなことが起きると、ドーパミンが分泌されて高揚感を生み出す。これは癖になる。恋に落ちたとき、長年望んでいたポストにつけたとき、夜通し踊ったとき、目をつけていた革ジャンがセールになっていたときなどに感じるものだ。幸福感が昂じて興奮状態になると、今度は気分を下げるようなことに対して過敏になる。たとえば革ジャンの袖の小さな傷が気になったりする。自分をすごいと思うようになると、自信過剰になる傾向がある。そうなると、失敗や勘違いが起きやすくなり、警戒信号や逆風を見落とすことも多くなる。

憂鬱

感情円環モデルの左下では暗澹たる気分が支配的だ。長い週末の終わりには味わいたくない気分だ。悲しい気持ちになり、無気力になり、鬱屈したり、退屈したり、重苦しい気分になったりするが、しばしばその理由が判然としない。こうなると、時間は充分にあるし、自由に考えられるはずなのに、なにも手につかなくなる。なかなか集中できず、他の人からはよそよそしく、無関心だと思われてしまう。心が空っぽになった感じがして、人生に意味を感じられず、気力が湧かなくなる。自分の髪をつかんで沼から自分を引っぱりあげられるような人でもどうにもならないだろう。こういう気分に襲われると、脱力感につきまとわれ、まわりにもそう見えてしまう。パフォーマンス力と社会的つながりの質は自分の能力と意志をまったく反映しなくなる。

弛緩

エクセレントである人の感情領域はここにある。感情円環モデルの右下を中心に左下と右上の領域にすこしだけはみ出した領域が適度にポジティブな状態だ。このよく調整された感情において、わたしたちはもっとも創造的に働くことができ、自分の関心やテーマを冷静に自信をもって追求できる。他の三つの領域と違ってここでは感情がわたしたちを圧倒せずに、わたしたちを支えてくれる。いい気持ちが味わえ、シャンパンで気分を高める必要などなくなるだろう。新しい刺激に心がひらかれ、アイデアがあふれるように出てきて、直感的判断ができるだろう。わたしたちの統制のとれた感情領域の大部分がここにある。ただ弛緩の領域でも一番下の覚醒度が低いところでは、パフォーマンスが落ちる。その代わり、ウェルネスに浸ったり、深いリラックスを味わったりするには適している。

新しく大きなことをするための素地が作られて……

統制のとれた感情領域にいれば、わたしたちは水を得た魚になる。エクセレントなパフォーマンスの大部分がここで実現する。骨が折れると感じることもないだろう。といっても、あなたはもうわかっているかもしれない。弛緩は値打ちがあるが、自明のことではない。わたしたちに襲いかかるストレス、高揚感、憂鬱と違って、弛緩は控えめな客と同じだ。仲よくしたいのなら、気にかける必要がある。

うっとうしい感情は調節する

感情というのは、生命体が「効果的に環境と対話する」[4]ための準備をする過程のことである。胸が高鳴ったり、息がつまったり、額に汗がにじんだり、胃がひっくりかえったり、うれしさのあまりめまいがしたりすることを、神経科学者ディーター・ファイトルはそう定義している。感情には大小あるが、つねに外からの刺激が大前提だ。脳はその刺激を処理して感情にする。感情はわたしたちがいまどんな状況で、どうなろうとしているかを知らせてくれる。おかげで即座に対応するチャンスが生まれる。多くの場合、そのおかげでわたしたちは窮地を脱することができる。たとえば自転車に乗っていて、タイヤがスリップしそうな不安を覚えるとする。運がよければ、とっさにハンドルを切ったり、大怪我をしないようにわざと転倒したりすることができるだろう。

ただし感情は便利な情報提供者だが、アドバイザーには向かない。

たとえばコロナ禍の冬でも、再会したうれしさで、ビジネスパートナーと握手をしたり、友人と抱擁したりしたくなるだろう。だが一時の衝動に身を任せるのが愚かしいことは知っている。握手や抱擁の義務はない。基本的にポップアップ広告のようなもので、心を動かされるため抗うのはたしかにむずかしいが、どんな刺激にせよ、いついかなる状況でもそれがわたしたちにとってポジティブでベストな対応とはいえない。幸いわたしたちは自分の感情に身を任せる必要はない。午前中にスニーカーの宣伝が三度もモニターに映しだされて誘惑されても、だれにも注文を強制することはできない。それと同じで、そのときの感情にどう対応するか決めるのは自分をおいて他にいない。

といっても、対応がむずかしいことのほうが多いだろう。感情はあくまで感情だからだ。感情は偽らないし、勝手に発動しない。その感情がどんなに切羽詰まったもので、神経を逆なでし、わたしたちを独占しようとも、行動にいたるきっかけであって、行動そのものではない。その感情にいつ対処するか、そもそも対処するかしないかもわたしたち次第なのだ。間違いないのは、感情の動きは多くの場合、とても強くて抑えられないということだ。デザートをおかわりしたくなる気持ち、だいじな情報を隠していた同僚に仕返ししたくなる気持ち、足の筋肉がぱんぱんに腫れているのに急斜面に挑みたいという誘惑、そういうわたしたちを熱くする感情がある。

責任があるのはまたしてもわたしたちの脳だ。気をつけないと、ポジティブかネガティブかはわからないが、わたしたちの感情はしつけのなっていないセント・バーナードのようにあばれまわるだろう。感情から距離を置くには、努力しなければならない。わたしたちは何度もこう自問することになるだろう。あがり症で胃がきりきりしても、しゃきっとしていられるだろうか。怒り心頭に発したとき、はたして相手を尊重することができるだろうか。自分でなにを考えているかわからないで、まわりの者をどう安心させられるだろう。だれも自分の水準に達しないとき、優越感を抑えられるだろうか。やり方を心得ていれば、感情が重くのしかかってきたときでも、わたしたちはすぐに力強く対処することができる。しかしデジタル時代においてはサーベルタイガー（長大な犬歯をもつ絶滅した動物）のような強烈な感情に襲われることはまれだ。だからややもすると間違った反応をしてしまう。激しすぎたり、距離を置けなかったり、あっさりしていたり、人に見せられないものだったりする。


すばらしい頭脳の持ち主がふたりいる。ふたりともパニックになることがない。新型コロナウイルス感染症問題が生じてもだ。テスラ社社長イーロン・マスクの場合は怒りをあらわにした。「新型コロナウイルスパニックなんてくだらない」と二〇二〇年三月六日、三千三百万人のフォロワーに向かってツイートした。

ビル・ゲイツは自分のブログにもうすこし控えめな書き込みをした。

「それほどひどくならないことを祈っている。しかしはっきりしたことがわかるまでは、ひどいことになることを覚悟すべきだ」

　感情を出しはするが、決して感情には駆られず、その後、情報収集、背景の確認、解決に向けた提案をするということだ。

　イーロン・マスクを悪くいうことはできない。腹蔵なく発言しているだけだ。彼はツイートで感情をむき出しにし、衝動的に発言した。いけないわけではない。事実、二百万の「いいね！」と十万のリツイートが、マスクのいうとおりだと認めている。だが注目を浴びても、エクセレントである証明にはならない。さきほどの感情円環モデルによれば、マスクは高揚感とストレスの領域で動いたことになる。一方、ビル・ゲイツはもっと穏当に感情を操っている。意識的な言葉づかいや内容から、状況の深刻さや舞台の大きさや認識の度合いを鑑みての責任感が見てとれる。有名な政治家やＣＥＯ（最高経営責任者）の発言には重みがある。ソーシャルメディアは、新聞雑誌の見出しよりも影響範囲が広い。直接の有効範囲を超えて、数百万人の意見や行動に影響を与える。一本のブログ記事が命を救うことだってあるだろう。その一方で陰謀説を跋扈《ばっこ》させることもある。

　オーストリアの精神科医でホロコーストの生還者であるヴィクトール・フランクルの有名な言葉がある。

「刺激と反応のあいだには空間がある。その空間に、わたしたちが自分の対応を選ぶ力がまどろんでいる」

　注目度が増せば増すほど、エクセレントであるかどうかは信頼に足ると同時に状況に適した感情表現を見つける技量の有無にかかってくる。ジョー・バイデンが大統領選挙の最初の演説で「温度を下げよう」といったのもそうした理由からだ。生温い反応も冷めた反応もかっかして燃えるような反応もだめだ。考えや声に温もりがあるのが理想的だ。少なくとも発言する前に、送信ボタンを押す前、嘘つき呼ばわりする前、やり直しの利かない義務を果たす前には吟味しよう。

刺激はわたしたちを驚かせ、蹂躙《じゅうりん》し、不意をつく。それでも刺激されたままでは終わらない。どう反応するかで、わたしたちのパーソナリティ、性格、エクセレントさが見えてくる。理想的なのは、感情がハードロックよりもバッハの平均律に近い状態にあることだ。適度に興奮しながらポジティブな気分でいるというのがエクセレントであるための基本だ。

元アメリカ合衆国大統領バラク・オバマは感情が統制されている状態からほとんど逸脱しない。誇らしさや喜びや愛情を気前よく表現し、欲求不満や怒りをうまく抑える。鬼火のように落ち着きがない後任のドナルド・トランプに対しても、この四年間、直接批判するのを控えてきた。だからメディアはオバマを「ドラマのないオバマ」と呼んでいる。彼のモットーは「あちらが低俗なら、こちらは高尚に」だ。

オバマはバランスのとれた性格だと自分を評している。(5) だが生まれつき感情に駆られる質で、熱しやすく、パニックになったり、とっさに行動したりするタイプの人間はどうだろう。自分が信じることに夢中で、相手が気に入らなくても、正当な腹立ちなら表に出してもいいと思っている人だったらどうだろう。高揚感とストレスから脱して、感情を統制できる状態にいたる道はあるだろうか。いまの時代に合った返答を遠く古代ローマに求めることができる。

泰然自若の教え

スポーツにおけるマラソンは哲学におけるストア学派に相当する。どちらも可能とは思えないことをやり遂げる。長距離を走ることで、エクセレントな人は自分を鍛え、鍛えられていることを証明する。ストア学派の場合、感情をコントロールする便利な羅針盤がある。政治家や経済界のリーダーやテクノロジー界の大物がどんな時代でもストア学派の教えに興味を抱くのは無理からぬことだ。コンデナスト社の名誉会長ジョナサン・ニューハウスもストア学派に魅了されているひとりだ。アメリカのラッパー、ルーペ・フィアスコもソーシャルメディアでストア学派に惹かれるとあかしているし、アメリカの新しいファーストレディ、ジル・バイデンも政治家の妻としてストイックであることが有益だといっている。

成功した人のあいだでストア学派の知恵がこのように称揚されているとなると、ストア学派からくる「ストイック」という言葉を誤解していたのではないかという疑念が生じるだろう。ストイックなライフスタイルは冷水を浴び、クネッケ（クラッカー状のパン）しか食べないものだと思っている人が多いが、そうではないということだろうか。いずれにせよそういう評価は適切ではない。ストイックな人間はスパルタ人とは違う。自分から苦痛を求めるのではなく、神経が太いのだ。がんばりが利き、逆境にもめげない。日常よくある例をあげよう。にわか雨をストイックに受けとめるというのは、濡れネズミになるのもいとわないという意味ではない。持ち歩いていたレインコートを羽織ることを意味する。最悪の事態を予測することを意味する「悪の予謀（premeditatio malorum）」という言葉がストア哲学にある。この精神的な鍛錬によって、ストイックな人はメンタル的にも実際にも、だれよりも悪天候に備えられているということだ。友好的ではない隣人にも、完売したオペラのチケットにも、過酷なことにも、病気にも、敗北にも、もっといえば死にも準備ができているのだ。だがそれは実際にストイックな人が喜びを感じず、感情に乏しいということではない。他の人と同じように人生を実感しているし、強い感情をもっている。ただし、幸福感を味わったときも、フラストレーションが溜まったときも、人一倍慎重なのだ。その結果、内面も外見も落ち着いている。それは印象に残るし、実際そのおかげで感情的な問題に対処しやすい。

後期ストア学派の哲学者で政治顧問でもあったセネカ、奴隷の身から解放されたエピクテトス、古代ローマ皇帝マルクス・アウレリウスの三人は特筆すべきだ。現代のマネジメント教本にもなりそうな多彩な人物だといえる。分別をもって人生を楽しみ、どんな危難にも敢然と立ち向かう実践的な教えを後世に残した。ただし、生まれつきこうしたストイックな落ち着きが備わっている人はごく少数だろう。放っておいて体得できるものでもない。大恋愛をするかもしれないし、儲け話が実現するかもしれないし、トップの地位につけるかもしれないし、自分と世界が一体になった気分で夕陽に向かって馬を走らせるかもしれないからだ。内と外の刺激因子がもたらすカオスの中でストイックに泰然自若としていられるようにするのは、生涯をかけたプロジェクトである。名声を得たか、裕福になったか、成功したかは二の次だ。

「シュピーゲル（Spiegel）」誌のインタビューで、レンタカー会社ジクストの創設者で社長のエーリヒ・ジクストはストイックなライフスタイルで成功したと語っている。

「眠れないときはマルクス・アウレリウスを読む。マルクス・アウレリウスは数千年の時を超えてわたしに語りかけ、魂の平安を与えてくれる。そして焦眉の問題と思えるものが、ただそう見えるだけだと気づかせてくれる。わたしたちの潜在意識はそうした問題を大きく見せるところがあるが、わたしたちにはそれを元に戻す分別がある。元に戻すのは可能だが、絶えずトレーニングしないとだめだ。死ぬまでトレーニングはつづく(6)」

マルクス・アウレリウスには現代のリーダーが有言実行と呼ぶ技量があった。口にすることはしっかり理解していたし、自分が説いたことは実践した。元来自己省察《せいさつ》であったマルクス・アウレリウスの文章は世界文学の中でもっとに有名だ。ところがその治世は安泰ではなかった。帝国内では二十年以上「アントニヌスの疫病」が蔓延し、一千万人がこのパンデミックで命を落とした。マルクス・アウレリウスは徳のある支配者の模範とされているが、古代ローマ帝国の黄金期は彼の治下で終焉に向かっていた。

そういうわけでマルクス・アウレリウスの『自省録』は二重の重みをもつ。

「ないものよりも、いま持てるものを考えること」

「いまもっているものの中から最高のものを選び、もしそれをもっていなかったら、どんなに必死になってそれを探すか考えること」

マルクス・アウレリウスの言葉には沈着な響きがある。自分の感情をしずめられれば、不安、嫉妬、ストレス、不満といったものを乗りこえられるときわめて簡潔な言葉で、伝えている。調子がいいときも悪いときも、道を踏みはずすことは少なくなり、他人を温かく見守り、大目に見られるようになるだろう。そしてプライベートでも仕事でも、感情を統制する能力と同様に周囲から影響を受けることが少なくなる。一時的には影響を受けるとしても。

自制心には信頼性があり、時代遅れではない。

いまも二千年以上前も、自制心は人生に成功する人やキャリアアップを志す人が遵守すべきもののひとつに数えられる。たとえば国際的に活動しているミュンヘンのマネジメントコンサルタント、ドロテーア・アッシヒとドロテー・エヒターは次のようにいっている。

「自制は協調や共生、共存、結婚、友情、育児において信頼できる普遍的なメソッドだ。つねにそうだといえる。感情のままに生きる代わりに、自分の感情を意識するのだ[7]」

ストア学派は新しいクール

ストイックな感情マネジメントでは、するかしないかという判断をはっきりさせることが肝要だ。変えられないものには注意を払わない。影響を与えられるものには注意を向ける。まずここからはじめる。渋滞とか、神経質な同僚とか、夏季休暇に隣地で建築工事がはじまるとかは変えようがない。だが渋滞や神経質な同僚や建築工事にどう反応するかは変えようがある。生活のいろいろな局面で、わたしたちは次のような問いを突きつけられる。自分の力が及ぶことにエネルギーを向けているか。あるいは自分にはどうにもならないことで文句をいっていないか。

エピクテトスの『人生談義』はこういう重要な思考からはじまる。

「この世にはわれわれの力が及ぶものと及ばないものがある。われわれの力が及ぶのは意見、努力、憧憬、嫌悪、つまりわれわれの意思の産物だ。われわれの力が及ばないものは身体、所有、名声、官位、つまりわれわれが自分ではどうにもできないことだ。われわれの力が及ぶものに対して本性に従うのは自由だ。他人には禁じることも、阻止することもできない。一方でわれわれの力が及ばないものは他人に依存するが、拒むことはできる」

エピクテトスよりも前に、政治家で哲学者でもあったキケロがコントロールするためのストイック二分法を次のように説明している。射手を想像してみてほしい。狙いを定めるのは自由だ。だが確実に命中させられるとは限らない。矢が放たれれば、射手にはなにもできない。二千年経ってもこの点は変わらない。

コントロールできるかできないかは二者択一だ。

グレーゾーンはない。従って、パートナーを変えるとか、社長を家族重視にさせるとか、天気を週末までもたせるとか、人やものを自分の思いどおりに動かすことに幸福の鍵があると考えているなら、即刻改めるべきだ。こういう物言いを聞くのははじめてではないだろう。しかしストイックな人はそういう原理を知っているだけでなく、それに従って生きる。過去、他の人々、税法、経済危機、なかなか切り替わらない信号といった自分ではどうにもならないことを心配したり、嘆いたり、愚痴ることは時間の無駄だと思っているし、ことあるごとにそのことを意識にのぼらせる。これは宿命論のように聞こえるかもしれないが、そうではない。ストイックな人間は実をとる。未来、成長、パートナーや友人の選択、気分をよくするプレイリストといった自分の力が及ぶ調整用ネジをピンポイントで同定する。そうすれば、自分のエネルギーを有効に注ぎ込むことができる。もちろんすべてが思いどおりになるわけではないが、やれるという自信はつくだろう。

…こういう態度がとれれば、心の平安が得られる。心の平安はプレッシャーや断念せざるをえな…

いという不安をねじ伏せるしんどい自制心よりもすぐれている。
バラク・オバマは大統領二期目に入ったとき、「ザ・ニューヨーカー」誌に語っている。「わたしは毎朝毎晩、自分の行動を別のオプションや可能性とすり合わせている。そして良いことをして、悪いことを阻止するには限界があることもわかっている〔……〕。それでも最善を尽くせば〔……〕、最後には悪くならず、良くなると思う(8)」

どんなにエクセレントであっても、多くのこと、それも非常に多くのことが意のままにはならない。トップに就任する。テニスの選手権で優勝する。すべてのライバルを凌駕する。チームの中で一番になる。大きな事故を起こさない。どんなに努力をして、賢く振る舞っても、わたしたちがその計画を実現できるかどうかは、自分以外の者の決断を待つほかない。それでもわたしたちはそれを目標にし、関係を保つために自分を犠牲にする。わたしたちは自分ではいかんともしがたい基準などに屈することになる。だれにも運が悪い日がある。聴衆のムードがよくないとか、意思決定者が自分の議事日程を変えないとか。選考委員会の流れが変わる。なんらかの理由でライバルのほうに評価が集まる。思いどおりにいかないことに気づくと、落ち着きを失い、無力感を味わい、パフォーマンスが落ち、機転が利かなくなる。どんなに努力しても目標に到達できないとき、わたしたちは二重の苦しみを味わう。まず欲しかった評価が得られない。次に自分や世界にがっかりする。だがこの悪循環から逃れる術はある。

ストア学派を正しく理解している人は、最後までみずからコントロールできる目標を立てる。

達成可能な目標というのは、やるべきことを何日もリハーサルし、洗練させてまた練習し直せるものだ。たとえば安全運転の補習を受講すること。テニストーナメントのために適切な体型にもっていくこと。仕事と家族の板挟みにあったり、半月板を負傷したりしていても可能なことだ。

こうした目標を公言することのメリットは明白だ。表面的な成功や、成功を決定づける人たちの好意を羨望するのをやめられることだ。そうなれば、目標めざして集中できる。トレーニングに取り組んだり、集中したりするのに、これ以上の動機はない。もちろんそれだけやっても選に漏れたり、金メダルを逃したりすることはある。だがそれによって生じるネガティブな感情は良い感情で緩和されるだろう。できるだけのことはした、というように。努力はわたしたちを賢くし、各人が求めるエクセレントに近づく。あとは運命だ。「不平をいわない。言い訳をしない」というのが、わたしが見出したモットーだ。このモットーは何度意識に呼びだしても損はない。そういうふうにクールに振る舞うにはどうしたらいいのかと疑問に思う人がいるだろう。そのときはストア学派から答えをもらえばいい。ワンダーウーマンやスーパーマンでないことを受け入れよう。それ以外のことは自由になる。意のままにできるのだ。

ウェストウィング社の創業者デリア・フィッシャーは、できることと、いまできないことを峻別することで、エネルギーの放出を抑えているという。今日の立脚点からフィッシャーは、若いころの自分にこうアドバイスする。

「ひと息つこう。これ以上エネルギーを浪費するのはやめよう。以前ならなんにでも手を出した。なんでも即座に完璧にこなさずにはいられなかった。うまくいかないことがあると、気が動転した！　いまの自分ならもうすこしクールになって、腹を立てず、解決策を見つけるべくポジティブなことにエネルギーを使おうとするだろう(9)」

あらゆることに備える

ストア派哲学は現実的に考える哲学だ。まさにそれがエクセレントたらんとする者にとって意味をもつ。というのも、多くのことを自分に期待している人間は、すべて完璧にこなそうとする傾向があるからだ。キャリアアップを綿密に計画し、子どものひとり目、ふたり目、三人目の予定を慎重に決め、コンスタントにいい結果を出す。歯磨き粉を買うときはＲＤＡ（歯面研磨性）値やフッ化物の配合量まで気にする。自分自身や生活への要求度の高さはある種の危険を内包している。成功に慣れた人はどうしても自分を特別な存在だと思いがちだ。同時に多くを失っているのではないかという不安にも苛《さいな》まれる。両方が合わさると、傲慢さと喪失への不安といういやな混合物ができあがる。ストイックな人はそうならないように予防する。もちろん成功、賛美、敬意、そして運転手つきの社用車があればうれしいだろう。天気も悪いよりは晴天のほうがいいし、目標は絶えず追いつづける。病気にはなりたくないだろうし、のんびりした心地よく面白い生活を営みたいはずだ。だがストイックな人はそういうものに依存しないですむ道を探る。だから所有物やステータスや便利な環境がない暮らしなど、もはや考えられない人よりも穏やかでいられる。ストイックな人はどうやっているのだろう。我を忘れそうな状況でも泰然自若としていられるのはどうしてだろう。そのための代償は魅力的には聞こえない。なにしろ自発的な放棄なのだから。

ストイックな人はあらゆる快適さを享受することはない。たとえ享受できる身であっても。

イギリス女王の朝の食卓に、タッパウェアに入れたコーンフレークが並ぶとき、あるいはグレタ・トゥーンベリがＩＣＥ（ドイツの高速鉄道）で空席が見つからず床にしゃがみ込むとき、あるいは起業家の一家が長期休暇に別荘ではなく、会社が契約しているごくふつうの宿泊施設に泊まるとき、それはセネカの教えを実践していることになる。

「豊かなのは貧しさにうまく対処できる人間だ[10]」

ブランドものではない携帯電話を使ったり、結婚式に百五十人のゲストを呼ばなかったり、リスク地域でのバカンスをしなかったりする場合も当てはまる。

ストイックな人は、贅沢とステータスがそこそこでも充分だと考える。多くの人は快適さをとことん味わい、イメージに磨きをかけ、他人に気に入られ、人生からできるかぎりのものを引き出すことに躍起になる。それがうまくいかなければ、どん底まで落ち込む。インスタグラム（Instagram）に反応がないだけで、機嫌が悪くなる。顧客のくだらないひと言で一日が台無しになる。フェスティバルのチケットが手に入らないというだけで、頭がかっかする。あるいはスマートフォンを忘れてきたことに気づいただけで、ゴビ砂漠で水がなくなったくらいに焦りまくるというのも典型的なケースだ。

そうした感情的な過剰反応には対処が可能だ。ストア学派の理解に従えば、そんなすぐに驚くようなことは起こらないという経験を定期的にすればいいのだ。つまりいつどこでもだれにでも起きるような問題に小さなケースで免疫をつければいい。小さなケースがわたしたちを強靱に鍛えてくれる。慣れ親しんだ快適さをあきらめて生活するようにすれば、いざというときに焦らずにすむ。冷水シャワーをときどき浴びておけば、暖房が効かなくなっても、緊急時サービスを受けなくてすむ。バカンス先がハワイではなく、ドイツ国内のハルツ山地でも満足できるなら、ボーナスを削られても、それほど落胆せずにすむだろう。義父の小言を聞いても平気でいられるようになれば、顧客からの不当なフィードバックにも平然と受け答えできるだろう。ささやかなことをあきらめ、不便さを進んで甘受しておけば、感情を揺さぶられてもバランスをとれる力がつく。

小さなことをスポーツと思ってこなし、日常に組み込めさえすれば、大きなことが起きても、ずっとうまく対処できる。

テイクアウトのコーヒーを一週間飲まずに過ごしたらどうだろう。三十分早く起きるのはどうだ。eバイクに乗っていて向かい風のときでもターボにしない。くだらない言説は無視する。ビジネスパートナーが同じアイデアを思いつかなくても誉める。自分で選んだこうしたささいな課題が感情のダンベルトレーニングとして作用する。自己制御を促し、わたしたちのメンタルを安定させる。

わたしたちの多くはコロナ禍にめげず、よくがんばったと思う。それでも不快だったのは否めない。けれども五月祭やオーツ麦ミルクや夏のフェスティバルがなくても、意味のある暮らしができることをみんなが体験した。その経験がわたしたちをよりクールにした。わたしたちがもっているもの、たとえば開店しているスーパーとか、ゆったりしたバルコニーとか、短所よりも長所のほうが多い保険体制について考えるようになった。そしてJOMO、つまり見逃すことの喜び（the joy of missing out）を知った。これまでは絶対無理だと思っていたことをはじめた。たとえば慣れ親しんだルーチンや作業の流れが途切れても仕事をつづけた。感情の統制がとれている状態はわたしたちを自動車の最新モデルよりも遠くへ連れていってくれる。どうせいまは最新モデルを買う余裕などないだろうし。

感情は居場所を必要とする。しかしペントハウスでなくてもいい

感情はわたしたちへのシグナルだ。わたしたちがなにに不安を覚え、なにを誇りにし、なにに腹を立てているか教えてくれる。なるほどと納得したら、必要な対処をして日課に戻るのがベストだ。警察車両がサイレンを鳴らして高速道路を走ってきたときと同じだ。いったん速度を落として道をあけ、警察車両が通りすぎたら、また速度を上げる。自分の感情ともそういう付き合いができれば理想的だ。

激昂する	議論する
わたしたちは怒りをぶちまけることがある。抑えが効かずに爆発することもあれば、行動に出る場合もあるだろう。本心かもしれないが、感情を制してはいない。	対話を求める。これまでは選択するときの手段として認められてきた。ただし1980年生まれ以後の人は基本的なことを議論するよりもポジティブなフィードバックのほうに関心があることを知っておくべきだ。
堪える	**武装解除する**
わたしたちは口をつぐむ。だが心はそのあと何時間も怒りでざわつく。コントロールはできているが、不満が残り、解決はしない。問題は何度も顕在化し、いいたいことが胸の内にたまる一方となる。	有害なコミュニケーションはあきらめ、できるだけ用心しながらタイミングをはかって介入し、その出来事から学び、将来的に警戒する。そうすれば悠然としているように見え、すべてをオープンにできる。

感情に耳を傾け、居場所を与える。ただしほどほどに。

さもないといま起きていることから外れてしまう。静かで、役に立つシグナルも、気をつけないと、わたしたちの思考と行動を支配する。あなたのチームにいるだれかが、あなたを使って得をしていたとする。そのときの気分次第で感心することもあれば、怒りを覚えることもあるだろう。だがどちらにせよ複雑な気持ちになるものだ。そのときストイックな問いを立てるならこうだ。

心の平安を維持するには、なにをしなければならないだろう。

考えられる反応は上記表の四つだ。

ストア派哲学に従う人は感情のスイッチを切るわけではなく、自分の心には心地よく、外からは適切に見える段階にとどまる。その日の気分や敵《てき》愾心《がいしん》をめったに他人に見せない。短気な人とか、芝居がかった人と思われることはまずないだろう。また拙速な決断をすることもない。それでも感情は見せる。感情は自分を近しい存在だと思わせ、人を動かす手段になるからだ。感激するとか心配するといった感情は、うまく使えば、成長と変化に役立つ。

「わたしたちがドイツでやっていることはそれほど悪くないと思う」

ベルリンのシャリテ病院ウイルス学研究所のクリスチャン・ドロステン所長はコロナ禍で引っ張りだこになった。DFG（ドイツ研究振興協会）は彼のすぐれたコミュニケーション能力に対して賞を与えた。ドロステン所長は感情を隠しはしないが、控えめな言葉で表現する。

「冬場に第一波が来たとき、わたしはすでに危惧していた」

ドロステン所長はコミュニケーション能力でドイツにおけるパンデミック対応に功績を残しただけでなく、国内のムード作りにも貢献し、国民の考え方や協力の姿勢にも影響を与えた。

ストア派哲学からインスピレーションを得る人は穏当な言葉で興奮した感情を適度なレベルにもっていけるという点でエクセレントだといえる。アリストテレスは書いている。

「人はだれでも容易に怒りを覚えるものだ。しかし正しいこと、つまり正しい基準、正しいタイミング、正しい目的、正しいやり方を怒るのはむずかしい」

感情を統制できる人は自分や他人の気分を生産的な泰然自若へもっていくのがうまい。「パニックになる」のではなく「憂慮する」。「ストレスを抱える」のではなくいっしょになって「努力する」。「衝撃的だ」とはいわず、ドロステンがいうように「それほど悪くない」と表現する。興奮しない習性から言葉選びにいたるまで、ストイックな人は社会や企業や家族の気分を代弁し、すぐれたパフォーマンスを生む一助とする。

まとめ　ネガティブな感情にポジティブな対応をするための七つの戦術

ドナルド・トランプ前大統領にツイッターでなじられたグレタ・トゥーンベリは怒りを抑えるのに苦労し、結局、リラックスするために友だちと古き良き映画を鑑賞することにしたという。「落ち着け、グレタ、落ち着け」トゥーンベリがトランプの攻撃に面食らったのは間違いないだろう。だが反撃したいという欲求を抑えた。トランプと対決する代わりにツイッターの自己紹介欄を変更した。「怒りのマネジメントに取り組むティーンエイジャー。いまは落ち着いて、友だちと古き良き映画を見ています」

ことを荒立てない見事な切り返しだ。感情的に不安定なのが世間にばれたのはただひとり、合衆国大統領となった。

1　お茶でも飲みながら待つ

もし目の前にサーベルタイガーが立ちはだかったら、咄嗟に行動したほうがいい。だが人間が込み入った状況を作ったのなら、(当面) 反応しないに越したことはない。クールダウン。感情を顔に出さない。深呼吸。水をひと口飲む。ネガティブな感情にポジティブな対応をするのは簡単で、とても効果的だ。ひとまず気持ちを抑えておくと、多くのことがひとりでに解決したりする。成功するにはタイミングが欠かせないということだ。逆に思い切った対応をすると、巻き添え被害にあう恐れがある。関係性が壊れ、自分の評判も傷つく。ところが賢明に気持ちを抑えるのは、そう簡単ではない。食指が動いてムズムズするとき、不正に腹を立てるとき、攻撃に反撃を加えるとき、急落する株を手放すとき、成功を世に喧伝するときに、それを控えるのはなかなかしんどい。

2　不安を直視する

飛行恐怖症のせいで国際的企業で役割を果たせない女性経営者。吃音症のせいで法曹界でキャリアを積むのに支障をきたす法律家。自動車を運転すると動悸が激しくなり、郊外で暮らす夢を断念するほかない母親。不安の多くが、すばらしいことを不可能にする。不安を意味するドイツ語 Angst はいみじくもラテン語の angustus (「制限」の意) から来ている。もし不安障害があなたの志の障碍《しょうがい》になるなら、選択肢はふたつしかない。不安障害を取り除くコーチやコースやエクササイズの助けを借りるか、不安をもたらす行動をしないですむ生活を営むかだ。

3　最悪の事態でも動じない

「わたしは免疫系が強い」コロナ・パンデミックになってからよく耳にする言葉だ。ポジティブな考えに異論はない。自信がつくし、それだけでも抵抗力が上がるだろう。ただしポジティブな考えをしたからといって奇跡が起きるものではない。無制限の楽観主義は現実感覚を鈍らす。矛盾する話だが、リスクに目を向けると、感情の統制が停止してしまうことがある。ストア学派は生命の危険を感じた場合でも、それを直視するべきだと勧めている。その裏には、死、病気、離婚、解雇といった重大な喪失の可能性を直視すれば少なくともより良い心構えができる、という考えがある。短期的にも、ネガティブなものの視覚化は役に立つ。たとえば自分がどれだけ裕福か意識できる。そうすれば怒りや失望は相対化される。

4　アクセルを戻す

わたしたちの人生はブロックバスター映画と同じだ。短くすばやいカットがトレンドだ。ドラマ『オレンジ・イズ・ニュー・ブラック』の監督ウータ・ブリースヴィッツがこういっている。「次から次へとなにかが起こる」[11]人生もそれと似ている。睡眠時間は短くなり、人間関係はますます広く複雑になっている。健康志向が高まり、管理職として、夫ないしは妻として、親として、市会議員として、自転車競技選手として成功したいと望む。ただし完璧な人生にはパワーがいる。うまくいかないと意気消沈し、苛立つようになり、焦燥感とプレッシャーばかりが増える。セネカがすでにこのことについて書いている。

「疲労した人は争いを求める。同じことが空腹の人、喉が渇いた人、いやそもそもなにかに苦しんでいるあらゆる人に起こる。潰瘍は軽く触られただけで痛い。というか、触られると思うだけで痛くなる。苦しんでいる心もまた、ちょっとしたことが原因で傷つく。あいさつや手紙やおしゃべりや質問が喧嘩のタネになるのだ」

映画プロデューサーは目まぐるしいカットとゆったりとした長回しを切り替えることで刺激がきつくなりすぎるのを防ぐ。実人生でも同じことをすれば、神経を楽にできるし、忙《せわ》しない局面でも落ち着きを見せられる。

5　自画自賛は控える

自分がすごいと感じるのは格別なものだ。それのどこが悪いのだろう。じつは当人が思っている以上によくない。自分の持ち場ですぐれたパフォーマンスを発揮する者は、自分が無敵だと感じる。成功が長くつづけば、たしかに自信になる。革新的なことを推し進め、みんなにちやほやされ、なにをやっても成功する。

「無限の存在なる神々は、気に入った者にすべてを与える」

ゲーテはそのあとこうつづける。

「無限の喜び」

だが次にこうもいっている。

「無限の苦痛」[12]

だが運命が悪いわけではない。自分を誉めすぎると、足を滑らす恐れがある。従業員、顧客、有権者、税務署の不興を買うかもしれない。浮かれたり、傲慢になったりしないようにするには、感謝や尊敬の気持ちをあらわし、へりくだることだ。そうすれば、自分は偉いとふんぞりかえらずにすむ。あるいは自分のエゴを他者のエゴより優先せずにすむだろう。

6　プレッシャーをかけられても動じない

かっとして自分の権利を主張したくなっても、あるいは憤懣《ふんまん》やる方ない気持ちを受動攻撃的に伝えたくなっても、実際にそうすることはめったにない。そのほうがいいと思うからだ。自分の目的を適切なやり方で達成するにはどうしたらいいか、わからないことが往々にしてある。そのせいで神経過敏になり、情緒が不安定になる。そういうときは一服して、いったいなにがしたかったのかあきらかにするのが一番だ。それがわかれば、適切な言葉が自然に口をついて出てくるだろう。

ひさしぶりに招待する友人に。「また会えたらうれしいです」

気が合わなくなったパートナーに。「その件は今度話すことにしましょう」

細かいことまで詰めきれていなかった女性従業員に。「もう一度取り組んでみたらどうかな」

こういう戦術をとれば、感情の吐露を解決策の提案に変えて、生産的な話ができる。

7 選んだ感情を表に出す

ミラーニューロンは脳内の共鳴システムだ。つまり自分の感情を話し相手にも響かせることができるということだ。自分の気分や期待や好意、そして嫉妬や不満を、会社や家族や友人に伝染させる。ミラーニューロンを発見したのはイタリアの神経生理学者ジャコモ・リッツォラッティの研究チームだ。マカクザルの脳の測定をしていたときのことだ。研究チームのスタッフがナッツを手にとるのを見たマカクザルの神経細胞が、まるで自分でナッツをつかんだかのような反応を示したのだ(13)。その結果こういうことが判明した。わたしたちは自分の感情の中でふたたび感じたいと思っているものを表に出し、他の感情をすべてできるだけうちに秘めておく。

まとめ
「ネガティブな感情にポジティブな対応をするための７つの戦術」

1 お茶でも飲みながら待つ

2 不安を直視する

3 最悪の事態でも動じない

4 アクセルを戻す

5 自画自賛は控える

6 プレッシャーをかけられても動じない

7 選んだ感情を表に出す

第6章
共　感

人間を理解する者は、
目を見ひらいて世界を見る

コロナによるロックダウンがはじまったころ、わたしは多くの人と同じような体験をした。社会との一体感に対する感度が研ぎ澄まされたのだ。いつもと比べてエゴが影をひそめ、他の人を思うことが多くなった。人けのない町を歩いていたとき、書店の前を通りかかった。閉じたドアに、「本は地元の店で注文してください」と書かれた札がかかっていた。わたしはクレジット番号をわたしよりもよく知るオンライン書店で購入するのをやめ、購入リストをメールに書き込むという面倒をあえてして、書店のスタッフが息災であることを願うと書き添えた上で送信した。二時間後「注文された商品は本日郵便で発送されます。敬具」という返信があった。対応の速さはともかく、メッセージのそっけなさにはがっかりした。それから半年後、やはりセンスが感じられないメールが届いた。八月の気分を満喫していたときに、こんな件名の広告メールをもらったのだ。「もしも外が闇になるなら……」

ささいなことが決定的だったりすることがよくある。もちろんどんな感情でもいいわけではない。ビジネスシーンであればなおさらだ。いい仕事をしたいのなら、個人の気持ちや社会の趨勢《すうせい》に共感する必要がある。お互いに理解しあい、評価されていると感じるには、共同作業や技術革新の場合と同じで、誠意や感嘆が不可欠だ。消費者であろうと、患者であろうと、従業員であろうと、チームの仲間であろうと、就職希望者であろうと、社会集団であろうと変わりはない。

共感の三つの顔

共感という概念は古代ギリシア語のempatheia＝「思いやり」に由来している。他人や他の集団の感情、思考、ものの見方を、そちら側に与《くみ》することなくうまく理解し、受け入れることを意味する。牛ヒレのステーキやカモの胸肉が好きな人を例にしよう。共感力があれば同僚がビーツ（カブに似た赤い野菜）のフェイクミートと豆腐のマリネを好むことも理解できる。反対しないし、笑い物にすることもない。料理の鮮やかな色味を誉め、同僚がおいしいといえば共に喜ぶ。だが自分は魚料理や肉料理をあきらめない。

ご覧のとおり、共感はさまざまな行動様式をひとつに束ねたものだ。他人の気分を感得し、相手がなにを期待し、将来どういう態度を示すか推し測り、それに対して違う気持ちを抱いても、適切な感情表現や態度で反応する。共感はあらゆる生活の場面で感情的にすぐれた行動をとるための重要な能力だといえる。

この考え方は別段新しいものではない。それでも職場に感情を持ち込むものではないと思っている人は多いだろう。持ち込んでいいとしたら、なにも知らない消費者が製品を買う気になるように仕向けるマーケティング部門やトレンドウォッチャーくらいだろう、と。まだ世間に浸透していないことをマーケティング部門やトレンドウォッチャーがすでに把握しているという点では、それは正しい。企業は人間によって人間のために作られている。そこでは感情も少なからず一役買っている。

夫婦関係、友人関係、整備された住宅地などは、社会的にも文化的にも同質化する傾向にある。それに対して、仕事では異なる年齢の人や利害関係者がぶつかり合う。思惑や価値観や嗜好や目的も異なる。経済の世界はドライだと思われがちだが、じつは複雑で重層的な関係から成り立っている。そういう環境では、すぐれた共感の持ち主のほうが専門知識はあっても社交性があまりない同僚よりもうまくやっていける。玉虫色の社会状況に当たり前のように自分を合わせ、気むずかしい人ともうまく付き合えるからだ。人間の理解者として相手の不安や留保に惑わされず、共同作業と技術革新のための足場を築く。

もちろん共感といっても実際にはさまざまな形がある。情動的共感、認知的共感、社会的共感のうちの幾許《いくばく》かがわたしたちの中に眠っている。すぐれた感情移入力はこの三つの共感をまとめてうまく使いこなしたときに生まれる。すばらしい成功を収めた人は、三つのうちのどれかに秀でているものだ。

情動的共感

他者の感情世界に感情移入して、いっしょに喜んだり、苦しんだりできる能力だ。結婚式で涙を浮かべたり、サスペンス映画を見ていて登場人物といっしょになって熱くなったりするのはこの力による。相手の立場になって同じことを感じ、味方になり、一体化することができる。相手の運命をわがことのように感じるのだ。実際の生活では個人的な思いやりや援助する気持ちや共振が生まれる。

認知的共感

情動的共感とは違い、四季をあらわす四つの食材を使ったピザ・クアトロ・スタジオーニのようなものだ。感情世界と思考世界をかならずしも他者と分かちあわない。感情移入はせず、的確に距離を置いて状況を鳥瞰する。言語的シグナルと非言語的シグナルに基づいて、相手がなにをしていて、どんな感情を抱いているか、そしてどんな反応をして、どういう対応をするか読み解く。認知的共感にすぐれている人は言葉や身振りを選び、相手を同調させる能力に長《た》けている。

社会的共感

プロジェクトチームや数百万の顧客や有権者といった集団のムードと行動を理解し、影響を与える力だ。社会的共感にすぐれた人は個人的体験や自分の環境のはるか彼方まで見る目をもっている。トレンドを把握するのが得意で、政治や社会の連関を把握して、未知の文化や異なる生活形態を自分のもののように考えることができる。実際には生産的な企業文化を創ったり、ムードを変えたり、自分の関心事に人を動員したり、ある集団からおおぜいの人を連れ出したりする。

事業の成功、政治的リーダーシップ、突出したキャリアにとって一番重要なのは社会的共感で、次が認知的共感だ。およそ一万七千人を対象にしてマネジメント・イノベーション研究所が行った調査で、職業的な成功度上位十パーセントに入る者の共感値と下位十パーセントに入る者の共感値がほぼ同じであることがわかっている。(1) だからこういえるだろう。

共感は多くの人が思っているような善良な人間の特質というわけではなく、他人の長所だけを見るものでもない。

たとえば共感に富む管理職はかならずしも部下のいいなりにはならない。むしろその逆だ。共感力で部下のうちのだれにプロジェクトの進展を促すのが得策かを、他のだれよりもうまく把握する。フィードバックするときの言葉も共感に富んでいる。明晰だが、相手を傷つけない。

共感するということは、自分や会社の目標を見失うということを意味しない。情動的共感はたしかに同情やマインドフルネスのイメージにつながるが、認知的共感と社会的共感は逆に冷静に考えることと相性がいい。すぐれた共感が他者の感情や思考や動機を読み解き、関係性をいい方向に導く。その点ではどんなマネジメント能力も太刀打ちできない。だからといって、甘い敵ではない。

ビル・クリントン元大統領は、共感という概念が政界や経済界でまだ知られていなかった時代の共感の達人だった。初対面の人とも簡単に心をつなぐことができた。人の話をよく聞き、関心を示し、だれかに不幸があったら、いの一番に電話をかける。しかし他者の関心事に共感するとしても、その人と考えを共有し、目的を支持するとは限らない。クリントン政権下で財務長官だったロバート・ルービンが回想している。

「クリントン大統領は親身になって話を聞く。大統領をよく知らない人は話が通じたと思い込む。だがそのじつ、大統領は逆の立場をとる[2]」

なぜいま共感がなくなっているかというと……

顧客やユーザーを理解する。就職希望者や従業員に感情移入する。視点を変える。共感は顧客体験、プロダクトデザイン、時宜に合った運営、技術革新を促進する環境などにとって恰好のインスピレーションの源泉だと思われている。それはわかっている。よく耳にするし、そういう文言も読む。だが、共感を疎かにしていることに気づいている人は思ったより少ない。原因はモニターを見る時間ばかりが増えていることにある。コンピュータを介してコミュニケーションをとったり、画面をワイプしたりするとき、わたしたちは自分の行動がリアルな人間に影響を与えていることを忘れがちになる。インターネットで抑制が利かない状態になるのは人間にとって見えない危険だとして、アメリカの心理学者ジョン・シュラーはそれを「サイバー脱抑制」と名付けた。

サイバー脱抑制は、対面よりもオンラインのほうが考えなしに感情をむき出しにすることを意味する。それによって人を傷つけることもあれば、自分が傷つくこともある。言い換えると、ある人は礼儀を忘れ、またある人は必要な注意を怠る。だがサイバー脱抑制にはもっと大きな危険がある。わたしたちの脳は経験をすぐフィードバックするようにできている。だがモニターを介してはそれができない。テクスト作成でも、グーグル検索でも、ゲームでも、デートアプリを使うときでも、わたしたちは基本的にひとりだ。ズーム（Zoom）やチームズ（Teams）でいっしょにいながらひとりぼっちという状況では浅い付き合いになり、ワッツアップ（WhatsApp）のチャットでは参加者が全員揃うことなどなかなかない。日常的なことをデジタルで処理する度合いが増えるにつれ、相手の表情を読んだり、声の調子で不快に思っていることを聞き取ったり、絵文字ではあらわせない感情を見せる機会が減っていく。

結果は見えている。トレーニングが足りなければ、人間関係が雑になる。共感に使われるニューロンが徐々に弱体化する。ウィーンの経済心理学者エリーザベト・ペヒマンによると、「すべてがヴァーチャルになると、状況に応じた判断を行い、行動を調整するためにミリ秒単位で自動的に処理されるほとんどの指示が脳の感覚野から失われる」(3)という。たとえばピクセルで構成されたモニター上の顔からは、相手が賛成しているのか、異論があるのか、怒っているのか見分けがつかなくなる。

同時にまた感染の恐れがある世界からデジタル世界に逃避しなくてはならなくなった現在ほど、あらゆる職業、階層の人が感情移入の能力に頼っている時代はない。つまり人工知能が存在感を増す近い将来でもまだわたしたちになにか特権があるとしたら、それは共感力だ。わたしたちは人間関係にもすでにカスタマー・リレーションシップ・マネジメント（ITを駆使して顧客との関係強化を図り、収益拡大をめざす手法）、チャットボット（人工知能を活用した自動会話プログラム）、採用ツールといったテクニカルツールを利用している。こうしたツールは顧客体験や就職活動体験を支援する補助道具になるが、その名称がすでにその実態をよくあらわしている。

本物、個人的なものはテクニカルツールではない。関係性は、仕事上でも、つねにひとりひとりの人間によって生き生きと体現されているものだ。

従業員の社会的感受性は、その企業がどう認知されるかに決定的に関わっている。その点ではコールセンターのスタッフの役割はＣＥＯ（最高経営責任者）と変わらない。製品開発担当はジャーナリストと同じように、人間や社会のムードを感じとらなければならない。消費者が目をとめ、才能ある人間が魅力を感じ、製品が重要視され、供給者が仕事の段取りをポジティブに評価するようになるには、会社の全員が貢献する必要がある。従業員ひとりひとりの共感が企業全体を輝かせ、ささいな失敗が貴重なイメージ作業を台無しにする。

うちの新居で蛇口のひとつが水漏れを起こした。よくあることだ。ただしホームセンターがロックダウン中では直しようがない。わたしはメーカーに電話をかけた。連絡がついた担当者はホームワーク中で、電話の向こうで子どもがはしゃいでいるのが聞こえた。わたしが事情を説明すると、泡沫ユニットと六角レンチを送るといった。翌日、小包が届いた。納品書には「無料」と書かれていた。

前例がない状況で、専門職はなぜ直感的に正しいことができるのだろう。その一方で、前述の書店の従業員は、なぜ前例のない危機に瀕して、いつもより心の通ったコミュニケーションが必要だと思いつかないのだろう。アプリケーションデザイナーはアプリのお試しでユーザーが気に入るかどうか、どうやって知るのだろう。賃上げ交渉のタイミングをうまく図れる人と図れない人がいるのはなぜだろう。多額の寄付を受けた市長が、たとえ合法でも、有権者から利益収受と見られると思うとしたら、それはどうしてだろう。さらにいえば、見ず知らずの顧客や外部のサービスプロバイダーやチームの新入りや、気心の知れないプロジェクトマネジャーの考えや感情が憶測できるのはどうしてだろう。

疑問はたくさんあっても、答えはひとつ。共感のなせる業だ。人を直感的に理解し、注意深く見る人は、すべての希望に応えられるわけではないが、相手の痛いところを踏みつけるようなことはしない。感情移入の能力の約十パーセントは遺伝子で決まるらしい。だが残りは親の愛情によって育まれる。自分の人格が尊重され、抑圧されないという経験が共感力を強くする。また共感を二次方程式の因数分解と同じように教育目標に入れている学校も貢献するだろう。

しかしたいていの性格特性と同じように、共感も遺伝や教育で固定化されるものではない。毎日、そして出会いがあるたび、洗練させることが可能だ。相手を直感的に理解できなくても、また相手の本音がわからなくても、相手の状況に意識的に感情移入すれば、なんとかなるものだ。ハーパー・リーの小説『アラバマ物語』の中でアティカス・フィンチが子どもたちにいっている。「一マイルも歩けば、人間が理解できる。はいているのがスニーカーだろうと、ハイヒールだろうと、裸足だろうと、高級靴だろうとな……」

共感するために、相手をただやみくもに理解する必要はない。相手の感情や思考や動機を共有し尊重すれば、手始めとして上出来だ。自分ならこの状況でどう感じるだろう。自分だったらどうする。相手はどう感じるだろう。なにが望みで、なにが動機だろう。自分と同じだろうか。それともまったく違うだろうか。相手はどんな基準で動いているのだろう。相手の行動の背景には、なんらかの欲求不満があるのだろうか。ただそう意識するだけでも感度が上がる。そういうふうに考えれば、次にはどういう措置が必要か、おのずとわかる。

共感と空想は密接な関係にある

そもそも感情と付き合うのは簡単なことだ。自分のパーソナリティを自覚し、自信をもち、人や世界が善なるものだと思う気持ちを抱く。ネガティブな感情の重圧をうまく処理する。エクセレントたらんとするなら、有頂天になっていたライバルの転落をほくそ笑んだり、逡巡《しゅんじゅん》する顧客にいらついているところを気づかれないようにする。そういうところを見せるなどもってのほかだ。他者の感情に対してはまったく違う態度をとる。感情移入して、その人の気分や期待がなにか探るのは、専門的な行動特性《コンピテンシー》、効果的なプロセス、製品の品質と同じようにエクセレントであるための秘訣だ。

eバイクであれ、ビジネスソフトウェアであれ、ブライダルプランニングであれ、製品とサービスは消費者が感激したときはじめて真価を発揮する。

同じことは就職希望者と従業員にもいえる。彼らもなにかを得たいと思っている。一般社員や専門職は自分の願望や人生観が認められたと感じないかぎり、完全には能力を発揮しないものだ。これはプラベートでも同じだ。だから外での成功も内での成功も、対象となる個人や集団の思いを読み解くことが鍵となる。つまり相手の希望、夢、あこがれ、不安、問題をつかむことだ。これを共感力で感じとれる者は、人を感動させたり、驚かせたり、つなぎとめるための鍵を得たことになる。いったんそうなれば、ちょっとしたひと工夫でも大きな違いとなる可能性がある。

ザ・ホワイト・カンパニーは寝具や衣料品、ホームアクセサリーを販売しているイギリスの企業だ。だが本来は巣ごもりやリラクゼーションや幸福感を売りにしている。注文した商品が薄紙に包まれ、小箱に入って届くのはそのことと合致している。そこにはまた梱包したスタッフの手書きのサインが入った「〇〇があなたのために梱包しました」というカードも入っている。あるコンサルタント会社は有能な就職希望者を募集し、労働契約するとき、シャンパンを振る舞うという。これも同じ原理だ。

ちょっとしたひと工夫はカスタマーないしはタレント・リレーションシップ・マネジメントに必要なことだ。一度思いつけば、従業員ひとりひとりの感性とイニシアチブに頼らなくてもすむ。すべてマニュアルどおりにすればいい。それでもそのひと工夫は成果をあげるだろう。相手の脳に驚きと期待感が芽生えるからだ。とはいえ、ザ・ホワイト・カンパニーの顧客がこのひと工夫を環境破壊だと思う可能性や新入社員がドン・ペリニヨンよりもクラフトビールが好きだという可能性もなきにしもあらずだが。

共感を標準化することは手始めとしてはいい。もちろん予測がつき、反復される状況下に限られる。

対象を絞る場合も絞らない場合も同じ対応をすることになる。従って適用範囲は狭くなる。たいていの人は今日、個人志向が強いので対応も個別にされることを好む。自分の価値観や気分、欲求や好みを認識されていると感じると、心を惹かれる。たとえばヘアサロンなら、共感力のある研修者は待合席に適当に雑誌を置くのではなく、なにが好まれるか気にするだろう。有能な専門職を臨時にリクルートする場合、就職希望者がどんな追加条件を望んでいるか確かめることはだいじだ。自宅で二日間働くのがせいいっぱいな人もいれば、給料次第で常勤になる可能性のある人もいるだろう。インテリジェントなアバターを受容する際でさえ、共感が一役買うだろう。アバターが使用者の言葉づかいや身振りを活用し、それに合わせて動けば、人はアバターの協力を歓迎するだろう。

そこからわかると思うが、相手が人間であれ、機械であれ、人は自分が中心にいると感じるとき一番打ち解ける。人間と共にあるいは人間のために働くものはすべからく、すぐれた共感力を介してこの過程をたどる。企業理念、トレーニングあるいはトップマネジメントの模範が、そのために必要な感性の枠組みとなる。ただしこうした基準や提起は、インタラクションの前提でしかなく、望んだ方向を伝えるにすぎない。プライベートであれ、職場であれ、複雑な環境は演出家主体で作られ、なんど上演されてもほとんど変わることがない演劇とは違う。実際には、それぞれ独自の話題やイメージや考え方をもつ個人や集団が関わることになる。

だから個々の事例で従業員ひとりひとりのセンスと想像力が求められる。すぐれた共感の持ち主は他の人の思惑を洞察する役目を担う。少なくとも、それを読み取る。そのためには即興と精神的な努力が必要となる。

「分別のある行動は、他の人の思考や動機や恐れを理解し、その人の置かれた状況に身を置いてはじめて可能になるものだ」

相対性理論だけでなくさまざまなテーマの名言を残したアルベルト・アインシュタインがそういっている。上意下達の行動規範（だけ）ではなにも達成できない。

フォーシーズンズ・ホテルズ・アンド・リゾーツの特徴のひとつに、ゲストの思いがけない要望にもできるかぎり応えるということがある。ワールドワイドホテルオペレーション担当プレジデントのクリスチャン・クラークはこのサービスを「台本のないケア」と呼んでいる。スタッフは客の要望を感性的にも状況的にも受けとめる努力をするということだ(4)。

「台本のないケア」というコンセプトは、人は台本どおりに行動できないという事実に基づいている。人の好みや思考構造や気分はこの世界と同様に多様だ。要求は高かったり、とらえどころがなかったり、神経質だったり、なにがしたいのか当人もわかっていなかったりするケースがある。フォーシーズンズ・ホテルグループのスタッフは客の恋人が食べものにうるさかったり、ゲストの祖父がすこし時代遅れの考え方だったりしても、温かく広い心で対応する。そうすることで、フォーシーズンズ・ホテルグループはパーソナリティ、能力開発、もてなしという三つの柱の上に立つことができる。

パーソナリティ

スタッフを競争の激しいポジションにつけるとき、フォーシーズンズは専門の行動特性《コンピテンシー》よりもパーソナリティを評価する。これは社会的感性よりも専門知識のほうがあとから獲得しやすいという経験からきている。大学入学資格試験《アビトゥーア》を受ける直前、わたしはロンドンを訪ね、あまりお金の持ち合わせがないのにフォーシーズンズ・ホテルでアフタヌーンティをしようとしたことがある。応対した女性スタッフは手を差し出してきた。わたしは困惑した。その女性スタッフは当たり前のようにわたしと握手をし、当然のことのようにこういった。「コートをお預かりしましょうか？」これぞ共感だ。エチケットに反しても、ゲストに恥をかかせないことが肝要なのだ。

権限付与

フロントスタッフは「自分自身である」自由を得ている。通常の規範やルーチンワークでは応えられないサービスをするかどうかは、スタッフの裁量に任されている。望ましいのは臨機応変で自然な対応だ。プログラムに沿ったぎこちない対応ではいけない。クリスチャン・クラークはこういっている。「ホテルに入ったとき、目にするのは総支配人でも、マネジメントチームでもない。応対するのはフロントスタッフだ。だから、あうんの呼吸でゲストに対応する権限を付与している(5)」

「おもてなし」プログラム

フォーシーズンズ・ホテルは、スタッフに七十ある系列の高級ホテルでゲストになる機会を与えている。自己共感という心的原理を計算に入れているのだ。ゲストになることで、スタッフはみずからフォーシーズンズ・ホテルが進めるサービスの黄金律を味わう。相手の身になって応対するには、自分がそういう応対を受けることが一番だからだ。

このアイデアは簡単そうに聞こえるが、そうではない。共感力のある建築家は、あなたやわたしのために家を設計するのではなく、自分のために実現するかのように設計する。共感力のあるスクラムマスターはズームのミーティングでいきなり本題に入らず、四方山話をして場をなごませる。ウェディングプランナーも共感力がなによりだいじだ。たとえば新郎新婦とゲストが潜在的にインスタグラム（Instagram）に写真をアップしたがっていることを察して結婚式の進行を考えるとか。すぐれた共感力をもつ者は顧客やターゲットグループに注目する。よく見聞きして可能性を探し、反応を解釈し、全体をまとめ、言葉にならならない期待に応え、さらに期待以上のことをする。個人的には別の解決策のほうがいいと思っていてもだ。

…………

ウェディングオーガナイザーのメラニー・ゴルトベルクはいっている。

「新郎新婦はみな、すてきにしたいという。しかしなにをもってすてきというかは、人によって違う。新郎新婦がすてきと感じるものを形にするのがわたしの仕事だ[6]」

…………

同じ立場に置かれたら自分が味わいたいような最高の気分を満喫してもらう。そのための方法はさまざまだ。だからすぐれた共感は、その場限りのお愛想とか思いやりとは次元が違う。創意工夫と自分の水準を超える視線が求められる。雑誌「クオーツ」のオンラインポータル編集長を務めるキャサリン・ベルが共感を「想像の力」と呼んでいるのは的確だ。共感は「過去とものの見方が自分と同じくらい複雑な人」(7)の目線で世界を観察することで完結するといっている。

どうして共感が革新と成長を促すものになるのか？

共感というコンセプトが急成長をもたらした。それはマイクロソフト社の株価を見ればわかる。株価はこの五年で三倍以上になった。(8)これはCEOであるサティア・ナデラの功績だ。デジタルビジネス雑誌「t3n」によれば、ハイデラバード生まれのインド人で情報科学畑の人間が世界最大のソフトウェア企業を「多くの点で的確」に率いている。(9)ナデラが文化革命の引き金となったのは自分の会社にとどまらない。その革新的なアプローチの仕方ゆえに、ビジネスマネジメントのリーダーとなった。成功の秘訣はなにかとたずねられたナデラは「共感」と答えている。なぜなら他人の靴をはくことほど効果的で生産的なことはないからだという。(10)彼はだれよりも先にこう気づいたのだ。

まだ実現していない、口にも出さず、眠ったままの顧客の欲求を嗅ぎとれれば、それがイノベーションの芽となる。

なぜなら顧客は人生をよりシンプルかつ面白く、意義深く、安全にしてくれるソリューションを絶えず求めつづけているからだ。すべてをもっているように見える人でも、新たな刺激と快適さを求めているものだ。たしかにフェラーリ812スーパーファストに飽きた人にとって、億単位の買値がついたジェームズ・ボンドカー、アストンマーティンDB5のオークションが無意味なように、カスタマーの共感を得るのは、それもおおぜいの消費者の願望に応えるのは、過ぎた望みだと思えるかもしれない。だが、サティア・ナデラはその意見に与しない。なぜなら彼は感情移入をソフトスキルコースで学んだわけではないからだ。

ナデラがはじめて技術革新とマネジメントのツールとしての共感の重要性に気づいたのは若いソフト開発者としてマイクロソフトに応募したときのことだ。オペレーティング・システムに関する専門的な話をタフにこなしたあと、採用担当者からいきなり「十字路で子どもが倒れて泣いていたらどうするか?」と質問された。ナデラはこの質問がひっかけであることに気づいて、警察を呼びますと答えた。この体験がナデラにとってヒントとなった。

「採用担当者はわたしを外に伴っていったのです。『いいですか。あなたはもっと共感力を育てなければいけません。子どもが倒れていたら、まず立たせてあげて、やさしく声をかけるんです。電話で助けを呼ぶのはそのあとです』」

数年後に生まれたナデラの息子は脳性麻痺だった。その子との生活がナデラに「共感と思いやりの意味の深さ」を教えた[11]。

バリアフリーというテーマはナデラにとって、個人的にも心にかかるものだ。ナデラのイニシアチブでマイクロソフトは、障害者がもっと自立し、生産的になれるようにする人工知能プロジェクトを支援している。そこから生まれたツールやアプリは決してニッチな製品ではない。思いがけないことにそれが技術革新力を高め、企業に成功をもたらしている。たとえばマイクロソフトは生まれながらに聴覚障害者だったエンジニアの働きかけで、ビデオ会議の背景画面がかすむ機能を開発した。聴覚障害者はこれによって、話者の唇をよりよく読み取れるようになった。こうしてマイクロソフトのチームズとスカイプ（Skype）は似た特徴をもつことになった。オンラインミーティングで私生活を覗かれないですむので、この機能は理想的だ。こうした技術革新がナデラの考えを証明している。共感は人間と結びつくだけでなく、経済的要因になりうるということだ。

顧客の要望を元に発想する人は、技術的に革新的であると同時に人間にとって重要な製品とビジネスモデルを開発する。

その代表例がiPhoneだろう。大成功にテクノロジーが寄与したのはごく一部にすぎない。生活とコミュニケーションに可能性をもたらしたことが大きい。世界は知らず知らずのうちに、そういう可能性が生まれるのを待っていたのだ。ビヨンドミートの製品もいま世界中で共感を呼んでいる。ヴィーガンバーガーはほぼ完璧に肉を再現し、二〇二〇年初頭、ビヨンドミートの株価は株式市場で高騰した。消費者の気持ちを注意深く観察すれば、共感を呼んでいるのが製品開発だけでなく、マーケティングにあることもわかるだろう。


生理用品の市場は成功疑いない。ベルリンのスタートアップ企業アインホルンが最近その業界に参入した。製品に技術革新はない。メッセージも古くさい。

「わたしたちは生理に革命を起こしたい。少なくとも生理を気にせず口にし、生理でも平気でいられる感覚を作りたい。月に一度おなかが痛くなるのに耐え、生理用品に高いお金を払うのはもうごめんだ。それにタンポンにホルムアルデヒドをはじめとしてなにが含まれ、それが体にどんな影響を与えるか気にするのもごめんだ[12]」

ポテトチップの袋に似たパッケージ、タンポン・ピッコロといった製品名、オーガニックコットン百パーセント使用によって、アインホルンは生理のタブーをなくした。その背後には、ミレニアル世代が世界をよくしようとするブランドを好み、古くさいメッセージに惹かれるという認識がある。

人間はひらかれた本ではない

「技術革新は共感と共にはじまる」

モバイルアプリケーション「スナップチャット（Snapchat）」の創業者エヴァン・シュピーゲルの

言葉だ。同じことは共同作業にも当てはまる。チームのメンバーが自分の殻を破り、互いにアイデアを出しあって切磋琢磨するなら、多士多彩のチームはイノベーションのポテンシャルを開花させる可能性がある。もちろん共感を通して理解するという社会的接着剤が必要とされるのはいうまでもない。ベテランのソフトウェア開発者が、博士号をとったばかりの女性マーケティング担当者や一時的にチームに加わったインド人デザイナーと共に異なる知の領域とアプローチを組み合わせていけば、共感は二重の役割を演じることになるだろう。ユーザーの世界に深く入り込み、共感力でユーザーのニーズを探る一方で、プロジェクトチームのメンバーは異なる個性や知的水準に橋を架け、多彩な実りをもたらすことが求められる。リーダーとチームのメンバーが共感しあうとき、全員が積極的に参加して、熱い気持ちになれる。そのために必要なものの多くを、わたしたちははじめからもっている。あとは努力するだけだ。ここで違いがわかりやすい架空の話をしよう。

アナは海岸の道を歩いていて、急な斜面を三メートルほどすべり落ちてしまう。ベンはそれを見て、すかさずアナのところへ下りていく。その結果、ふたりとも斜面の途中で立ち往生し、登ることも、下りることもできなくなる。クララは助けを呼ぶアナとベンの声を耳にする。状況を見て、なにが一番いいか考え、応援を呼び、ロープとクライミングハーネスを持ってくる。ベンはアナに同情した。助けようとしたことは立派だが、逆に状況を悪化させてしまった。クララは認知的共感を働かせた。比較的冷静で、よく練られた対応がふたりを危難から救うことになる。

他の人の感情に染まるのは、社会的で思いやりのある人の基本的な情動のあり方といえる。二〇二〇年春に世界中に出回ったベルガモの棺《ひつぎ》の写真（イタリアのベルガモでコロナウイルスの犠牲者が大量に出た際、発表された写真）を思い出してほしい。その光景は文字どおり共感を呼んだ。あれを見たほとんどの人が愕然《がくぜん》としただろう。こういう同情心を持ち合わせない人には人間として本質的なものが欠けている。この本質的なものこそ、再選されなかったトランプ大統領について、ミシェル・オバマがいわんとしたことだ。

「彼はわたしたちにとって必要な人になることができないのです[13]」

共感は多くのことを成し遂げる。しかしすぐれた共感の持ち主は、もっと多くのことを成し遂げる。直感で他の人と同じ気持ちになれるだけではない。一歩さがってその人のことや状況を意識的に、かつ認知的に推し測ることができる。そういうことに注意を払うからこそ、なにが人を突き動かし、なにがストレスになり、その人がなにをしようとしているかが見え、その人の言葉や行動に合わせて、こういうことができるのだ。

幸せな個人的関係、インスピレーションがひらめいた従業員、義理堅い顧客、すばらしい技術革新。こうしたものは、人の感情を評価しつつ、敬意も忘れない卓越した理解力に支えられている。

「みなさんの共感力が、みなさんのキャリアと無関係だと思い込ませようとする人がいますが、そのような間違った前提条件を受け入れてはいけません」

これはアップル社のＣＥＯティム・クックが二〇一七年、マサチューセッツ工科大学の卒業式でスピーチしたときの言葉だ[14]。他の人に共感することは人生を豊かにし、キャリアアップにもつながる。だからエクセレントたらんとする者はこう問うべきだ。どうやったら共感できるだろう。もって生まれた共感力を高め、成功に結びつけるにはどうすればいいのだろう。相手が顧客であれ、隣人であれ、従業員であれ、同僚であれ、ビジネスパートナーであれ、パートナーの親兄弟であれ、あるいは世論であれ、もっとも親しい仲間を超えたところで、ひらいた本のように振る舞えるのはごく少数の人だけだ。

もちろんコンセプトやモデルはある。年齢、国籍、教育、職業、収入、生活環境など、人口統計の項目がそれだ。イノベーティブ&サステナブル成長対話（ＤＩＳＧ）モデル、マイヤーズ・ブリッグスタイプ指標、職業関連の性格説明のためのボーフムインベントリ（ＢＩＰ）によるタイプ化も行動の傾向を示唆する。ＳＩＮＵＳ《サイネス》環境モデルはさまざまな社会環境のライフスタイル、価値観、イメージを記述している。どういう生き方、関心、出身といったものに関心を寄せているのかということから、人々がどういう思考や行動を期待しているかを推理できる。

人口統計、パーソナリティ、ライフスタイル、文化的嗜好に関心を向ければ、確実に認知的共感と社会的共感が研ぎ澄まされる。事前に意識していなかった違いを理解し、複雑な生活世界をきめ細かく把握することが可能になるだろう。といっても人間を分類するのはまずい。わたしたちが生きているところはあまりにＶＵＣＡ的だからだ。わたしたちの気分は頻繁に変動（Volatility）し、不確実性（Uncertainty）が増し、先読みをするには複雑（Complexity）すぎ、わたしたちの価値観や目標や願望は、いやになるほど曖昧（Ambiguity）になってしまった。だからたとえば、緑の党を選ぶ人は鉄道を使って、SUVに乗らないと考えるのは間違っている。ポルシェ・カイエンでディスカウントショップへ行き、アボカドを買うのは一貫性がないと思われるかもしれないが、それが人間なのだ。たとえだれかの核心を見極めたと思っても、絶えず変化する環境や新しい状況に置かれたり、胸躍る挑戦をしたり、寝不足だったりするだけで、人はいつもとは違う面を見せる。機械的な分類はあくまでも補助的なものでしかない。

ではどうしたらいいだろう。まずは自分の先入観を抑えて人と付き合おう。先入観というのは自分の考えや過去の経験で色づけがされているので、検証が必要なのだ。

話し相手や利害関係者を観察するにあたって、先入観をなくし、彼らの態度を値踏みするのをやめよう。

すぐれた共感の持ち主は、こうした観察眼を当たり前のようにもっている。これからそうなりたいという人は、再三そのことを思い出す必要がある。瞑想するときに、雑念を振り払うのに似ている。そうすれば共感力が鍛えられ、その道のプロになれるだろう。

わが事のように感じる

ストレスは人を利己的にし、堪《こら》え性をなくさせてしまう。だから時間の制約や地位を失う不安、ライバル意識や自分の目標が無視されるかもしれないという心配は、共感するためには最悪の状態だ。気分を高め、安心感を抱き、他の人をもっと理解しよう。心身共に最高のコンディションであれば、共感が必要な出会いは一番いい形で行われるだろう。そうすれば自分の評価を加えずに他の人の欲求や精神状態を自分に引きつけて感じられる可能性がきわめて高まる。

知覚に集中する

胸襟をひらいて相手を受け入れ、分けへだてなく相手に接しよう。どういう態度をとっているだろう。なんといっているだろう。声の響きはどうだろう。相手は落ち着いているだろうか。どんな感情と欲求を表に出しているだろうか。相手の気分はどうだろう。もし自分の考えが評価や判断に傾いていると気づいたら（えてしてそうなるものだ！）、話し相手に焦点を戻そう。話をよく聞き、いっしょに感じ、いっしょに考える。多くの人にとって、相手のいうことに神経を集中させるのは非常にむずかしい。まったく違う感覚の人の場合はとくにむずかしい。自分のものの見方や矛盾や先走った結論を口に出してはならない。そんなことをしていてはすぐれた共感力の持ち主にはなれない。だからといって、自分を曲げる必要はない。相手を安心させられれば充分だ。根本的に意見が異なっていたとしてもだ。とにかく自分の解釈を金科玉条《きんかぎょくじょう》のごとく振りまわしてはいけない。

……「認めよう。わたしは核エネルギーに賛成だ。だが国によって見解が異なることはわかっている」……

六年間スウェーデンのエネルギー会社ヴァッテンファルを率いてきたマグヌス・ハルは自分の考えを公言してはばからない。しかしこの考えが絶対だとはいわず、他者の懸念にも共感し、理解を示している。[15]

別の目で世界を見る。他者の生の現実を自分の生の現実から遠ざけると、それだけ共感はむずかしくなる。だがそうならないために、わたしたちが成長する必要はない。自分の内面を注意深く見つめるだけで充分だ。哲学者のアラン・ド・ボトンはこのことを認知的共感の訓練と呼んでいる。わたしも当を得ていると思う。美術館でも、グーグルアーツアンドカルチャー（Google Arts & Culture）でもいいから、既存の肖像画を見てほしい。金の額縁、贅沢に使った布、頭の位置、自信たっぷりのまなざし。なにひとつ自分の世界とは異なるように見える。とくにホームオフィスの環境とは大きくかけ離れているようだ……はたしてそうだろうか？　もっとじっくり見てほしい。上品なレースは卒業パーティで着た衣装を思い出せないだろうか。肖像画の人物はすこし左を向いているかもしれない。ちょうどあなたが自撮りをするときのように。あるいは肖像画の人物にも、だれかに近寄られたときに、あなたが見せる不快な表情がかすかに認められるかもしれない……共感の持ち主の秘密がわかっただろうか。どんな人間にも、自分と共通のなにかを見出すことが可能なのだ。この状態は意識的になんどでも新しく作り出すことができる。それは子ども時代の体験やちょっとした習癖といったささいなことかもしれない。だがどうでもいいようなことでも共通点があると、知らない人を近しく感じるものだ。[16]

共感は仕事に役立つ

共感は簡単にできる。よく聞き、よく見て、同じ状況だったら自分はどう考え、感じ、判断するだろうと自問すればいい。では、成功した起業家や高給取りのマネジャーがまるで遠い銀河系の住人であるかのように遠く感じられ、共感を覚えられないのはどうしてだろう。実際かすかなムードや隠れたトレンドには気づけても、他者への共感となると、身近な反応すら事前に察知できなければ、感じとることすらできないことがある。

二〇二〇年四月。コロナによるロックダウンが頂点に達した。テレビニュースマガジン「ターゲステーメン」でインタビューを受けたとき、フォルクスワーゲングループのCEOヘルベルト・ディースは景気刺激策が必要だと訴えた。自動車産業はうってつけだという。だがわたしは偶然知っていた。フォルクスワーゲンは前年、史上最高の二百億ユーロの収益を上げていたことを。

「景気刺激策が必要なのはわかるが、自社に準備金があるのにそれをいうかな」と思った。中小企業や自営業ならまだしも。司会者のインゴ・ザンペローニも同じ切り口で質問した。

「フォルクスワーゲンの配当は数十億ユーロあるのですから、引き下げたらいかがですか」

ディースCEOはまったく動じずに答えた。

……「いよいよとなったら考えます[17]」……

いよいよとなったら？ ディースCEOのような経営者は、バランスシートやベンチマークが仕事の目安で、顧客との関係や従業員の欲求など眼中になかった時代に経営学や工学を学んだ世代だ。いまではどんな業界でも、広く世論に届くかどうか嗅ぎわける能力が仕事に役立つ。企業の中でCEOはだれよりも先に模範を示すべき存在だ。CEOと渉外担当者は現在のムードと潜在的な潮流とこれから来そうなトレンドを、それが主流になるはるか前に理解しておく必要がある。とにかく人はどうやって動員され、健康を維持し、旅をするかなどを知っていることはもとより、トレンドと価値観がどうなっているか感じとれなければならない。それは製品の効用、サービスの質、ハイテクソリューションにとどまらない。

そのすべてがスーパーヒーローレベルの社会的共感を要求する。そして社会的共感なくしてはにも進まない。

なぜなら顧客、利害関係者、専門職は自分たちの価値観を傷つけられるとすぐに気分を害するからだ。「デロイト・ミレニアル年次調査二〇一八」によれば、二十代から四十代の人たちは勤務先や雇用主の営業方法や政治傾向に納得がいかないとそっぽを向く傾向が強いという。そして多文化的でオープンで、社会活動に積極的な、金儲けがすべてではないブランドやパーソナリティの肩をもつ[18]。V

UCA的世界では、消費者と利害関係者はますます複雑な存在になっている。消費者と利害関係者に火がつくとき（もちろんいつも変化するとは限らない）、企業も態度をあきらかにするほかない。

調査会社ユーガヴ（YouGov）がこれに関する調査をしている。

「消費者は総じて環境、人権、動物虐待、教育というテーマを重要視する。それに対して政党支援、宗教問題、LGBT、地方分権、ジェンダー問題（ミートゥー、フェミニズム）、ブレグジットといった領域で態度表明することは徹底的に嫌われる」[19]

たしかにこうした流れはある。これならいま主流となっている価値観を使って営業的に有利に立ちまわるために、共感のスペシャリストは必要ないことになる。だがITコンサルタント企業キャップジェミニ社の世界規模の調査では、別の結果が出ている。

役員の八十パーセントが顧客の価値観と願望を知っているると思っているが、それに同意する消費者は全体のわずか十五パーセントだ。

「ほとんどの組織は内向きで、資産を気にし、効率性重視だ」

マネジメントコンサルタント、アンネ・M・シュラーが二〇二〇年春にそう分析している。[20]だとすれば、フォルクスワーゲングループCEOの発言はイメージどおりだ。発言のタイミングは悪いが。フォルクスワーゲン社もそのことに気づいたのかもしれない。インタビューから二ヶ月もしないで、デイースはフォルクスワーゲンの経営権を手放した。ちょうど同じころ、はるかに若い企業が社会的共感を発揮させた。

二〇二〇年三月、定額制動画配信サービスの「フールー」(Hulu)でテレビドラマシリーズ『リトル・ファイアー~彼女たちの秘密』がオリジナル作品として配信された。セレステ・イングの家族ミステリを女優リース・ウィザースプーン(一九七六年生まれ)のプロデュースで映像化したものだ。母親であることを巡って格闘するふたりの女性を描いたものだが、原作とは違って、ドラマではひとりは白人で、もうひとりは黒人という設定に変わった。これによってリベラルな白人女性には人種的な先入観がないというのは幻想だという視点が加味された。そしてシリーズがはじまって二ヶ月後、アフリカ系アメリカ人ジョージ・フロイドの死が世界を震撼させた。そのせいで『リトル・ファイアー~彼女たちの秘密』は突然、時代のコメンテーターのような存在になった。偶然だろうか、それとも共感のなせる業だろうか。デジタルメディア「ザ・アトランティック」が掲載した記事にこんなコメントがあった。

「台本作家はアクチュアルな社会的事情にあえて集中的に取り組んでいる」

その記事の中にはお勧め図書リストがあり、ベストセラーになった『白い脆弱性——白人にとって人種差別について話すのはなぜむずかしいのか(White Fragility:Why It's So Hard for White People to Talk About Racism)』が取りあげられている。(21)

社会文化的潮流のウォッチャーで共感をもってそれを受け入れる人は商業的に大きな成功を収める

可能性がある。起業マネジメントが専門のオルデンブルク大学教授アレクサンダー・ニコライの研究チームは、世界的に成功した創業者がどうやって型破りなアイデアを見出したか調べた。その結果、配達サービスのウーバー・テクノロジーズ、オンライン金融サービスのクラーナ、ビジネスチャットツール「スラック」を運営するスラック・テクノロジーズをはじめとするユニコーン企業の半数が、需要に気づいてそれに対応したことがわかった。うまくいかなかったスタートアップ企業はあまり需要に基づいていなかった[22]。

これから話題になりそうなことや憤りや願望や未解決の問題への共感ならだれでも、またどんな企業でももつことができる。じっくり見て、社会の声に耳をすまし、勝手な思い込みを控えればいい。フィルターバブル機能を止めれば、どんなテーマが視界に入り、どんな考えに未来がないか認識できる。モラルに潔癖な人はこうしたアプローチの仕方を計算ずくで、もしかしたら打算的だと思うかもしれない。それは間違いではない。

共感の影の部分

共感には影の部分や不明確な部分もある。最悪の場合、鼻が利くのをいいことに、他人をごまかし、言論を操り、自分の関心を押し通す道具として利用することもある。ビッグデータ分析はユーザーと顧客の動向を解明する。感情認識テクノロジーはわたしたちの気分を分析する。大企業はそうやってわたしたちの私的領域に深く入り込み、宣伝広告を雨あられと降らし、わたしたちの潜在意識に訴える。ナルシストな同僚やマキャベリストのボスはわたしたちの感情を弄び、食い物にする。従って他者の視点に共感すれば、世界が自動的に道徳的に申し分ない完全無欠な場所になると信じるのは軽率だ。

共感と人間性は同義ではない。

共感をもって人と会い、話に耳を傾けることはだいじだ。突出した製品を作り出し、すぐれた顧客体験をし、社会的責任意識にめざめ、創造的な共同作業や多士多彩のチームを作り出す可能性がある。だが消費者を誘導したり、従業員を会社の目的に順応させたり、同僚の足をすくったり、慈善活動を自分に役立てたりというように共感が悪用される恐れもある。

社会学者でデザインシンキングのトレーナーでもあるエーファ・ケッペンは、組織というコンテクストの中での共感とその影の部分を研究している。共感が悪用されるのは確かだが、それでもこれまで以上に知らない生活世界に関心を向けるよう勧めている。

「他者の生活形式に対する想像力を養い、人間のあらゆる生き方に対してより多くの語彙を習得することになる。だがそれは他者を操作するためではなく、リベラルな基本的価値を生き、さらに学ぶためだ[23]」

いまは共感をポジティブで倫理的にもすぐれた形で導入するのにいい時期だろう。消費者と利害関係者の意識がいままでになく高いので、誤った共感や悪用された共感を修正する機会がある。自分の利益のために共感を乱用したり、共感が働かないようにしたりする者は化けの皮をはがされ、罰せられ、選ばれなくなるはずだ。もちろんつねにそうなるわけではない。だがあきらかにそういう機会が増えるだろう。これまで絶大な力を誇っていた自動車業界もそれに直面させられている。ハンブルクの弁護士アンドレーア・ブラウンがツイッターで自動車業界とその顧問弁護士の要求に対して反対の要求を出している。

「わたしは無条件の最低限所得保障と演劇などへの文化奨励金を要求する。そしてかわいらしいアルパカをすべての人に！」[24]

ここにもVUCA的世界の複雑さと曖昧さが出ている。単純明快な真実などもはや存在しない。

まとめ　共感をもって行動するための七つの示唆

研究によって役員の八十パーセントが共感を「やさしくソフトであること」あるいは「他者が欲するようにすること」と勘違いしていることがわかっている。[25] 共感を感情を弄んでいるだけだと思っている人は本質を見誤っている。「共感を正しく働かせれば、意識的に選んだ他者へのアプローチ、それも合理的に制御されたアプローチとなる」と共感の研究者エーファ・ケッペンはいっている。[26] そのためにマインドフルネスを展開するなら、共感は個人や社会集団をより良く理解するためのデータを提供するだろう。そして影響を及ぼしたり、協調したり、憤慨の嵐を緩和させたり、従業員のポテンシャルを開花させたり、消費者と専門職を引きつけたりすることを可能にする。共感はさらに相手がお世辞をいいながらひそかに抱いている悪意を見抜く一助にもなる。うれしいのは、共感が身体的なフィットネスと同じで、鍛える者は力をつけ、鍛えない者は力を失う点だ。

1 自分自身に共感する

共感力を高めるには自己共感力を高めるべきだ。わたしたちが与えられるのは、自分の中にあるものだけだからだ。自分の感情や動機や目標を理解できない者は、なかなか他者の内面に入れないということだ。だから自分の感情を注視しよう。自分の生の喜び、怒り、気持ちの揺れ動き、意味への欲求、不快感を無視してはいけない。自分にやさしくしよう。公園のベンチにすわったときは五分長くとどまり、娘がサッカーの試合に出るときは時間をあけ、ストレスや疲労や怒りを感じたときは無理をせず、ふたたびいい気持ちになるにはどうしたらいいか自問するといい。

2 共感の罠から抜け出す

感情移入、いっしょに考え、感じ、悩むこと。認知的社会的共感と情動的共感の違いは、その特徴から神経生理学的に認識できる。共感力が強い人は両方を統合する。他者の気持ちになりつつ、自分の目標を見失わない。それに対し共感が思いやりや同情の影響を受けると、弱みにつけ込まれたり、相手のキャリアアップを手助けする結果になる恐れがある。そうなると、冷ややかに笑われながら置き去りにされるのがおちだ。共感しようとするがあまり、他人といっしょに熱くなったり、苦しんだりするのも、ほどほどにしなければならない。とくに仕事では、視点を変えるのはあくまで頭の中だけにしたほうがいい。あなたにはできるだろうか。共感に異なるタイプがあることを知るだけでも違う。あとは内省することだ。共感することで自分自身の関心事を忘れていると気づいたら、すこし後退したほうがいい。「ツァイト・オンライン（Der Ze. tt）」のライター、ティル・エッカーがじつに印象的なことを書いている。

「他者の思考世界のゲストになるのはいいが、その世界に参加しないことが肝要だ[27]」

3　バランスはマキャベリとマザー・テレサのあいだにある

他者の気持ちに左右されない人がいる。冷静でありつづける。認知的共感、あるいは社会的共感の感度は高いが、情動的共感に乏しい場合だ。その結果である無関心で「クール」な態度は、交渉や顧客への対応や権力闘争や従業員の指導などの場面では長所となる。しかし認知的共感だけつづけると、他の人からはマキャベリストだと受けとめられ、不快に思われる。無理もない。だれも自分の魂の深部を覗かれたくはないだろう。顕微鏡で覗かれる種になって喜ぶ人はいないだろう。だからだれかを観察するときは、助言もするように心掛けたほうがいい。他人のために時間を取り、忍耐強く付き合い、その人のほうを向いて健康を気にかけ、その人の考えや動機をあとづけて、その人の目で人生を見るのだ。

4　共感を習う

共感はとりあえず教科書から学ぶことができる。他人の感情や行動計画は、ときにまったく未知のものかもしれないが、それをいっしょに考えることを練習し、自分のものにし、第二の自然としなければならない。それはどんなところでもできる。家族、友人関係、仕事、社会参加、あるいは小説に没頭したり、音楽を聞いたり、ネットフリックスを観たりしているときもだ。会話と文化は、わたしたちを別の生活実感や感情世界と結びつける。そうすれば、わたしたちの人生と世界観が、無数に存在する可能性のひとつにすぎないことがわかるだろう。

5　共感の天敵を知る

疲れていたり、極度に緊張していたり、病気だったりしたとき、共感する対象は自分自身だ。創造的な作業をしていたり、プレッシャーをかけられたりしているとき、他人の感情や欲求に注意を向ける必要が生じると、わたしたちは混乱を来す。だからたいていの人は精神的に負荷がかかり、ストレスや刺激（ポジティブな刺激の場合も！）を感じるとき、自己中心的に考え行動しがちだということを知っておくべきだろう。そういうケースで口にする言葉や決断には注意したほうがいい。

6　無意識の先入観に抗う

プロサッカーチームならバイエルン・ミュンヘンかシャルケ（共にドイツのプロサッカーチーム）か？　家族を作るかシングルを貫くか？　生粋のミュンヘン人か新参者か？　わたしたちが一番共感するのは考えが近い人だ。人間らしいことだが、そこにも難点はある。考えが違う人や生き方が違う人と交わることが少なくなると、その人たちがだいじにしていることへの理解が疎かになる。ポーランドの社会心理学者アンリ・タージフェルが、ある有名な実験でこのことを証明した。タージフェルは画家のクレーかカンディンスキーが好きだといったように、趣味にあまり差がない知らない人たちでグループを作った(28)。ものの数分でそのグループには仲間意識が生まれた。たいていの人はそういう先入観を意識していない。仮に意識していたとしても、新しい問題が生じる。異なる背景をもつ人には過剰な理解をもって対処することになるからだ。これも一種の差別だ。そうならないようにするのはむずかしい。先入観を自覚し、取り去るにはマインドフルネス、内省が必要だ。また異なる人や影響や思考パターンに意識的に関わる努力もいる。

7　手を休める

だれかが問題を投げかけ、漠然としたアイデアを披露し、別のだれかが答えを出す。「わたしだったら……」「ボスに相談したらどうだ」「きっとなにもかもうまくいくさ」よくあることだ。多くの人は慰められたり、アドバイスを受けたり、教え諭されたりすると、ほっとするものだ。たいていの場合、よかれと思ってなされるし、反論も事実に即して行われる。しかしながら他人の感情に反応することで分析や解決への提案や批評をするのは相手がどんな気持ちかを感じとったときだけだ。だから相手と同じ見方をする必要はない。それができるのは相手のアイデアをすごいと思う必要も、無観客試合を悲劇だと思う必要もない。しかしあなた自身が比較的冷静でいられることに他の人が反応したとき、その理由を理解しようと心掛けることはできる。それをうまくやるには、自分の規準をいったん忘れて、まっさらな気持ちで相手の視点に立ってみるといい。これはむずかしいことだ。相応の努力が必要になる。「他の価値観と同様に共感もそれに基づいて行動する必要がある」とバラク・オバマはいっている。高度なレベルの共感はわたしたちの基本装備にはめったに含まれていない。共感をエクセレントなものにするには、共感を生かさなければならないのだ。

まとめ
「共感をもって行動するための７つの示唆」

1. 自分自身に共感する
2. 共感の罠から抜け出す
3. バランスはマキャベリとマザー・テレサのあいだにある
4. 共感を習う
5. 共感の天敵を知る
6. 無意識の先入観に抗う
7. 手を休める

第7章
アジャイル マネジメント

大きな計画を立てるよりも
頭を柔軟に働かせるほうが効果がある

二〇一九年八月。夏期休暇の数日前、引っ越しの最中にゴーストライターとして本を書かないかという誘いを受けた。テーマは面白かったが、締め切りがハードだった。わずか十二週間で分厚いビジネス本のコンセプトをまとめるところから二百五十ページの完成原稿までそっくりやってくれというのだ。希望の内容が十枚ほどでまとめてあるだけで、テーマを深めるためのインタビューに割く時間はなかった。

こんなことが可能だろうか。やるには、わたしが普段調査や執筆にかける時間を短縮する必要がある。それも十から二十パーセントではない、大幅に短縮しなければ無理だ。わたしはためしにコンセプトを発展させてみた。依頼主は気に入ってくれた。わたしは覚悟をして、予定していた夏休みをやめることにした。第一章を書いていたとき、依頼主からボイスメールや参考文献やリンクが次々と送られてきた。それをダウンロードして目を通し、評価する時間はさすがになかった。どうしたらいいだろう。わたしは通常、決してしないことをする決心をした。あまり間をあけずに中間報告、つまり内容と思考の流れがわかる最初の草稿を依頼主に見せることにしたのだ。もちろんその草稿は印刷に耐えるほどの視点や深みには欠けていた。わたしたちは、ほぼ毎日フィードバックする約束をして、もうひとりのゴーストライターとも意見交換した。

おかげで信頼が築かれ、わたしはなにがうまく行き、なにがあまりうまく行かないか、気づいて、手探りしながら調整し合った。依頼人は一定の間隔で草稿を受け取り、そこにインサイダーしか知らない知識やケーススタディや独自の用語を組み込んだ。メールとワッツアップ（WhatsApp）での空爆のようなやりとりは減った。それでもストレスはあったし、方向性がよくない段落や内容が重複する箇所を整理し、修正する必要があった。十二週間後、ひとまず人に見せられる原稿が完成した。はっきりいって、目的を果たすのにもっといいやり方を知っている。たとえば何十回となく成果を上げた実証済みの方法がある。だが不案内な道も、しなやか《アジャイル》に実験を楽しむ気持ちで探るなら、一見不可能なことも実現できるのだ。もちろんつまずいたり転んだりするかもしれないが。

アジャイルマインドセットがどんなアジャイル開発手法をも凌駕するのはなぜか？

ポジティブとはいえない言葉がある。アジャイルという言葉も、長い間そういう言葉のひとつだった。ドイツ語辞典『ドゥーデン（Duden）』のウェブサイトを見ると、あまり魅力的ではない説明がなされている。類義語は「活発な」「御しやすい」「せかせかした」といった単語で、自分の意見をすぐに変え、風になびく旗のような人間が脳裏をよぎるだろう。だが意味合いは変わった。アジャイルマネジメントという概念がこの言葉の評価を上げた。大都会のあやしげな地区がいつのまにか人気スポットに変わるのに似ている。

ドイツ語のウィキペディアではすでに意味が変わっている。アジャイルマネジメントの項を見ると、「必要な変化に対応するためにフレキシブルに、先回りして、予想と直感で行動する」技量だとされている。[1] 経済界ではアジャイルメソッドはプロジェクトの進行速度が速くなっていることへの回答とみなされている。とくにそのプロジェクトが複雑で、これまで試みられたことがなかったり、依頼人の要望や市場の要求が曖昧だったりして最後まで厳密な計画を立てられないときに活用される。そういう状況では、古典的なプロジェクトマネジメントはすぐに限界に達する。計画立案が可能で、効率性が高いことが最優先で、失敗が許されない環境では、依頼人の要望があとになって寄せられると混乱を招き、進行に支障を来し、依頼人がプロジェクトを視察にこようものなら、スタッフは冷や汗をかくことになる。それに対してアジャイルプロジェクト・マネジメントは、見込み違いや挫折や変更の希望をはじめから織り込んでおく。

難問は作業工程や製品を絶えずよくするための知識を獲得し、それを使うことにつながる。

こうしたアプローチの仕方は、小規模で自立型のチームが、内部や顧客と絶えず意見交換を行うからこそ可能なのだ。進行中でも検証を行い、視覚化とフィードバックのおかげで、さまざまな考えを即座に認識し、緊張をほぐし、共通理解につなげることができる。

二〇一七年、ウェブデザインエージェントのインマーヴィーダー・デザインはバイオリニストのアンネ＝ゾフィー・ムターからウェブサイト作成の依頼を受けた。チームは完成した案を複数作成してプレゼンテーションをするという旧来の方法をとらなかった。この会社は以前から「予算超過保証」をしていることで知られていた。その代わり、ボタンや見出しの形状は四種類に絞り、項目ごとに見本帳を作って依頼人がコラボレーションソフトウェアを介してアクセスできる

ように設定した。すぐに「一番オーソドックスな案には望ましいモダンなルックスが欠けている」というフィードバックがあった。チームもそういう回答があることを予想していた。それでもイエスという返事を期待するのではなく、はっきりとしたノーという意思表示によって方向性が特定されるのはだいじなことだ。わが社のモットーは「キル・ユア・ダーリン、そして殺すなら早く！」(2)

ウェブサイトのデザインであれ、家の設計であれ、個人的なソフトウェアソリューションの開発であれ、顧客の要望の多くはプロジェクトが進行するにつれてようやく明確になるものだ。従ってプロジェクトのはじめに顧客の希望を聞き取って、最後に顧客の希望に沿う結果が出ることを期待するだけではもはや充分とはいえない。依頼人がプロジェクトのステージごとに参加し、理解し、学びたがるケースが増えている。できあがったものに金を払い、それを使い、その価値を保証し、ヴィジョンを実現するのは依頼を受けた側ではなく、依頼を出す側だからだ。

顧客の期待が大きくなるにつれ、依頼を受ける側がそれを実現するのは難しくなる。創造プロセスと開発プロセスではなにが起きるかわからないことは、わたしもよく知っている。だから顧客にバックヤードを見せるのは覚悟がいる。ベストの選択だとわかっている案が早期にボツになるくらいなら、まだいい。すでに検証段階にまで来ている作業が、顧客の気まぐれでご破算になったら途方に暮れるだろう。わたしだったら、落下傘で降下する気分になるだろう。もちろん企画はなんとかなるものだ。綿密な準備がされているからだ。それでも足をすくわれるのはきつい。

だが見返りはある。顧客との集中的な共同作業はやるべきことを明解にし、焦点を絞るのに役立つ。こうしてアンネ＝ゾフィー・ムターのウェブサイト開発では、残る三つの案で進めることになった。ひとつはタイムレスなもの。もうひとつはカラフルな世界、三つ目は見通しが利いているもの。開発チームには、なにがだいじで、どういう点がまだ期待にそぐわないのかがわかった。

「完成した案をプレンゼンテーションするよりも、迅速な素案作りのほうが利点がある。参加してもらうのは歓迎すべきことだ。それで最終案ができあがる」[3]

おわかりと思うが、アジャイルマネジメントをただのテクニックとツールの集合体だと思ったら大間違いだ。なによりもまずそれは思考方法だ。アジャイルマインドセットは、多かれ少なかれスクラムやデザイン思考やユーザー中心設計と関係する。手触りのいいアディダスの練習用サッカーボールみたいなものだ。ただしカラフルな付箋を使ったからといって、経済や技術に新しい考えを持ち込んだことにはならない。いずれにせよ、その保証はない。新しいメソッドのせいで古いメソッドのニーズがなくなったように見えたら、人はアプローチの仕方を変えるだろう。ＳＵＶのディーゼル車から電気自動車への移行のような変化を見れば、そういうプロセスにどれだけ時間がかかるかわかるだろう。アジャイル開発手法とツールに幻想をいだくのは禁物だ。しなやかな《アジャイル》思考を支持するのはいいが、独創的な秘薬ではない。アジャイルマネジメントは組織したり、トレーニングしたり、買ったりできるものではない。スクラムなどがなくても実行できる。だが賢く大胆な頭脳がなければ無理だ。

こうした大胆な発想をする十七人の賢い人たちが、二〇〇一年ユタ州のスキー場でアジャイル宣言を作成した。いまなおその宣伝がアジャイルな活動の里程標《りていひょう》となっている。宣言にはこうある。「プロセスやツールよりも個人とインタラクションを」「プロセスよりも人を」だからこういえるだろう。

しなやか《アジャイル》さのポテンシャルはわたしたち人間の中にある。

しなやかなスクラムマスターは、ブーマー世代の中間管理職である父親から無鉄砲だと評されるような遊びをチームに認める。ソプラノのスター歌手が病気になったため代役を務めることになり、ものの数時間でまったく知らない演出にうまく合わせられる歌手はしなやかだといえる。またコロナ禍の最中にホームオフィス、自宅学習、ホームクッキングという新しい習慣をためす家族はみな、しなやかだ。

おわかりだろうか。アジャイルマネジメントはＩＴ専門家やプロジェクトマネジャーだけのものではない。どんな領域でも、どんな役割を担っている人にとっても、ＶＵＣＡ化が進むこの世界への答えになりうるのだ。コロナパンデミックがはじまってから、いままでなかった複雑な状況や、素性も経歴も多様な人間に対応する力があれば、だれでもエクセレントな存在になれることをわたしたちは身をもって知った。それはなにもスムージーメーカーとテーブルサッカーゲームを備えたオープンスペースオフィスにいるデジタルの専門職に限ったことではないのだ。

まだ一度もそうしたことがない？　まさか！

写真家ピーター・リンドバーグがいいことをいっている。「昔はずっと簡単だったと思う人がいるかもしれない、だが簡単だったことなど一度もなかった。また今になってむずかしくなったわけでもない。昔から変わっていない」

アジャイル開発手法を巡る高揚感は逆の印象を与えはするが、アジャイルマネジメントがすぐれているというのはなにもシリコンバレーに限ったことではない。完全にデジタルな環境で育ったジェネレーションZの特権でもない。精神活動は昔から思いがけない出来事に対処し、使えなくなったプランを卒業する一助となってきた。

ケルン大聖堂の地下を見ると、中世の人々が状況の変化に応じてしなやか《アジャイル》に行動していたことがわかる。大聖堂の支柱の基礎は地中十六メートルの深さにまで達する。だがすべてが丁寧に作られているわけではない。一三三〇年の支柱は一四四九年のものと比べてはるかに堅牢で正確に作られていた。理由は十四世紀にヨーロッパを襲ったペストの流行にある。そのせいで労働賃金が高騰した。大聖堂建設責任者はこの新しい状況を考慮して、より簡素な建築方法に切り替えたのだ。(4)

大聖堂建設責任者は無意識のうちにアジャイル宣言の第四条「計画に従うよりも変化に反応する」を実行していたのだ。この第四条を是とするなら完璧主義を捨てねばならない。視野が狭く、愚痴をもらすようであってもいけない。別のやり方でうまくやる解決策を探すことが大切だ。ケルン大聖堂においては六百年後でも強度が保てる建築方法がそれに当たる。しかし経費を削減しすぎて収拾がつかなくなっては困る。まずは実情に即する。売り上げが落ちこんだら経費を削減する。冷蔵庫にある残りものでおいしい料理を作る。あるもので最善を尽くすのがしなやかな人だ。といっても、愛情のない苦肉の策でいいわけはない。シンプルかつ革新的で知性を感じる、あっと驚く解決策が必要だ。

コロナ禍の煽りを受けて、クラシック音楽のコンサートやフェスティバルの運営は目も当てられない状況になった。ヴュルツブルクのモーツァルト祭はそれでも強行された。先行きの見通しがつかない中でパンデミックに対応してコンサートを開催するべく光の輪という発想が生まれた。成果はすばらしかった。

「光の輪ごとに音楽家をひとり、聴衆をひとり、ないし一家族入れ、輪の中で保護し、同時にまわりとの距離が保てるようにした(5)」

ひとりひとりを囲んでいた光の輪は最後に広がり、聴衆と音楽家をひとつに包んだ。

アジャイルマネジメントという思考法は新しいものではないが、大多数の人はまだその有効性を信じていなかった。たいていの管理職と一般社員がそう認識している。「未来機構リポート二〇一九」

でもそのことがあきらかになっている。リポートではしなやか《アジャイル》な企業で働く五百十七人の役員と一般社員にアンケートをとった(6)。回答した人は全員しなやかな開発手法を知っていたが、自分をそれほどしなやかではないと評価している。

アジャイルマインドセットがあると答えたのは管理職の半数と一般社員の四分の一だけだった。

慣れた思考パターンに固執するのは人間らしいことだ。わたしたちの大半は、予測がつき、計画どおりに進むことを好む。新しい顧客の要求や販売市場があるという理由だけでは、しなやか《アジャイル》な基本的価値観は生まれない。それを生み出すには、わたしたちは安全と安定と快適さを求めすぎている。いくつか成果を上げたことを続行するほうがいい。だがものがわかっている人は、そういうことは口に出していわないほうがいいとわかっている。

むしろわたしたちの精神活動を活発化させたのは世紀の出来事といえるコロナ禍だ。まわりの状況が変わったから、やるほかないというわけだ。すべてが変わり、それがいつまでつづくのかだれにもわからない中で、あらゆることをうまく処理しなければならなかった。わたしたちは日々を生きながら、「現状ではどうすればもっとも多くの付加価値を生み出せるか」を、直感的かつ個人的に決断した。これこそがしなやか《アジャイル》な心のあり方《マインドセット》の本質だ、と「未来機構リポート二〇一九」の共同発起人ルネ・クレーリングはいっている(7)。

それは結果だ。アウトプットではない

スマートフォンを家に忘れてきたら、あなたは不安になるだろうか。日課の歩数が下回ったら、あなたは神経質になるだろうか。誕生日のケーキが出来損ないだったら、あなたはホストの質を疑うだろうか。依頼人があなたの案に百パーセント納得しなかったら、あなたは焦るだろうか。あなたは子どもが生まれる前から、一番いい幼稚園や学校、大学を調べただろうか。あなたはパンデミックがつづくことを見越して、トイレットペーパー、小麦粉、液体石けん、酵母のストックを普段の二倍にしているだろうか。イエスと答えた数が多ければ多いほど、あなたがオーソドックスなプランナーの集団の一員である確率が高くなる。あなたは目標に向けて構成主義的かつ組織的に作業するタイプだ。整然とした準備作業があなたの強みだ。思いがけない変化や食い違いや失態は計画に含まれていない。そうなった場合（よくあることだ）、あなたは立ち往生しやすい。

アジャイルマインドセットを実践する人には、オーソドックスな計画ツールとは別の奥の手がある。ゲストに料理が出せなかったり、依頼の仕事がうまくいかなかったり、コロナ禍で手洗いが励行されているのに液体石けんが切れてしまったりしても、動じないということだろうか。もちろんそうではない。アジャイルマインドセットを実践する人も、計画はする。ただし分刻みで計画を立てて行動するわけではない。大まかなヴィジョンをもつのだ。だからいざというとき、そう簡単には我を忘れない。

だれかをコーヒーに招待する場合を考えてみよう。ずっと会っていなかった学友が近くに来たからといって訪ねてくる場合、ボスが家族連れでやってくる場合、あなたは普通のケーキとヴィーガン用ケーキを焼き、テーブルセッティングをして、プロセッコも冷やしておき、子ども用にはチョコレートコーティングしたイチゴを準備する。コーヒー豆をひくのは鮮度を落とさないようにゲストが来てからにする。そのとき停電になる。いつ復旧するかわからない。そこへゲストが十分早く着いてしまう。あたふたしていたら、生クリームケーキをネコが踏んづけてしまう。あなたは気が動転するが、だれにも気づかれていないことを祈る。

しなやか《アジャイル》に考える人間でも、こういう状況は願い下げだろう。だがなにもかも台無しだとは思わない。なぜならアウトプット、つまり事前に作ったＴｏＤｏリスト（インスタグラム映えするテーブルセッティング、さまざまな好みに合わせた料理、バリスタがいれたような特別なコーヒーとそのあとつまめるちょっとしたスイーツ）どおりにやれるかどうかで成功のいかんを測らないからだ。成功したかどうかを測るときにもっとも重要なのは結果だ。コーヒータイムの場合、午後のひとときをのんびり過ごせたかどうかだ。ゲストの微笑み、気の利いた会話、ゲストもホストもあとで思い出したくなるようなすてきな時間。そういうものは、お金をかけなくても、そして停電していたとしても、実現可能だ。事情を説明し、プロセッコの栓を開け、だれかにアイスクリーム屋でアイスを買ってきてもらい、会話をはずませる。子どもがすこし退屈しているのがわかったとする。そうしたらこの際、子どもたちにシャベルを渡して、芝生の一角を掘らせたらどうだろう。

　違いがわかるだろうか。オーソドックスなプランナーは救えるものを救おうとあたふたするだろう。しなやか《アジャイル》なプランナーは機転を利かす。予定のプランを捨てて、結果を出すことだけ考え、いまここに集中する。不案内でも手探りで進め、方向はこれでいいか、走りながら確かめる。別のソリューションにトライする場合、あと戻りできない時点がある。アジャイルプロジェクト・マネジメントでは、それを最終責任時点と呼ぶ。その時点で解決しておかないと、あとで多大な代償を支払わされる。不満を抱えた子どもなどがそれだ。

　そういうことは簡単そうに見えて、注意深さを必要とする。オーソドックスな先読みをする人は、いつかほっとして椅子の背にもたれかかれるかもしれない。運がよければ慎重に練り上げた計画をたぐりよせることができるかもしれない。しかしその保証はない。一方しなやか《アジャイル》に考える人は計画自体を放棄しない。プロジェクトをスタートすると、大まかな流れに沿って進める。正確に計画を立てるのは、次に実行することや影響を与えたいことだけだ。数ヶ月、いや何時間か先のことを決めず、「いま」目の前で起きていることを詳細に把握する。コーヒータイムの例に戻ろう。参加者はみな、楽しんでいるだろうか。飲みものは充分にあるだろうか。会話はどこかで途切れていないだろうか。熱すぎたり、寒すぎたり、すきま風が吹いたりしていないだろうか。子どもたちはなにかに夢中だろうか。状況は込み入っているが、個別に見れば解決は可能だ。リアルタイムで対応するからだ。


計画は夢だ。本当にそうなるには、すばらしすぎることが多い。

だからこそ、計画は簡単には放棄できない。一度めざしたことは、なんとしても達成しようとする。そこからは、ひとつのパラドクスが生まれる。アメリカの組織理論家ラッセル・アッコフがうまいことをいっている。

「誤ったことの効率を上げれば上げるほど、さらに誤った行動をとることになる。だから誤ったことを正しく行うよりも、正しいことを誤って行うほうがましだ。正しいことを誤って行った場合は修正ができる。善処できるのだ」

先読みをする人の場合、完璧主義と名誉欲は道を誤らせる恐れがある。最高にすばらしい計画でもそれが誤っているとわかれば、使い物にならない。それは仕事上のプロジェクトもプライベートな招待も同じだ。見渡しが利かなくなって先の展開がわからなくなり、相反する期待が錯綜すればするほど、わたしたちは計画どおりにことを進められなくなる。変化の速度が上がっているVUCA的世界とアフターコロナ世界では、一年先どころか、数週間先、ときには一日先も読めない。しかし心のあり方《マインドセット》を拡張することは可能だ。

計画に従って進行しながら、その進行を俯瞰する。

両者が組み合わさることで、障害が起きてもとっさに反応し、しなやかにチャンスをつかむことができるだろう。

新型コロナウイルス感染症によって多くの計画が頓挫した。だがファッション雑誌は長い時間をかけて作られる。だから大半の雑誌はコロナ禍の春に、すでにできあがっていた内容で出版された。新しく作り直したのは、イタリア語版ヴォーグ誌だけだった。「ヴォーグ・イタリア」(二〇二〇年)四月号はカバーがまっ白なまま発売された。誌面にも前もって用意した写真は使わず、ロックダウン中のスナップショットで埋め尽くした。「わたしたちイタリア人は、どのみち腰が重いことで知られている。だがいつもと違って、今回は即座に対応した」(8)とエマヌエレ・ファルネティ編集長はコメントしている。

わたしにはわからないといってしまおう!

環境が不安定なこと、影響が見通せないこと、変化が速いこと、展開が不明瞭なことは不安を呼ぶ。不確実性が新しい常態になったという指摘は正しい(9)。VUCA的世界では、感情の海を泳ぐのは生活の一部といえる。それは仕事においてもだ。なにも知らないことを恥じる必要はない。不確実性を隠す必要はなく、むしろその逆で、

知っていることと知らないことをはっきりさせたほうが、信頼と敬意が得られる。

この認識はコミュニケーションにおいても新時代を告げるものだ。最近まで意思決定者は全知全能の存在として人々に方向を指し示すことに長《た》けていた。そうでないと、そもそも従業員や有権者に言葉が届かないといわれてきた。たとえばロックダウンを頑なにつづける理由として、当面緩和することはできない、いったん緩和してからそれを撤回するわけにはいかないからだといわれた。だが危機は偉大な教師でもある。わたしたちはパンデミックの中で新しい不慣れなコミュニケーションの形を習い覚えた。するとどうだろう。それは承認され、参加意欲を促すことになった。

二〇二〇年三月、それまでまったく知られていなかったウイルス学者クリスチャン・ドロステンが政治トークショー「マイブリット・イルナー」に登場したときのことを、わたしはいまでもよく覚えている。彼の説明の仕方がなかなかよかった。あれほど慎重に言葉を選ぶトークショーのゲストは見たことがなかった。当たり前のように言い直し、わかっていないことはわからないとはっきりいい、それでいて品位を損なわない。おどおどしてはいけない、仮定の話はしない、どんな状況でもクールに振る舞うという、これまで通用してきたコミュニケーションの基本ルールがいきなり過去のものになるなどということがありうるだろうか。ところがドロステンはすべてよくわかっていないと自分から表明し、いったんはマスクをつけても無駄だと発言し、そのあと逆に「多少は有効でしょう」といってマスクを勧めた。(10) これこそいまどきのコミュニケーションといえるだろう。

いまになってみれば、ドロステンの対話スタイルは、わたしたち全員が学ぶことになるものの先駆けだったのだと思う。新しい常態は辻褄が合わないことが多い。知見は絶えず塗り替えられる。今日正しいとされたことが、明日には間違いだといわれる。最終的な答えはないと思ったほうがいい。連邦議員のクリスティーネ・アッシェンベルク＝ドゥグヌスがいみじくもこういっている。「意思決定者は子どもじゃないんだから、わからないことはわからないといいましょう[11]」わたしたちはとっくの昔にこの境地に達しているべきだった。世界がここまでわけがわからなくなれば、たとえ知識のベースが不完全でも、根拠をあきらかにして決断するリーダーにわたしたちは従うだろう。

　ニューヨーク州選出の上院議員カーステン・ギリブランドも、断定をしないコミュニケーションスタイルをとった。

「わたしの経験では、ドアを開放し、透明性を担保すれば、多くの人があとについて、そこを通る」

　透明性のある情報ポリシーを貫けば、変化に対する恐怖は取り除かれる。しっかりコミュニケーションがとれさえすれば、新しい認識および増大する一方の知見に対する必要かつ期待される反応として、調整と修正が行われるだろう。同時に絶対的でないがゆえに行動にあそびが生まれる。あいかわらず有言実行は誠実さの証とみなされている。逆に言動が一致しないのは決断力がないとみなされることのほうが多い。そうなると、成長し、自分を超えることはむずかしくなる。

　二〇二〇年夏、ドイツではバイエルン州首相のマルクス・ゼーダーが連邦首相になるかどうかが話題になった。そもそも本人にその気があるのか。多くの点で、あるように見えた。連邦首相候補者のアンケートでは、ゼーダーは他の候補をリードしていた。だが問題もある。ゼーダーはこれまで自分の将来をバイエルン州の中でしか考えてこなかったし、事実そう見られている。「ゼーダーがバイエルン州にとどまるというなら、とどまればいい」ニュルンベルク市議会のキリスト教社会同盟（CSU）会派副代表キリアン・ゼントナーがいった。「ゼーダーはその点、まっすぐな性格だ[12]」

これはよくある考え方だ。わたしたちの多くが、そういう考え方を植えつけられている。しかしこの考え方は老朽化している。やると表明した計画を一度取りやめただけで信頼性を損なうのなら、変化に合わせてすぐれた、あるいは適切な反応など、どうしてできるだろう。課題を解決する力があり、目標をより高く設定しておき、その上で突然視野に入った可能性に手を出すとする。それは日和見主義だろうか。もちろんそんなことはない。最高の意味でしなやかに行動していることになるだろう。何度も意識を覚醒させ、走りながら改善する。自分の可能性やすぐれた長所、そしていざとなれば自分の立ち位置をも変える。時代が変わり、それに伴って自分も変わったことを隠そうとしない者なら、そういうことができる。

結果がだいじ

製品やサービスの提供がすばらしい水準にあるかどうかは、どうやれば確かめられるのだろう。開発者や責任者なら、市場での成功は明確な方針や高い実行力ややる気や高い注目度に起因すると思うだろう。だが世論や顧客やターゲットグループや一般大衆の基準は別のところにある。成功の目安は結果と体験であって、プロセスの効率性でも、可能なものや期待されているものを細部まで実行することでもない。

エルプフィルハーモニー・ハンブルク（二〇一七年に開業したコンサートホール）、iPhone、オースチン・ミニといった新旧の伝説的プロダクトがその証拠だ。エルプフィルハーモニーは予算の十倍の費用がかかった。iPhoneには初代からすべて揃っていたが、まだ製品として成熟していなかった。一九五九年に開発されたオースチン・ミニは当時の技術的スタンダードとなったが、売れ行きはよくなかった。質実剛健な外見が顧客の趣味に合わなかったのだ。元祖ミニがやがてカルト的な自動車になったのは、レーシングカーの設計者ジョン・クーパーが小型スポーツカーとしてのポテンシャルに気づいたことが大きい(13)。ミニにせよ、iPhoneにせよ、エルプフィルハーモニーにせよ、プロジェクトは順風満帆ではなかったが、最終製品は顧客のヴィジョンを実現していることが証明された。

一九六四年、ジョン・レノンは免許証を取得していなかったのにミニ・クーパーSを注文した。iPhoneの最新世代が売りだされるとき、だれよりも先に手に入れようとアップルストアの前で徹夜する人が、いまでも世界中にいる。エルプフィルハーモニーはどうだろう。すごい人気だ。ウルリケ・クネーフェルが「シュピーゲル」誌で書いている。

「ゲオルクスマリーエンヒュッテ村の名も知らないブブゼラ・アンサンブルの公演でも、ホール

……は超満員になるだろう」(14)……

これが人間志向のソリューションの秘密だ。心の琴線に触れるのだ。まるで全人類が待っていたかのようにみんなが興奮し、電気に打たれたようになる。それと比べたら、製品の成熟度や納品の日どりや予算など、どれほどのものだろう。だがそう簡単なものではない。プロジェクトの流れが滞ったとき、そこから独創的なプロダクトが生みだされると思える人はなかなかいない。管理職も、チームのスタッフも、依頼主も、そうは思えないだろう。プライベートでも「予算とそれに要する時間」で物事が決まる。たとえば自宅を建てるとき、エルプフィルハーモニーの場合のように予算が十倍に膨れあがったら、破綻するだろう。実際一・五倍でもきびしい。

それでも顧客の視点に立って考えてみよう。よく組織されたドイツ語圏の国々では、車の安全性や確実なインプラント治療、すぐれた音響を誇るコンサートホールは当然のことと受け止められている。わたし自身は、望みどおりの製品とサービスをいつのまにか享受していることに魅了されている。南ドイツのアルゴイ地方にあるお気に入りのホテルにあるハンモックがいい例だ。iPad Proとマジックキーボードの組み合わせでもいいだろう。あるいはユーザー中心主義で開発されたとしか思えない「びっくり卵」(ドイツ版ガチャのこと)。ドイツで発売されたときには、まだその名称は定着していなかったが、かれこれ五十年が経って、いまでは普通に使われている。体験という付加価値、びっくりするもの、わたしたちの趣味にあうもの、それもなんとなくではなく、まるでわたしたちのために作られたような商品。

ユーザー志向のデザインが成功するためには、顧客との集中的かつ直接のやりとりが必要だ。あるいはアジャイル宣言でいうところの「契約交渉よりも顧客との協調を」だ。

まさにそこがアジャイルプロジェクトの強みだ。もちろんアジャイルプロジェクトも万全の契約の上で行われる。だが契約内容や最初の仕様書よりもだいじなのは、ユーザーをプロジェクトに巻き込むことだ。

従来の手法でマネジメントされたプロジェクトではそういうことはまれだ。依頼主は契約の際やブリーフィングのときに、もちろん呼ばれるが、リレーションシップは休眠状態になることが多い。ふたたび復活するのは、製品がプレゼンテーションされるときだ。それまでチームの思考プロセスや開発に依頼主が参画することはほとんどない。むしろその逆で、依頼主が口をはさむと、煙たがられる。情報を追加したり、変更を望んだりする依頼主は、プロジェクトの効率を落とす存在となる。

従来の働き方は有効だが、悪夢を見る場合もある。

アジャイルな、あるいは部分的にアジャイルなプロジェクトでは、ユーザーははじめから終わりまでキーパーソンとなる。ユーザーは自分の欲求と問題をつねにチームに伝える。プロジェクトの最終段階でまるで機械仕掛けの神《デウス・エクス・マキナ》のように振る舞い、プロジェクトを思いがけない方向に展開させる代わりに、定期的に自分の希望をフィードバックする。不充分な点は早期に見つかり、やる気を損なうことも経費がかさむこともなく、追加のアイデアに対応できる。それよりなにより、依頼主の要望はアジャイルプロジェクトに道をひらく。もちろん多少の回り道をする可能性はある。なぜなら依頼主もはじめは曖昧なイメージしかなく、プロジェクトの進行と共に学ぶからだ。

時間的にタイトだったゴーストライト・プロジェクトだが、依頼主と意見交換をして、当初聞いていたように、綿密な調査が必要なノンフィクションを望んでいるわけではないことがわかった。依頼人がエージェントとして日常的に経験していることを書くほうがいいということになり、作業は簡略化され、はじめは正気と思えなかったスケジュールにも余裕ができた。

アジャイルプロジェクトには大きな長所がある。オーソドックスな手法のプロジェクトでは、大胆な案、多様な特徴、最新技術、完璧さといった高望みに応えようとするあまり、逆に質を落としてしまうことがある。アジャイルプロジェクトが成功と呼ぶのは、顧客の要望を正確に反映できた場合だ。「仕事を成し遂げるのに充分なだけ開発する」アジャイル宣言にはそうある。開発は顧客が望んでいるものが得られれば充分なのだ。

　このしなやか《アジャイル》な思考の基本ルールを自分のものにした者は、公私共にリラックスすることができる。完璧でなくてもよく、面倒も少ない。ときには要求されることも少なくてすむ。従ってはじめは実際的だが、常識を壊す。夢に見た結婚式であれ、プロジェクトの成果であれ、子どものお弁当であれ、わたしたちの視点から考えられるベストは万物の尺度ではないということを頭に入れておかなければならない。わたしたちがいくらがんばっても、相手が気づかなければ、苦労してやり遂げた最高の成果も価値がない。やった甲斐がないというのはつらいものだ。その道の専門家としてわたしたちは、この違いを受け入れるほかない。エクセレントになれるのは、あなたやわたしが最高だとみなしたときではない。

エクセレントかどうかは、わたしたちが最善を尽くしている相手が、いいと思うかどうかにかかっている。

自分がベストと思うことと相手がベストと思うことは同じではない。そこには雲泥の差がある。相手の頭や心に通じる道を見つけるには、相手の願望を地図上の未開地でもあるかのように調べる必要がある。この探検に近いアプローチによって、わたしたちはそれまで気づいていなかった可能性に思いいたる場合がある。生産性を追求する心のあり方《マインドセット》は、自分のヴィジョンをできると思われるものに限定してしまう恐れがある」アジャイル宣言に署名したひとりジム・ハイスミスがいっている。「探検を楽しむ心のあり方《マインドセット》なら、不可能と思えるものを探求する一助となる(15)」

しなやか《アジャイル》さは臆病者には不向き

月並みすぎて最近耳にしなくなった格言がある。「好きこそ物の上手なれ」「一難去ってまた一難」それから「失敗は成功のもと」こんな格言にわたしは慰められない。むかっとすることさえある。たぶん無知、マインドフルネスの欠如、思い込み、期待はずれだった実験といった、できれば避けたいと思っていることが起きたときに口の端にのぼる格言だからだろう。

もちろん格言のとおりだ。失敗は学習と成長につながる。ちょうどパットの練習を繰り返してゴルフがうまくなるように。なにもしなければ、失敗への耐性はつかない。失敗からなにも学ばないのが一番の失敗だということは、コロナ禍によって周知された[16]。けれどもわたしたちの感情はまだ事実についていけずにいる。あいかわらず失敗すると不安になり、だめな人間だと思ってしまう。

古い世界の失敗ゼロ文化がいまだに影を落としている。

たとえばホーエンハイム大学のアンドレア・クケルツ、クリストフ・マンドゥル、マルティン・P・アルメンディンガーが行ったアンケートがこのことをあきらかにしている。アンケートに答えた人の八十パーセントは、経営上の失敗が長い目で見ればポジティブな結果をもたらすとしているが、同時に失敗した経営者にはひどく懐疑的だったのだ。とくに経営者自身の失策にはきびしかった。だれかが判断ミスをした場合や、ビジネスのコンセプト、企業としてのヴィジョン、顧客や従業員とのきずなが希薄な場合には「わからない」という答えが多かった[17]。失敗を大目に見たのは病気になったり、経営状況が悪化したときだけだった。

つまりベストな失敗はないということだ。わたしたちの多くはそういう社会に適応している。間違った返答をしてはいけない。乗った船から落ちてはいけない。弱みを見せてはいけない。あらゆる社会領域でこういう観念が植えつけられている。恥をかきたくない者は起業などしないし、決断もせず、立場をあきらかにしない。技術革新は止まり、アイデアは実現されなくなる。

わたしたちはそもそも抜きんでている。だがそれゆえになかなか動かない。

内燃機関から電気モーターへの移行期にあるドイツの自動車産業がいい例だろう。台所でも同じことが起きている。正直いって、あなたはお客に出す料理を一度も試さずにレシピを頼りにこしらえたことがどのくらいあるだろうか。まったく新しい料理に挑戦して恥をかくより、確認済みのレシピを使う安全策のほうがいいはずだ。この他にも、試験済みのもののほうが変化を求めるよりもいい結果が出せるケースを充分に経験しているだろう。

これと同じメンタリティで、自動車産業は古くなったエンジン技術にこだわり、ドイツの企業はデジタル化でつまずき、ギガビット級超高速ブロードバンド網の整備で都市間連絡超特急列車（ＩＣＥ）の車内がアイスランドの片田舎に住む人に後れをとり、多くの学校がドイツ帝国時代に定められた四十五分授業をつづけている。どうやらこれらの分野で新機軸を打ち出すのはとんでもない暴挙らしい。それでも道はどんどん歩きづらくなり、昔取った杵柄《きねづか》では栄光が保てなくなる恐れがある。だから「稼働中のシステムを変えてはならない」といいたくなるのもわからないではない。

しかしそこには短所がある。完全無欠と効率性と喝采を必死に追求するとき、素早さ、勇気、進取の気性、アジャイルマネジメントといったすばらしいものは落伍する。批判を恐れると、技術革新力は生きない。その理由をジャーナリストのパウリーネ・シンケルスが書いている。

「失敗に対して絶えずネガティブなフィードバックを受ける人は、あまり新しいアイデアを出さなくなる。またネガティブな失敗文化はストレスとプレッシャーと完璧主義を助長する[18]」

プレッシャーと責任転嫁と格下げは、しなやか《アジャイル》な精神を麻痺させる。失敗や挫折のタブーをなくさないかぎり、エクセレントな自分を解放することはできない。なんでこんなことになったんだ。だれの責任だ。どうやったらごまかせるだろう。そう考えるのではなく、これからどう解決しよう、そこからなにが学べるだろう、それを役立てる方策はないだろうか、次回はもっと有効な条件を考えたいが、どうすればいいだろう、と考えるべきだ。もちろん、この先どうやってこの問題を避けたらいいだろうと考えるのもありだ。信頼を培えば、企業はこうした思考の切り替えを進めることができる。管理職がソリューションをめざす思考の手本を示し、責任転嫁をやめ、自分たちも新しいことに取り組んで常に成功を収められたわけではないと（適度に）公言すれば、失敗とオープンに付き合える環境が作れる。

機械メーカーのトルンプ社のＣＥＯ（最高経営責任者）ニコラ・ライビンガー＝カミュラーは従業員に芸術を見る目を養えといっている。とくに流行に流されない作品と芸術家を見る目も養えといっている。発想を変えるよう促すために、ライビンガー＝カミュラー自身もそれを実践すると表明し、子どものときに両親がバロック芸術や現代美術など、さまざまな展覧会に連れていってくれたときのことを語っている。いつも感動したわけではなかったらしく、「はじめは努力…する必要があるが、そのうち芸術は心の糧となる」といっている[19]。…

共感力があり、インスピレーションを感じやすいリーダーは、わだかまりを取り除き、実り豊かな刺激を与える。それでもエクセレントたらんとする者は自問するだろう。快適に感じるゾーンからだれかがそっと誘い出してくれるのを待つだけでいいのか、と。これでは閑静な住宅街を自転車で走っているようなものではないだろうか。月並みだ。エクセレントをめざす人なら気合を入れて、自ら行動を起こすだろう。無知であることや失敗を致命的な落ち度と見るのをやめられれば、得るものが多いはずだ。マウンテンバイクであろうと、株式売買であろうと、不確定要素のあるプロジェクトであろうと、失敗と断念への不安に立ち向かえるなら、見通しが利かない状況でもやり抜くことができるだろう。そのためには強靱さが求められる。危機に耐え抜く能力。次のような行動が助けになるだろう。

1　危険信号や起こりうるリスクに積極的に気を配る。
2　失敗や失敗につながるものを早期に特定する。
3　問題が大きくなる前に欠点を修正する。
4　創意工夫して別の選択肢を探す。
5　協力を求める。
6　それでも足りない場合、ショックから立ち直り、経験から学ぶ。

盛りだくさんなプログラムに思えるかもしれない。じっさいそうだ。だが強靱さは鍛えることができる。先が読めない不確実なVUCA的世界では、失敗を、情報を得る機会ととらえたほうがいい[20]。こういうふうにとらえられれば、問題に直面しても、恥じたり落ち込んだりせずに立ち向かい、方向性を調整し、場合によっては引き返すこともできる。不確実な企画に腰が引けてしまう者は、被害を受けない代わりに、前に進むこともできない。

新型コロナウイルス感染症によって、失敗からしなやか〈アジャイル〉に学ぶ文化がどれだけのことを達成するかわかったはずだ。政治家もウイルス学者も異例なことに、自分たちの知識の限界を認めた。パンデミックの渦中で、わたしたちはほぼ毎日、なにかを学んでいる、とメルケル連邦首相はいっている。状況が刻々と変化する中、政治家や専門家は、過去の言葉を絶えず繰り返すだけではだめだ、とウイルス学教授メラニー・ブリンクマンはいっている。昨日まで確実だったことが一夜にして無効になる状況になって、修正することが突然、美徳になった。

挑戦する対象が新しく複雑であれば、どういう方法が正しいかわからなくなる。判断ミスをするようになり、様子を見たいという誘惑に駆られる。問題は、調査をしたり、株のチャートを分析したり、天気予報を見たりしているうちに、他の人が先に進み、決断を下し、テストをし、プロトタイプを市場に出し、株式市場の下落を利用し、屋外コンサートのチケットを確保してしまうことだ。

しなやか《アジャイル》な行動は、副作用として失敗と判断ミスを計算に入れることを前提とする。判断ミスはまわり道にはなるが、責任のなすり合いなどはせず、私情をまじえず、できるかぎり迅速に修正すればいい。判断ミスをする可能性は予測の範囲内だし、そこから学べばいい。もちろんアジャイルな環境でも失敗するのは愉快ではない。弱点や過誤を公にするのは失敗からしなやか《アジャイル》に学ぶ文化だからこそだ。問題をなかったことにするのは論外だ。スクラム開発手法の共同発起人ケン・シュヴァーバーは、「スクラムはあなたの姑みたいなものだ。失敗を見逃したりしない[21]」しかも旧来のプロジェクトマネジメントとは違って、アジャイルプロジェクトにおける失敗は、頻繁かつ早期に白日の下に晒される。だから労せず排除し、進歩を促すものとして利用できる。この種の生産的失敗から学ぶ生産的文化は、日常でも、不安をまき散らす複雑な状況にうまく対処するのに役立つ。整理してみよう。

ルール1　失敗すること

わたしたちが新天地に足を踏み入れ、未経験のことに手を出すなら、失敗もいたしかたがないだろう。もちろん同じ過ちを繰り返してはならない。いいかげんなやり方をして失敗したのでは言い訳にならない。

ルール2　迅速にはじめる

未知の領域に突き進むなら、即座にスタートするほうがいい。そうすれば、どうすればうまくいき、どうすると失敗につながるか、早い時期に見極められる。「アマチュアはなにもせずにミューズが口づけしてくれるのを待つ。われわれプロはとにかく着手する」と六十冊以上のヒットを飛ばしているベストセラー作家スティーヴン・キングが書いている。

ルール3　失敗は劇的なものではない

わたしたちがそれにしっかり向き合えていれば。そうすれば、失敗は手探りし、検証し、適応し、よりよくするという学習プロセスと同じだ。

ルール4　インタラクティブに考える

複雑な課題は、ただ指をくわえていても解決しない。何度もアプローチして、探りを入れるものだ。効率は悪いし、従来の理解では失敗に当たる。だがしなやかに《アジャイル》考える人は、違う見方をする。間違っていると判明したことにこだわるよりも、それをうまく避けてゴールをめざしたほうがいい。

高等学校卒業から大学入学までのモラトリアム期間を過ごしたあと、大学で生物学を専攻した女性がいた。成績はよかったが、ラボでの実習に飽き飽きした。休学して半年間、動物病院でアルバイトをし、獣医学こそ自分の天職だと思った。二学期待って転科した。正しい道を見つけるのに大学入学資格試験《アビトゥーア》を受けてから三年半かかった。同年代の友人は修士課程に進んでいた。休学も転科もしなかった。だがその友人は、やり直せるなら政治学は選ばないだろうと思っていた。

複雑で不確実な世界でエクセレントたらんとする者は、修正することができなければならない。フィードバックを受け取り、失敗を振り返り、批判を加え、挫折に耐える。そして気に入っている自分のテーゼに別れを告げ、誤解を認め、すでに達成した結果をなげうって、もう一度はじめからやり直す。以前より知識が増え、経験も積めればいうことなしだ。ピアニストのエロイーズ・リスタッドがいいことをいっている。

「挫折する勇気があるなら、自分を乗りこえる勇気もあるはずだ(22)」

他者の考え

しなやか《アジャイル》な思考法はどうやったら学べるだろう。どうすれば精神を活性化させられるだろう。真に新しいアイデアはどこから来るのだろう。根が深く、しばしば意識されることのない思考パターンを克服するにはどうしたらいいだろう。まずは分別だ。確たる世界観があるとしたら、それは自分の世界観にほかならない。わたしたちは簡単に叡智《えいち》を得ることはできないと思っているが、自分の考えや行動が間違っているとはなかなか考えない。そしてまさにそこに盲点がある。わたしたちは認知的な歪みにはまりやすい。そのひとつがいわゆる確証バイアスだ。情報を選択し、確認し、事前に知っていることや経験や気に入っているメソッドや倫理的な主義主張と合致するかどうか検討するのは人の常だ。もし困惑するような意見をもつ人がいるとしたら、それは独自の働き方をし、独自の考えや主張をもつ他者だ。わたしたちは自分の限界を知らずに、自分の世界像の邪魔になるそういうものをわずらわしいポップアップ広告のように消してしまう。大量の情報で負荷がかかっていればなおさらだ。そのとき自分の考えにポジティブな影響を及ぼすものを、それほど多く取り逃しているか気づきもしない。日常的な例を上げよう。あなたがはじめてeバイクを買おうとしているとする。すこし情報を集め、特定のメーカーの特定のモデルに目をつけている。店で希望をいう。もちろんブランド名はいわない。店員1はあなたが名前を聞いたこともないメーカーのモデルを自信をもって薦める。店員2はあなたが前もって目をつけていたモデルを案内する。あなたはどちらを信じるだろう。おそらくあなたの選択を後押しした店員だろう。人間らしい反応だ。自分の考えが認められたのだから当然だ。逆に精神的に負荷がかかるとストレスになる。だから自分の世界像を揺るがす、あるいは別の世界像を提示する人よりも、自分の考えを後押ししてくれる人のほうをわたしたちは好む。

この現象はどんな場面でも観察できる。女性は女性と話すほうを好むし、男性も男性と話すケースのほうが多い。親は子どものいない人よりもいる人に惹かれる。また似たような専門分野の人のほうが、根本的に違う分野の人よりも話しやすい。トップマネジャーは同じような立場の人たちと交際する。同類を好むのは、ただでさえ複雑な生活が簡単になるからだ。同じレンズで世界を認識し、自分のものの見方が諸手《もろて》を挙げて認められたと感じられる。居心地がいいことこの上ない。自分の「オーバートンの窓」の外にあるものと、わざわざ対決する必要はない。この概念は政治学者のジョセフ・P・オーバートンが提唱したもので、タイミングがよく、意味があり、受け入れ可能と感じるものの枠組みのことを指す。

意気投合するのはすばらしいことだが、短所もある。精神のアジャイルマネジメントを犠牲にするからだ。自分に似ている人ばかり好むと、いつのまにか現実のイメージをゆがめてしまうものだ。みんなが同じか類似した考えをするなら、知らない視点と対決せずにすむが、その代わり違う視点で考えることで豊かになる機会も失われる。

これまでにない視点に触れずにすむ代わりに面白い刺激も得られず、気持ちが混乱するような要素にぶち当たることがない代わり、チャンスを逃す。

考えつづける必要はなくなり、わたしたちの世界像は慣れ親しんだものの中で硬直化する。新しい考えに出会うには、自分好みの理論やあらかじめ受け入れたもので作られた快適な巣から出なければならない。価値あるアイデアがひらめくのは、自分とは住む世界の違うだれかと意見を交換するときが多いからだ。

ミステリ作家ダナ・レオンは長年、英語と英文学を教えていた。八十歳になろうとするころ、ヴェネツィアを舞台にするミステリシリーズの二十九作目を公刊した。世界的キャリアの礎石となった一作目のアイデアは、一九九二年にフェニーチェ劇場でオペラを鑑賞したときに生まれた。熱心なオペラファンである彼女は、指揮者のガブリエーレ・フェッロの楽屋を訪ねた。

「わたしたちは別の指揮者の話をしました。その指揮者が亡くなったことが話題になりまして、これを題材にしてミステリ小説を書いたら面白そうだ、ひとつ書いてみようと思ったんです[23]」

わたしたちがエクセレントな存在に近づけるのは、知的な刺激を受けたときだけだ。アジャイルマネジメントの専門家メラニーとディートマー・ヴォーネルトはこういっている。

「アジャイルマインドセットを発展させたいのなら、精神的な反動を稼働させなければならない[24]」

そのためには、わたしたちを考えつづけられるようにさせる模範や人や情報が必要となる。正しい道の途上にあるかどうかチェックするためのフィードバック、わたしたちの思考を揺り動かすインプットが不可欠だ。さもなければ新しいアイデアなど生まれない。わたしたちの世界像を壊すほどの考えにいたるには、そうやって手探りするほかない。

最近、歯科医にかかった。歯冠がはずれてしまったのだ。永遠と思える五分間、型取り用のシリコンラバーをかんでいるあいだ、歯科医は気晴らしに自分の十八歳になる娘の話をしてくれた。大学入学資格試験《アビトゥーア》を受けたあと、ひとりで車に乗ってスウェーデンを旅したという。あまりいい気はしなかったが、娘が夢に描いた旅を支援した。それから歯科医はルソーを引用した。「子どもはみな、早く死ぬ権利がある」わたしは違和感を覚えた。金属金具とシリコンラバーで口がふさがっていなければ、とっさに反論しただろう。だがこのかなりラディカルに思えた言葉が忘れられなかった。賛同できるかどうか、いまでもよくわからないが、わたしの心を動かし、わたしの「オーバートンの窓」を広げたのは間違いない。

しなやか《アジャイル》な思考は緊張感に富んだ環境を必要とする。経済界ではそのことが認識されてきている。多様性と一体性は社会正義の問題だけではないという認識をもつ企業も増えてきている。多様性はポテンシャルも増大させる。矛盾する経験や人生設計、出身や習慣、年齢、性意識、信仰、心身の能力の違いが、インスピレーションや技術革新力を上げ、顧客との距離を縮め、製品を多様にし、従業員を満足させ、ビジネスを成功に導く機会になる。

「結局のところ肝心なのは、異なる発想やパーソナリティを混交させることだ。年齢や性差などを議論しても、そちらはよく忘れられる」

「多様性マネジメントスタディ二〇一八」をまとめたパーソナルコンサルタントグループ「ページグループ・ドイツ」の社長ゴラン・バリチの言葉だ[25]。

イスラエル出身のアメリカ人でMITメディアラボのデザイナー兼教授を務めるネリ・オックスマンは、自然の素材を使った建築資材を開発した。オックスマンのグループは、まるでノアの箱舟のようだ。そうする理由をオックスマンが説明している。

「わたしたちはひとりだと、世界をひとつのレンズで見るという過ちを冒す。だから優秀な環境学者、素材研究者、化学者、海洋生物学者、デザイナー、プロダクトデザイナー、機械技師、建築家、都市計画家を招いた。みんなそれぞれに違う目をもっている[26]」

アフリカに美しい知恵がある。子どもを村全体で育てるというものだ。わたしたちがエクセレント

でありつづけるためには、同じ原理で豊かで多様な環境を必要とする。井の中の蛙でいるのは居心地がいい。けれども異質で多様な分野にまたがっているほうが、勝手知った世界に安住するよりもわたしたちの目をひらかせてくれる。わたしたちの労働の原理や信じているもの、こだわっているものを問い直させてくれる。知らない人の資質がどういうものかわからないと、不安を覚え、緊張し、仕事を増やす恐れがある。だが知らない人は、酵素のようにわたしたちの成長を促し、変化を速める。SAP社のCPO（最高人事責任者）兼人事労務担当役員に起用されたザビーネ・ベネディークがいっている。

「ほぼどんな人からも、その人が得意とするものをなにかしら学ぶことができる」

たしかにだれもが、毎日そうやって学べる。

まとめ　しなやか《アジャイル》に計画を立てることを可能にする七つのこと

世界は絶えず変化している。わたしたちの知識、仮説、経験はまたたくまに効力を失う。昨日正しかったことが、今日正しくなくなるかもしれない。長いあいだありえないと思われていたことが、突然可能になることもある。デジタル化の条件がまだ整っていなかったとしても、わたしたちは新型コロナウイルス感染症によって生活や仕事を刷新することになっただろう。もちろんこれほど考え方を一新するのはたやすいことではない。はじめて、しかも大きな成功を収めた人は、その成功のもとになったことにこだわるだろう。だがそうやってできあがったモデルは石に彫られたわけではない。書き換えが可能だ。しなやかに《アジャイル》行動するということは、自分の人生の細部を意識的に違う方法で解決するための積極的な決断を意味する。

1　自分のヴィジョンを思い描こう

目覚まし時計が鳴り、起床して、シャワーを浴び、Eメールをチェックし、コーヒーメーカーのスイッチを入れ、子どもたちを送り出す。朝の習慣に改善の余地があると感じても、なかなかアップデートできないものだ。なぜだろう。ためしに理想的な朝を一度イメージしてみよう。細部にこだわらず、まったく自由に。起床してすぐにスポーツをしたいだろうか。もっと健康的な朝食をとりたいだろうか。家族とゆっくり過ごしたいだろうか。あるいはもう十五分長く寝ていたいだろうか。いっしょに暮らす他の人の異なるイメージとあなたのヴィジョンに、どうやって折り合いをつけたらいいだろう。もしかしたら自分の望みを実現することは、こうした矛盾ゆえに不可能だと思うかもしれない。だがなにがしたいか、イメージはできるはずだ。

2　実用最小限の製品を開発しよう

「実用最小限の製品」という概念はアジャイルプロジェクト・マネジメントに由来している。できるだけ無駄のない形で需要に応えるために開発される生産工程のことを指す。たとえばあなたがもう十五分長く寝ていたいとする。あなたの実用最小限の製品は、慣れた朝食をやめ、オートミールを牛乳に浸した状態で一晩置いたオーバーナイトオーツに変えることで達成できる。この程度の刷新でも、望みはすでに実現できるのだ。

3　企画したことは着実に実行しよう

実用最小限の製品はとっかかりとしてはいい。究極の解決策ではなくとも、確実な進歩だ。まずはそれを試して、たっぷり眠れる状況を維持する。ただしオーバーナイトオーツが好みでなければ、さらに実験を進めればいい。他にどんなステップがあなたを目標に近づけてくれるだろう。今度はどんな弊害があるだろう。どうすれば改善でき、補完できるだろう。方向を間違えた理由はなんだろう。一歩ずつでも新しい目標を立て、行動に移し、それが自分の望みに合致するまで手探りするのみだ。

4　予定表をつける

プロジェクトが複雑になり、結果が不確実になればなるほど、反復が必要になる。見渡しが利くように、予定表を作るのもありだろう。やりたいことをすべて付箋にメモし、すべきこと、しつつあること、達成したことに分けて、予定表のしかるべき枠に貼っていくことをお勧めする。重要なのは、最優先の課題を予定表の一番上に当てることだ。そうすればなにが急ぎで、なにが実行中で、なにがすんでいるか、一日で確認できる。

5　三つのことを自分に問いかける

アジャイルプロジェクトチームは、毎日あるいは頻繁に、立ったままミーティングをする。立ったままの短いミーティングでは、実行中のプロジェクトの進行状況が話される。問われるのは三つ。前のミーティングのあとなにをしたか。次になにをする予定か。課題を計画どおりに進めるにあたって、なにか障害があるかどうか。最後の問いがとくに重要だ。これから生じる問題を早期に認識し、無駄を省くことに寄与するはずだ。

6　失敗を評価し直す

エクセレントたらんとする者は、自分がよく知っているところにとどまるのをよしとしない。学びをつづけ、新天地に足を踏み入れ、リスクを冒す。足を滑らしたり、滑落したり、恥をかく恐れがある。そういう勇気は生まれながらのものではない。だがトレーニングすることはできる。子どもはだれにいわれるまでもなく、そうしている。飛び込みを覚えるとき、まずプールサイドで何度も練習する。そのうち一番低い飛び板を試し、それから高さ三メートルの飛び板に移り、最後に高さ五メートルの飛び込み台に挑戦する。作家でコーチのパトリック・ヘアマンは大人にも挑戦するよう薦めている。「ぜひ怖くて上がれない高さまで上がってください。コーチのやりがいが出るのはそこからなのです[27]」

7　経験から賢くなる

アジャイルプロジェクト・マネジメントにおける反復は、すべからく反芻で終わる。振り返ることで、自分自身の観察者になれるからだ。自分がやったことは目標につながっているだろうか。成功の要因はなんだったのだろう。障害になったのはなんだろう。次に別の方法を取るとしたら、なにがいいだろう。先週はどういう仕事をしただろうか。将来繰り返すとしたら、なにがしたいだろう。プロジェクトに変化を求めるとしたら、どんなことを試そうか。どういう類いの成功なら胸が張れるだろう。単独であれ、チームであれ、定期的に立ち止まり、内省すれば、お定まりの思考パターンや行動パターンを破ることができる。刺激とそれに対する自分の反応を、意識的に認識することができる。そうすれば、次はもっと賢く立ちまわれるはずだ。神経細胞と脳の領域のあいだに新たな結びつきが得られ、その結びつきは時と共に強くなる。

まとめ
「しなやか《アジャイル》に計画を立てることを可能にする7つのこと」

1. 自分のヴィジョンを思い描こう
2. 実用最小限の製品を開発しよう
3. 企画したことは着実に実行しよう
4. 予定表をつける
5. 3つのことを自分に問いかける
6. 失敗を評価し直す
7. 経験から賢くなる

第8章

共　鳴

技術革新は
激励を必要とする

自分の殻を破る。問題をいっしょに解決する。互いに学び合う。知識を結集して意味あるものにする。意見交換をし、インスピレーションを培い、奮い立つ。技術革新は協調によってのみ成功するとよくいわれる。部局でも、専門領域でも、企業でも、国でもそうだ。孤独な天才は消えつつある。グローバルな協調の時代では、独創的かつ革新的なことをひとりでなしうる人間は少なくなる一方だ。

エクセレントたるには、刺激を与えると同時に、それを受け取って吸収する用意がなければならない。

いまでは学術論文でさえ、共同執筆されている。アイデアは複数の専門領域をまたがる研究プロジェクトで生まれる。アイ・ウェイウェイやオラファー・エリアソンといった著名なアーティストはコンセプトアートやインスタレーションを工房や工場で作る。ノーベル賞はセットで受賞するようになった。増える一方のネットワークと共同体とコミュニティが機能するのは信頼があってこそだ。協力してくれる仲間がいると思えるところでなければ、複数のボールを柔軟にあつかうのも、最高のアイデアを開示するのも、とんでもないことにあえて挑戦するのも、なかなかできることではない。

この前提が満たされれば、大きなことができる。アイデアに共感と反響が得られれば、精神力のポテンシャルも上がる。共鳴が起こり、振動しはじめ、ひとりではだれにも成し遂げられないようなすごい考えや結果が引き出される。ライバル意識や正しくあろうとする意思やスタンドプレイは、こうした共鳴の障害にしかならない。なぜなら共鳴はポテンシャルを解放するが、それは帆が受ける風のようなもので、自分の好きにはできない。いずれにせよ、人が互いに鼓舞されていると感じないかぎり、その風は起きない。

共鳴《レゾナンツ》――力のポテンシャルを高める

世界と関係を作る際にとくに影響の大きいものとして「共鳴《レゾナンツ》」という概念を提唱したのは、イェーナ大学の社会学者ハルトムート・ローザだ。ローザはこの言葉を音響学から借用した（ラテン語の「resonare」は共鳴、共振の意）。そして共鳴はふたつの独立した共鳴体に関係性を作るポテンシャルだという。音楽だとわかりやすい。アンネ＝ゾフィー・ムターやヴィルデ・フラングといったバイオリニストは、まさにそういう感じで弦を共振させている。あのすばらしい音はバイオリン本体と空洞の共演だ。共鳴体と共振がなければ、超絶技巧の演奏家の音でも物足りないだろう。ふたりの人間でも同じだ。もちろんわたしたちは自分自身を使ってもすばらしいことができる。

他の人とポジティブな共鳴関係が築ければ、共振して思いがけない高みへ昇れるだろう。

似たようなことは文化や自然でも起きる。見晴らしのいい景観、森の散歩、芸術作品、音楽、あるいは個人的な思い出がわたしたちの心を深く揺さぶり、気分を変え、もっと大きなことを望むように促し、自分を高みに引きあげる。ポジティブな共鳴を体験するのがだれとであろうと、なにとであろ

うと、うまくいくケースには四つの特徴があるとローザはいっている。(1)

1 接触

すべてはここからはじまる。人なりものなりがポジティブなことを語りかけ、わたしたちを動かす。それは微笑みかもしれないし、アリシア・キーズの歌やフェルメールの絵かもしれない。めくっている雑誌や親友の赤ちゃんやすてきなスキー体験かもしれない。ハッカソン（ハックとマラソンをかけ合わせた造語。ソフトウェア関連プロジェクトのイベントの名称）の創造的な共同作業の場合もあるだろうし、会話に集中しているときや、本を読んで遭遇したちょっとした考え方に刺激されたときかもしれない。共鳴体験は多くの場合、身体的な反応と結びついている。目を輝かせるとか、息づかいが速くなるとか、生き生きとするとか、解放されて幸福感を味わうとか、鳥肌が立つとか。

2 自己効力感

これは決定的な認識だ。受け身では共鳴は生じない。パリを二四時間で見てまわったり、アリゾナ州の国立公園を三日ですべてまわったりしたことのある人なら、精も根も尽き果てる体験をしているだろう。なにも頭に入ってこない。共鳴するには、まず体験したことを頭と心で反芻して、自分の考えの出発点にし、心を開放し、おどろき、考えを巡らし、他の人を刺激する必要がある。

ローザはいっている。

「わたしには自分がしていることが世界に影響を与えているという感覚がある。同時に自分が他の人の言動に触れ、影響されていることに気づく。(2)ふたつの声が影響し合う」

このように相互に影響しあうなら、ある声が他の声を圧倒することも、だれかの声がかき消されることなく、全員の声が聞こえる。

3　変換

これが好奇心を一番かきたてる。共鳴関係は参加者全員の心を動かし、夢中にし、変化させる。たったひと言がプロジェクトや問題への見方を変えることがある。一枚の絵が深いあこがれを呼びさますことがある。たった一度の出会いでやる気が起きることがある。たったひとつの技術ツールが思いがけない可能性を見せてくれることがある。エクセレントたらんとする人は、こういう感覚を熟知し、その感覚に身を任せる。逆に他の人の心を動かすことで、自分を理解することもできる。いっしょに成功するという感覚は、エネルギーや集中力を引き出し、結果としてやる気や創造力や技術革新へとつながる。魔法にでもかかったかのように、物事を別の目で見、新しく考えるようになる。

4　予見不能

これがもっともむずかしい。共鳴はボタンを押せば起動するものではない。そもそも起動する保証もない。どんなに努力しようとも、わたしたちがだれかを刺激できるか、またはだれかから刺激を受けられるかはわからない。仮に共鳴したとしても、なにをどのくらい引き出せるかは未知数だ。そして計画していなくても、

共鳴は多くの場合、勝手に起きる。

人は自分が受け入れられていると感じると、心を動かされ、力を得る。好意と連帯が感じられる場では、帰属感が得られ、互いに話をし、支えあい、協力しあい、共振して、ポジティブな刺激を与えあう。共鳴する関係性がどんなに活気があり、すばらしいかは、それが起こらないときに気づくものだ。共鳴が起きないミーティングは礼儀正しくはあっても緊張する。ローザにいわせると「沈黙」する。マイクロマネジメントが支配的な会社であろうと、なかなかうまくいかないラクレット（スイスのチーズ）の夕べであろうと、連帯がなければ、インスピレーションも相互の関心も生まれない。共鳴する関係性は当然ではないからこそ、魅力的なのだ。

家具店ライケンはニューヨーク・ブルックリン地区のカルト的存在だ。創業者のビジネスモデルは顧客と顧客の周辺に共感するというものだ。知的に交流し、知識を共有し、創造的に成長するということだ。共同経営者のふたりは、コミュニティに深く根を下ろし、美しいものに感激するセンスを呼びさまし、顧客が何度でも新しいものを発見する気になるよう仕向けている。「ライケン」（「地衣類」という意味）という名が体をあらわしている。地衣類は菌類と藻類が共生したものだ。菌類は藻類を乾燥から守り、藻類の光合成で栄養を得る。共生のおかげで、地衣類は南極のような極地でも生存できる(3)。

自己中心性はなぜ過去のものなのか？

「あと五年もすれば、集団による思考と成功は当たり前のものになるだろう」

ハーン家三兄弟のダニエルとユリアンとラウリンはそう予想している。この三兄弟は、全員二十五歳から三十歳のあいだで、サブカルチャーのイベント会場から電気自動車関連の最先端プロジェクトまでセンセーショナルな企画を次々に実現させている。南ドイツ新聞によれば、ミュンヘンを変えているのはこの三人くらいのものだという(4)。

もちろん大企業や組織では、最近まで共鳴は場違いなものとされてきた。共鳴が起きても、それをあらわす言葉すらなかった。もちろん力を合わせることで難問を解決したり、どうしてそうなったのか、あとになってもよくわからない秀逸な解決策をひねり出したりした瞬間はあったはずだ。だがそういう幸運は、パーティやフェアの会場や見本市や会議で起きる。そうすると共鳴に酔いしれ、一晩はいい気分でいられる。だが翌朝にはもう正気に戻って、利害の対立やパワーゲームや競合相手のプレッシャーや孤軍奮闘に汲々《きゅうきゅう》とするだろう。だからこういう疑問が生まれるのも無理はない。

共鳴はつかみどころがない。スタートアップ企業や愛好家のプロジェクト以外のところでもうまく機能するものだろうか。

結局のところ中小企業や大企業はポニー牧場ではないし、将来においてもポニー牧場になることはまずないだろう。「利潤につながる利己主義と損失につながる利他主義の分離」という経済的発想が頭にこびりついているからだ。[5] 他方、わたしたちは変革の時代に生きている。一般社員が自分や同僚にきびしく当たることで付加価値、売り上げ、収益を上げられる時代ではなくなっている。技術革新で成功を収めたいなら、互いの知識とアイデアを出しあって揉みあうチームが不可欠だ。ロボットや人工知能を導入する一方で、企業はいままで以上に協調性が高く、想像力を発揮しあうエクセレントな人材に依存している。お菓子やフリースペースを用意し、フルーツをただで提供し、インスピレーションが生まれる労働環境を作る。そうやって社員を鼓舞するのは悪くない。だがすぐれた結果をもたらす決定的要因は深い安心感だ。

数年前、グーグルは完璧なチームを立ちあげるにはどうしなければならないか調査をした。答えを得るために、成果を上げているチームと成果が上がらないチーム、合計百八十の開発チームと販売チームのマネジャー、プロジェクトチーフ、メンバーを一年以上かけて観察し、インタビューを行った。その結果、すばらしい成果を上げているチームの要因が、たいていの場合、安心感だと判明した。まだ最後まで考え抜かれていなかったり、失敗を認めたり、最適とはいえないソリューションを選択してしまったりしたときでも、無能だ、無知だ、重荷だと感じさせない必要がある。

ナルシスト、動物行動学でいうところのアルファ、自己中心性は、管理職の場合でも、一般社員の場合でも、安心感という基本的欲求を妨害する。ＭＢＡを卒業した人は専門的には秀でているかもしれないが、同僚から倫理観に欠け、人を見下し、きつい態度をとると思われるようなことがあれば、チーム内の雰囲気に悪影響を及ぼす。そうした有害なスタッフがどんな問題を起こすか、ハーバードビジネススクールの研究が解明している。二十人で構成されるチームに、ひとりだけ厄介なスタッフがいる場合、五十四パーセントの確率で、有能なスタッフは転職を考えるという。問題のスタッフ以外とは生産的な共同作業ができたとしてもだ。財政的損害は変動費だけでも年に一万二千五百ドルになると試算された。(6)

知恵をもちよれば、「わたしだけ」文化はもはや機能しなくなる。他人を操作し、利用し尽くし、プレッシャーをかける人間はミーティングとチームの効率を下げる。

ネガティブなもので全員が麻痺するようではいけない。

ネガティブなものが目立ちはじめると、ポジティブな共振が消える。自己中心的な人が原動力になると、その人のもつ価値よりも、損害のほうが大きくなる。そのためスタンフォード大学教授ロバート・I・サットンが「イヤな奴対処法」と呼ぶものを構築する企業が増えている。つまり専門的にはすぐれていても、人間的にグループの成功にマイナスになる人材よりも、優秀なチームワーク人間をサポートするということだ。

もちろん見分けるのは簡単ではない。専門分野でエクセレントであることのほうが、人間的にエクセレントであることよりもわかりやすい。そのうえこうした有害な人物は、めったに完全な失敗をしない。しばしば野心的な目標を立て、目立つことをしながらも、オフィス内のポリシーに自分を合わせることができる。一時的には付加価値があると評価されるだろう。それどころか、希望の星とみなされることも多々あるだろう。それでは長期的にチームの負担になる人物はどうやって見分けられるだろう。スタッフを選択する段階でこういう有害な人物をフィルターにかける方法はあるのだろうか。心理学者のハイドルン・シューラー＝ルビエネツキはこういっている。

「それは数百万ドルの価値がある問いだ。基本的に専門的な能力が信じられないくらい高い候補者は、そういう一定の有害なポテンシャルをもっている可能性がある[7]」

あいにく「イヤな奴」は人の心を読む才能に長け、意思決定者に好印象を与えることが多い。だから自分を良いポジションにつけるのがうまい。だがこうしたタイプの需要は低くなる一方だ。管理職と一般社員が共鳴の原理に信を置けば置くほど、トップクラスの人間だとしても、有害な人物は排除したほうがチームをよりエクセレントなものにできるという認識が高まる。それというのも、共鳴するのはむずかしいが、壊れるのは簡単だからだ。

トップマネジメントコンサルタントのトリシャ・ダホはこう見ている。

「有害な人物は他の人のアイデアや言動やものの見方に悪影響を与える。有害な人物とは袂を分かたなければいけない。なにがあっても付き合ってはいけない。その人がどれほど優秀でポテンシャルがあっても関係ない」

多くのリーダーはチーム内でのいざこざを望まず、そういう問題から目をそむける。有害な人物が有する特別の知見や働きかけを、なかなかあきらめきれないものだ[8]。

共鳴はひとりでは実現不可能

変化しつづける世界が複雑なせいで、わたしたちは協調と共生を考え直さざるをえなくなっている。グローバル化、オートメーション化、技術革新、そのうえにコロナ禍。複雑で重層的な状況になればなるほど、人はひとりではやっていけなくなる。その点は人間的なエクセレントも、専門的な技能も変わらない。「一匹狼はもう存在しない。存在することができないのだ」とダイムラー社の役員ユンゴ・ブリュンガーがいっている。(9) 象牙の塔にラプンツェルよろしく閉じこもってはいられないのだ。

時代の流れについていきたいのなら、考えもしなかった思考の結びつきを糧に得た新しい視点とポテンシャルにのっとって自分を補強する必要がある。

これまでに究明されていない複雑な問題を解決するのは、ヒエラルキーや規律に収まらない共鳴関係しかない。まだそういう関係をもたない人は、人とエクセレントな関係を築く必要がある。なぜなら共鳴を起こすのはひとりでは不可能だからだ。いまの自分を超えたいのなら、これまで経験したことの限界を乗りこえさせてくれる仲間が必要だ。同様にわたしたちの方も未知の場所で方向を見定める際にその仲間を助けなければならない。

映画『ラ・ラ・ランド』でエマ・ストーンが歌っている。人混みの中にいるだれか。あなたに見出される準備ができているのなら、その人が夢を叶えてくれるかもしれない、と。

恋愛がテーマの歌だが、スペシャリストとして発見されたり、役員に起用されたり、面白いパーソナリティとネットでつながったりすることにも当てはまる。月並みだが、共鳴するには自分を見せ、その場にいるのに尽きる。チームの中なら複数の部署にまたがる。業界の中なら顧客のそば。ソーシャルメディアで。コミュニティで。他の成功した人のため。時間がかかるし、だれにでもできることではない。

共鳴はすでにある関係でも起きる。夫婦のあいだ、家族の中、友人間、ランニングクラブ、またはファンフェストで喝采を上げるとき。だがそこはよくわかっているところなので、共鳴は比較的小さい。集まるのは似た者同士だし、経験をはじめとする共通点が多すぎる。口にする話や考えや経験もあらかじめ知っている。仲間意識は高いが、よく知る仲間内では、肝心な社会的および文化的摩擦が少なすぎることが多い。

響きや思いが同じというのは気持ちがいいが、わたしたちを新しい世界へと飛ばしてはくれない。いつもと違う視点をもつことでしか、革新的な発想は生まれない。自分とは違う関連性の中で活動する人によって刺激されるものなのだ。もしいまあるものをもっと拡大し改善したいのなら、自分のコミュニティでもそういうことをしなければならない。インスピレーションを授受する人がいる社会で、関係者全員が互いに意見交換することで共鳴は起きる。

そういうコミュニティがどんな姿をしているか、あなたはおそらくすでに職場で体験済みのはずだ。監査委員会と役員会は、いまだに古い白人中心主義かつ男性優位主義の原理で動いているが、多くのプロジェクトチームでは面白いことが起きつつある。一般社員のレベルで、もっと興味深い数多くの共鳴体験によって地ならしされたものがどんどん実現されつつある。老若男女、太った者とやせた者、ＩＴ専門家と社会学者、バイエルン州の片田舎の出身者とトルコのアナトリア高地の出身者などで構成されたチームが、同質の人間だけを集めたグループには及びもつかないソリューションを開発している。ＶＵＣＡ的世界になったいま、友人関係や組織やクラブなど社会のいたるところで同じことが起きている。

雑多であればあるほど共鳴する。

「共鳴は必然的かつ不可逆的に差異を前提にしている」とハルトムート・ローザはいっている。協和音と不協和音、つまり互いにとけあう音程ととけあわない音程が共振するのは不可能に近い(10)。共鳴が生まれるのは、人が互いに敬い、互いに自分の声と経験と文化的習慣をもちよるときだ。それがうまくいくとき、わくわくするような新しいものが出現する。たとえばジャズや世界で一番技術革新が進んだ都市が。

…………………………

マックス・プランク研究所はシンガポールをきわめて多様な場所として評価している。この四百万都市では総人口のおよそ七十五パーセントが中国系、十四パーセントがマレー系、八パーセントがインド系、一パーセント強がその他の民族から成る。マレー語、中国語、タミル語、英語

…………………………

の四つの言語が公用語で、仏教寺院、ヒンドゥー教寺院、キリスト教会、イスラームのモスクが肩を並べるようにして建っている。他者を尊重する多様な文化が、この都市国家をすぐれた技術革新の場にしている。スマートシティランキング「IMD Smart City Index 2019」でシンガポールは百二都市中一位に輝いた[11]。ちなみにドイツで一番評価されたのはデュッセルドルフで十位だった。

活力を得、豊かになり、勇気づけられる

フュージョンクッキングは一見合うとは思えない素材を使って、新しい味覚体験を作りあげる料理を指す。たとえばヨーロッパの料理に和風の調理テクニックを持ち込むというように。これはごたまぜとは違う。共鳴もこれに似ている。他人と共鳴するとき、だいじなのは異なる経験や考え方をただ加えたり、わずかな共通点を見つけて平均化したりすることではない。影響を及ぼす範囲を広げ、一気に技術革新を進めることがだいじだ。面食らうようなことでも受け入れ、自分の経験と統合し、慣れ親しんだ領域から出ていく機会を増やすのだ。

そういうことがふたりのコンセプトアーティストとひとりのホテル経営のエキスパートの共同作業で実現した。スイス東部各地の人里離れた自然の中に木造のステージを作り、その上にダブルベッド、ベッドサイドテーブル二台、ランプ二個を設置した。建物から開放されたこの客室は

空と太陽と星を満喫できる。朝食は白手袋をはめたバトラーによってベッドまで運ばれる。インスタレーションとしてはじめたものだが、満室になるほど人気が出た。コロナ禍以前、予約リストに九千人が登録していた。いまではフランチャイズ化されている。複数の専門が横断的につながった「芸術と日常と経済のインターフェース」は芸術と商業が協調することで生まれた[12]。

共同作業をしていればひとりになることは少ないし、考えが制約されることも減る。周囲の人のさまざまな考えがわたしたちに影響を与え、変化を引き起こす。いつも同じことを繰り返したり、定評のあることに固執することも減っていく。エクセレントたらんとする者同士が互いに相手を広い世界に導き、未知の考えを教え合えるならすばらしい成果が上がるだろう。

「励ましあう人が十人揃えば理想的だ」とマネジメント関連書籍のエキスパートであるトム・ピータ一ズは考えている[13]。この提案は企業の監査役員会を念頭に置いている。だがこの考えは、プロジェクトチームでも、友人や信頼している人や伴侶などの個人的な人間関係でも可能だろうといっている。あなたのコミュニティに男女が共に同数参加していれば、実り豊かな環境になる。また、二十五歳以下の人がふたり、ひとりはテクノロジーとＩＴ、そして人工知能に詳しい人、もうひとりはデザインが得意な人。あるいは実業家がひとりかふたり、美術分野か音楽分野の人がひとりかふたり集まれば、リニアで分析的な思考を、独創的な刺激やインスピレーションで補うことができる。もちろんこれとはまったく異なる、ずっと小規模ないしは多文化的な混交も考えられるだろう。いずれにせよだいじなのは挑戦的であることだ。同じことはしない。慣れ親しんだ仲間の他にも、いろいろなタイプの友人を作ろう。ただし自分の似姿をさがすのだけはいただけない。

世界的な成功者であるビル・ゲイツとウォーレン・バフェットは、ほぼ三十年来の知己だ。ふたりの交友がはじまったとき、マイクロソフトの創業者は三十代半ば、巨額の投資家は六十歳を超えていた。ふたりは数え切れないほどブリッジで遊び、マクドナルドで相談をしたという。コロンビア大学で対談をしたとき、この年の離れた友情の経験を踏まえて、学生たちにこう勧めた。「よい友人を数人作り、残りの生涯ずっと付き合いなさい。なおただ好きになるだけでなく、尊敬できる人であることが肝要だ⑭」

付き合いやすさがなぜ他の評価を引きあげるのか？

いうまでもないことだが、さまざまな人間で構成されたグループには似たような問題が生じる。ビギナーとエキスパート、慈善愛好家とウィンタースポーツファン、向こう見ずな人と石橋を叩いて渡る人、フリースタイルスキーの人間とテレマークスキーの人間、既婚者とシングル、そんな雑多な人たちがいっしょにスキーをするところを想像してほしい。そんな集団と休暇を共に過ごすことなど、考えるだけで常軌を逸していると思うかもしれない。それとも、若いころに徒党を組んだり、ばか騒ぎをしたり、妥協したりしたことを思い出すだろうか。だがいっしょに旅をすると、突拍子もないことができるかもしれない。

この実験がどういう結末を迎えるかは、この状況で全員がどういう行動をとるかにかかっている。成功するための秘訣は、お互いを評価することだ。もっと重要なのは、自分たちの多様性とポテンシャルにわくわくすることだ。というのも、評価が高いと、差異は違和感や恐怖感を生むものではなくなり、興味深く、場合によっては幸せにさえ感じる体験になる。接触と自己効力感のキャッチボールがはじまるからだ[15]。みんな、互いに自分のアイデアや気持ちをうつしあい、そのグループに加わった当初とは違う、豊かなものを得る。

謎めいて聞こえるかもしれない。共鳴体験を伝えるのはむずかしい。起きたことをうまく言葉にできないこともしばしばだ。なにかと遭遇し、自分が変わり、なにか特別なことが起きたと感じる。理由をうまく説明できないが、気持ちが高揚する。実際、共鳴体験は測定可能で名前で呼べるような変化ではない。それに言い換えが可能なソリューションであることもまれだ。

共鳴した瞬間、わたしたちを思慮深くさせる。洞察力が呼びさまされ、アイデアに火がつき、目からうろこが落ちる感覚を味わう。

たった一文が、長年心に残って響きつづけることがある。わたしの場合、のちに博士論文の指導教員になる教授の言葉、それもわたしに向けられたものではない、なにげない言葉に触発されて、論文を書くことになった。いろいろと思いどおりに行かず難儀していたころのことだ。共鳴の相互作用がこのように直接正しい方向を指し示すことはめずらしい。ズーム（Zoom）ミーティングで見る愛想笑いのように月並みであることのほうが多いだろう。ふたりの人間の波長があった一瞬だ。はたしてそこからなにか生まれるかどうか。生まれるとしても、それがどの程度のものかは、だれにもわからない。そのまま消えてなくなることもあるだろうし、そこから考えを進め、すごい結果をもたらすこともあるだろう。笑みのおかげで勇気が出て、それまでの険悪な雰囲気ががらりと変わり、感情のもつれが解けて……とにかく共鳴体験なくしてアイデアは生まれないということだけはたしかだ。

共鳴はゲームを決定づけるものだ。自分の意のままにならない他人の認識が自分の考えに統合される。ただし重要な共鳴関係は温和で敬意が払われる環境でしか生まれない。敵意がむき出しの環境では、プレッシャーや挫折への不安がいつもと違うことを考えたり、他人の心をひらこうとする意志を封殺してしまう。攻撃されたり、恥をかいたり、評価を下げられたりすると恐れを感じたが最後、人は無理をしなくなり、慣れていることに固執する。集中的で活発な意見交換ができるのは、答えがなかなか出なくても、プロジェクトが既成の枠をやぶっても、リラックスしていられる人間でなくてはむずかしい。

最初のiPhoneが発売されるはるか前、スティーブ・ジョブズはすでに大当たりを出していた。一九八四年に登場したグラフィカルユーザインタフェースとマウスを備えた価格的にも納得のいくパーソナルコンピュータ、伝説のマッキントッシュだ。マッキントッシュ開発チームはカルト的な存在になった。ジョブズはスタッフがポジティブな共鳴体験をするよう、あらゆる手を尽くし、懐疑的な同僚の目に触れずに実験ができるように、別棟にスタッフを集めた。[16]

ほぼ四十年後、大きな企画はこれまで以上にポジティブな環境を必要とするようになった。そのために親友になる必要はないが、互いに相手の開発の邪魔をしないようにした。これはマッキンゼー・レポートの結果と完全に一致する。

チームの技術革新力を高める人格特性は付き合いやすさをおいてほかにない。(17)

アジャイルプロジェクト・マネジメントが生きるのは、実験、試験、批判がなされ、却下され、再考され、再試行され、再試験され、というように技術革新への期待と不確定性のレベルが高く、さまざまな挑戦がなされるときだ。そういう場面では、まず人間を優先し、成果はその次というパーソナリティが求められる。トップマネジメントコンサルタントのドロテーア・アッシヒとドロテー・エピターは、こういうパーソナリティをコミュニティ行動特性《コンピテンシー》と呼んで、共鳴によって促される帰属意識や援助の手があるという感覚を他の人に与える行動様式だといっている。(18) アッシヒとエピターはこのコミュニティ行動特性こそ成功の鍵だとしているが、この考えはあらゆる場面で有効だろう。

連帯することと、関係性を促進する付き合いやすさを伸ばすことは、だれにでもできる。あとはそれに慣れるだけだ。なぜなら仕事では、物事が人間に優先されるという観念がわたしたちの頭にこびりついているからだ。まずは可能性、次にコンタクトを促す。見渡しの利く環境ならそれでいい。しかし複雑で、部分的にカオスで先が読めない環境では、優先順位が変わる。VUCAとアフターコロナの世界では、個人は小さな歯車ではなくなる。ひとりひとりが全体の成功に責任を負う。評価する姿勢と気分がよくなる付き合いやすさは、人間的なエクセレントさに数えられるだけでなく、技術革新が得意なトップクラスの専門チームにとっても基本要件となるだろう。仲間が異なる技量や経験を提供するときはなおさらだ。共鳴が一番起こりやすいのがそういうグループだ。だがそういうところでは、不信感や優越感やライバル意識が障害になる危険もとりわけ大きい。なんといっても、異質な者は同質な者よりも評価するのがむずかしいからだ。

互いに振動する

「わたしは快適な環境にいるように心掛けている」とファッションデザイナーのイヴ・サン＝ローランがいっている。すぐれたデザインといった重要なパフォーマンスをするには、互いに鼓舞して、争わない環境が一番だと意識していたのかもしれない。そういう環境では信頼と連帯が醸成される。部外者からはそう見えないかもしれないが、内面ではそういうものでつながることになる。

互いに共振する者は共鳴する土台を作る。共振しない者は遅かれ早かれ世界とのコンタクトを失う。

すぐれた知識労働者と自意識が高いスペシャリストの数は増加している。彼らの生活感覚は「だれか水を持ってきてくれないかな？」という言葉に集約される。高い教育を受け、社会で求められているジェネレーションYとその次の世代は、価値評価と個性発揮を尊ぶ文化が培われることを期待している。従って共に学び、成長することを促進し、リラックスできると同時に、しかるべき敬意が払われる環境は、今後ますますあらゆる領域で、価値を測るものさしになるだろう。

　だがこのものさしは二十一世紀の発明ではない。それ以前から、技術革新に優れた成功企業は共鳴に支えられてきた。友と協力し合うことで人間がどれだけ不可能なことを成し遂げてきたか、わたしの好きな映画『アポロ13号』を観るとよくわかる。これは三度目の有人月飛行を描いた映画だ。月面着陸はすでにルーチンになろうとしていたが、地球から三十数万キロ離れたところで支援船の酸素タンクが爆発するという事故が発生した。地上のコントロールセンターには宇宙飛行士を地球に生還させる方法がひとつしかなかった。卓越したチームワークの例としていまでも語り継がれているので、この物語がどういう終わり方をするか多くの人が知っているだろう[19]。プロジェクトマネジメントのおかげでミッションは成功し、「失敗の成功例」として米国航空宇宙局《NASA》の歴史に刻まれている。だが技術的な克服よりもわたしの心に残っている言葉がある。ジム・ラヴェル船長役のトム・ハンクスが大気圏への突入の直前にいった言葉だ。

「みんな、君たちと飛べたことを光栄に思う」

　数年前、わたしはワシントンの国立航空宇宙博物館で小さなアポロの司令船内部を覗く機会に恵まれた。そのときわたしは悟った。あの緊急事態に感謝と評価の言葉を口にできることがどれだけすごいことかを。

アポロ13号のエピソードはすぐれた共同作業の好例として、いろいろなところで言及されている。この映画がいいのは、ひとつのチームが最高のことを成し遂げたシーンで、コミュニティ行動特性《コンピテンシー》を描写している点だ。ミッションコントロールチームを指揮したジーン・クランツ役のエド・ハリスが「失敗は選択肢にない」という伝説的な言葉を口にする場面や、ジム・ラヴェル船長（トム・ハンクス）が寒さで体調をくずした同僚の体を両手で暖める場面がそれだ。それにこれだけ大変なことが起きているのに、だれひとりパニックにならなかったのもすばらしい。また事実は誇張されてもいないし、美化されてもいない。ケン・マッティンググリー宇宙飛行士（ゲイリー・シニーズ）が地上で司令船のシミュレーターを使って再稼働のプロセスを試す場面もいい。彼は風疹に感染する可能性があるせいで最後の最後にミッションのメンバーからはずされ、不満を抱いていた。だが、本来なら自分が遂行するはずだった任務を、シミュレーションを繰り返すことで成功への道筋をつけたのだ。

共鳴すれば、チームの全員が知力、創造力と喜びをもって課題に取り組むことができるだろう。そのための雰囲気作りはそれほど大変ではない。人の話をよく聞き、関心と理解を示し、アイデアを共有し、クッキーを勧め、コーヒーを注ぎ足し（典型的！）、ささいなミスは見逃し、成功を誉め、日曜日放映のミステリ番組を話題にし、不快なことをあげつらうことはせず、ポジティブな話をし、また期待したほどの支援を得られなかったり、成果を上げたのに当然のこととみなされたりしても、感謝の言葉を忘れない。こうした日常の振る舞いや習慣が、共鳴する関係性を作り出す。基本的にコンサルタントのアッシヒとエヒターがいうとおり、「同じ目の高さで付き合い、友だちのように接する」[20]話をよく聞いて、相手を認め、親しくすること。わたしたちは小さいころから、そういうことを学んできた。良好なコミュニケーションの基本だ。ところが互いに共感するよりも、けんか腰で話すことのほうが多い。それはトーク番組でも、ミーティングでも、後進の者を相手にするときでも同じだ。

ゴルフ場でのユースのトレーニングを例にとろう。十歳から十二歳の三人の少年がティーインググラウンドに向かった。最初のプレイヤーが打ったゴルフボールは正確に飛んだ。ふたり目も同じコースに飛んだので、満足そうにボールを目で追った。

「きみはいつも左にすこしずれるな」三人目がいきなり背後でそうコメントした。「前から気づいていた」

ふたり目は場所をあけると、クラブでグリーンをたたいて大きな声でいった。「ぼくのほうがきみより倍はうまいさ」

三人目はボールを打った。ボールは大きくコースをはずれた。

大人の世界では、人を貶《けな》すコミュニケーションがどういう結果をもたらすか、これほどはっきりわかることは少ない。だが複数の人間が働いたり、生活したりしている場では、相手を不安にさせる物言いや、あきれ顔や知ったかぶりやステータスの取りあいや、お粗末な矛盾や無茶なフィードバックが横行し、承認、理解、感謝の気持ちといったポジティブな感情を口に出すことが少なくなっている。自分の成果や関心事でさえ、わたしたちは口にするのを控える傾向がある。どうしてだろう。なぜ互いに高めあうのではなく、弱めるようなことをするのだろう。みんなナンバー2で、妄想をいだいているのだろうか。たしかにそういう一面はある。だがそれがすべてではない。

こうした厄介な問題が起きるのは、わたしたちが心理的圧迫を受けているからだ。成果を出し、私情をまじえないことに注力したほうが、報酬を得られるからだ。人といい関係を結ぶことは二の次。自分についてポジティブなことをいうのは、それが自己表現になるから。他の人とつながり、敬意をあらわすことは、多くの人にとって自己満足のついでに感じる後味みたいなもの。自分を売る気にはなれない。ましてや魂を売るなんて。こういう気持ちでいると、わたしでも、賛嘆したり、胸を張ったりすることを躊躇してしまうし、心にかかっていることを口にするのをためらってしまうだろう。

まっすぐなのはいいことだ。わたしたちは誠実さや率直さといった価値をそれと結びつける。しかしまっすぐな性格は角が立つこともある。それを感じると、かなりつらい。「ingenieur.de」というプラットホームに的確な指摘がある。

「誠実さと開放性は、多くの人にとって追求する価値のあるものだ。だが他人の邪魔になるなら、沈黙するほうがましだ」[21]

共鳴のポテンシャルをネガティブにしない人は、いろいろ工夫している。たとえばミーティングで茶化すのをやめることなどがそれに当たるだろう。友だちとの夕食で会話に興じているときに、イベリコ豚の背肉料理を出して、生産地や焼き方を自慢するのは野暮というものだ。こうした控えめな行為だけではない。協調することの価値は、関心や友好を示すことによってさらに促進される。こうした注意深さは機嫌をとることとは違う。むしろ敬意をもち、生産的な雰囲気を作って、共鳴とエクセレントの道をひらくことが大切だ。お互いに楽になれば、共鳴とエクセレントも生じやすい。

コロナパンデミックがはじまったとき、ドイツ連邦首相アンゲラ・メルケルは、マスクの着用義務や接触制限や文化的生活のシャットダウンが国民の不興を買うことをよく理解していた。演説の中でコロナ政策に反対するデモに対して、無条件に「理解できる」と発言した。実際、こうした制限は「民主的に不合理」だと認め、苦渋の決断だったという。それでもドイツには自由とデモクラシーがしっかり根付いていて、首相自身もそこに「個人的に大きな幸福」を感じるといった(22)。

メルケルはみんなで手を携えて成功を導こうという空気を醸成し、考えの違う人にも同じ船に乗ってもらえるように言葉を選んでいた。たぶんこのレトリックで運命を共にする人の数を増やせただろう。ただしある一点で、メルケルはあなたやわたしと同じだった。

ポジティブな共鳴のシグナルを送ることは宝くじを引くのに似ている。どのくらいの人を動員できるかは未知数だ。

わたしたちが発する関係性への誘いにどれくらい反響があるかは、だれにもわからない。当たり前のことと受けとられず、ビジネスシーンで意識的に導入されないのは、おそらくそのせいだろう。だが、他に選択肢がないのは間違いない。だれもはじめなければ、世界は確実に、さらなるエクセレントを望めない。

「いいだろう、だが……」から「いいだろう、そして……」へ

付き合いのいい、そつのない人は、共鳴の素地を作る。そういう人のコミュニケーションスタイルが基準になるだろう。いい換えれば、そういう人を模範にして人の輪ができるチャンスがある。異なる背景や関心をもつ人の集まりの中で、だれかが空気を変えると、他の人たちも思わず知らず、その例に倣うものだからだ。イェール大学のヒューマンネイチャーラボによる感情の伝染に関する研究がそれを実証している。社会学者ニコラス・クリスタキスを中心とする研究チームは、天気がステータス情報の気分に影響を与えるという知識を元に、フェイスブックユーザー数百万人のデータを分析した。それでわかったことは、晴天から生じる良好な気分は、別の天候の地域にも伝わるということだ。晴天の地域からポジティブなストーリーズを受け取った友達は、天候が悪くても同じように晴れやかな返信を平均二通出している。(23) 研究チームによると、このカスケード効果（他人の行動や言動に引きずられること）はヴァーチャルよりも対面のほうが顕著にあらわれるという。

なんともいえないタイミングにポップアップ記事がモニター上にあらわれた。レスボス島のモリア難民施設で大規模火災が発生してから数日後、ドイツ連邦政府は千五百五十人の難民をドイツに受け入れることを表明した。フォーカス・オンラインによると次の日、「ドイツにつづいて

「ベルギーもレスボス島から百五十人の難民の受け入れを表明した」[24]という。両国の人口の差を考えたら、ベルギーはドイツと同規模の受け入れをすることになる。

ポジティブな振る舞いは他者を引きつけ、他者の思考と行動に浸透する。これは政治に限ったことではない。職場でも、近隣でも、家族の中でも起きる。効果は翌日すぐにはあらわれないかもしれない。むろんいつもというわけにはいかない。自分の刺激が影響を及ぼしたと証明できないこともあるだろう。それでもあなたのイニシアチブが非公式に引き出した結果だといえるはずだ。模範を示すことで、あなたはいい雰囲気を醸し出し、アイデアをまわりに広げる。だから思い立ったらはじめよう。

ポジティブな刺激を世界に送る。

わかったとうなずこう。ワッツアップ（WhatsApp）で「いいね」をクリックしよう、コーヒーを出そう、批判は控えよう、つべこべいわずに仕事を引き受けよう、おめでとうというグリーティングカードを送ろう、感謝を言葉にしよう。気分の管理者あるいは非公式のムードメーカーとして、あなたが買われることは間違いない。まわりの人たちはエクセレントへのさらなる一歩を踏み出すはずだ。及び腰になってイエスマンとなったり、対抗馬として御しやすいと思われたりするのは損だ。付き合いやすさを不必要な親切と勘違いしてはいけない。それでは他人の心に届かない。付き合いやすさは社会的ツールだ。共鳴のための地盤を作る人は、解決策を追求することに貢献する、と上司に評価されるだろう。こうしてその人はグループの立役者となる。

ITコンサルタントおよび技術革新で世界をリードする会社の三人の若いアナリストが、学生とワークショップを行ったことがある。テーマは「デザイン思考はどのように機能するか」参加した学生は三学期目でまだ経験が不足していた。学生たちのプレゼンテーションは練習の域を出なかった。それでも三人のアナリストは批判を控え、学生の発言の途中で口をはさまず、完全に発言し終わってから、考える余地を与え、マテ茶を出してリラックスさせた。アナリストのひとりはアイデアの流れを反芻していった。「もっと大胆に考えてみたらどうかな?」

最後のこのフィードバックは考え抜かれた建設的なもので、学生たちはみな、もっと改善しなければならないと気づいた。

異なるアイデアとものの見方が摩擦を起こすとき、変化と成長に火がつく。だからといって、自分のアイデアが価値を失うわけではない。その逆で未知の刺激を受け、その価値を認識して吸収し、そこからさらに考えを進めるなら、自分自身のアイデアも開花して、熟成する。共鳴が起きれば、逆のことも起きる。自分自身が作用を及ぼし、他人になにかを与える。ウェブサイト「未来研究所(ZukunftsInstitut)」の事務局長ハリー・ガッテラーが書いている。

「触れられることと触れること。これが両立してはじめて、共鳴について話ができる[25]」

スター料理人ヨタム・オットレンギはテルアビブで哲学を学び、ロンドンで調理師の資格を取った。母親はドイツ人で、父親はイタリア人。オットレンギは、じつにさまざまなものを自家薬籠中にしている。本人はチームが最善を尽くせるようにすることが自分の最大の強みだと任じていて、ことあるごとに高い要求を出すことで知られている。彼専属のパティシエ、ヘレン・ゴーがいっている。

「彼はタフだ。彼のフィードバックは誠実でストレートだ。期待値は高いが、とても心が温かく、ひらかれてもいる(26)」

共鳴は対立や摩擦、容赦ない品質向上を排除するものではない。むしろそうしたものを促す。ただし、対立しても相手を拒否しない点が違う。むしろ対立は、内省とさらなる考察のきっかけとなる。「いいや、無理だ」とか「そうではあるが」とか返答するのではなく、共鳴関係では「そうだ。さらにいえば」というべきなのだ。思考の糸は、慣れ親しんだパターンをはずれて、さらに紡がれ、新しい道と可能性がひらけ、アイデアを発展させ、具体化し、完璧に近づける。

まとめ　アイデアを響かせる七つの試み

自分だけが正しいと主張するような井の中の蛙に先はない。慣れ親しんだものを超えて成果を出す秘訣は、ポジティブな共鳴だ。他人の言葉に耳を傾け、相手に自分の話を聞いてもらう。そういう響き合う意見交換が、わたしたちの中のなにかを変化させる。ささやかな変化かもしれないが、ときには根本的な変化になることもあるだろう。あいにく共鳴は、スーパーフードの盛り付けのように注文して得られるものではない。共鳴が起こりやすい条件を整えることしかできない。

1 仲間とアイデアを紡ぐ

「もしわたしが遠くを見渡せたとしたら、それは巨人の肩に乗っていたからだ」

これは万有引力を発見したアイザック・ニュートンの言葉だ。[27] ニュートンはおそらく、わたしたちがいまもしているように、先人の成果のことをいったのだろう。だがこれは、共に行動する者にもいえることだ。最高のアイデアをひとりで思いつくことはまれだ。すぐれたソリューションはたいていの場合、さまざまな人の貢献の賜だ。デザイン思考の基本ルールのひとつに「量にこだわれ」というものがある。これにはそれなりの理由がある。しかし多くの人の知識からメリットを得るつもりなら、他人の貢献が未熟だとか、上辺だけだとか、本質的ではないと思っても、黙殺しないことだ。共鳴からもっともメリットを得るのは、「トムの走り書きがなかったら、こんなに早くここまでできなかっただろう」というようにみんなの貢献を認めるグループだ。評価が得られなかったり、少なかったりしたとき、人はいいアイデアを出し惜しみするものだ。

2　だいじなのは共鳴であって、熱狂ではない

共鳴は無理強いしてもだめで、手をかけないといけない。互いに耳を傾ける環境でこそ、花を咲かせる。理想的なのは共通の目標に向かって支え合うことだ。波長が合ったときは気持ちがいいものだ、とハルトムート・ローザはいっている。

「だれにでも、人生はこうでなくては、これがしたかったんだという瞬間がある。わたしが共鳴と呼ぶものを体験した瞬間だ(28)」

精神が活発になる気持ちのいい環境には、きっかけがいる。評価を態度で示すこと、摩擦のない状態、失敗から積極的に学ぶ文化、インスピレーションを与える空間、そうそう、つい集まりたくなる、調理器具が整ったオフィスキッチンもいい。とにかく訓練や命令でできるものではない。上司がたくさん風を吹かせて共鳴を起こしたくても、「がんばれ」といった直接的なアピールは貴重な機運を損なうだけだ。

3　意識して刺激を与える

共鳴は意見の一致とは違う。だいじなのは共通点を見つけることではなく、すばらしい解決策をいっしょに見つけ出すことだ。異なる意見やものの見方は新しいアイデアを生み出し、より良いソリューションを見つけるために必要なものだ。自分の強みを意識しよう。刺激を与えよう。自分の視点や

スキルを、手を抜かず意識して注ぎ込もう。事実に即し、誇張せずに言葉にし、複雑な連関や局面に対する理解を構築しよう。重要なのは全体を支配したり、コントロールしようとしないことだ。他の人をないがしろにせず、接点を作り、相手の心に届くことがこの技の神髄だ。

4 ものごとのバランスをとる

共鳴は不用意な言葉ですぐ台無しになる。オフィスでのなにげない言葉のように、ささいなことで抵抗が発生し、お互いの声を聞く雰囲気が壊れる。細部にこだわったり、時間制限がプレッシャーになったり、自分の立脚点に固執したりする場合も同じだ。重要なデータは伝えるべきだが、すぐに解決しようとしてはいけない。自分が正しいと主張するのを控えて、問題点をオープンにし、異論を唱えられるようにしよう。そうすれば、他の人もプレッシャーを感じることなく、さまざまな意見を出す。高齢になっても正義のために戦ったアメリカ連邦最高裁判事ルース・ベイダー・ギンズバーグ（一九三三―二〇二〇）はまさにそれを実践していた。

「判事は考えつづけ、変わりうる。いまなお盲点のある法廷が、明日に広く目を見ひらいて、世界を見られるよう心掛けてきた[29]」

共鳴するチームも同じことをする。チームに活気が生まれるとしたら、それはチーム内でなにかが響いたからだ。それには時間が必要だ。アイデアがそのまま採用されることもまれにはあるだろう。だが、どちらかというと考察の一部となることの方が多い。あるいはローザがいみじくもいっている

ように「新しい可能性をひらく共通認識」の一端となるだろう。(30)

5　思いやりを見せる

言い争いは共鳴を壊す。それに対して、思いやりや同調はソフトに共鳴の後押しをする。だからチーム内ではみんなに最後まで発言させ、反論は口にしない。さもないと発言者は攻撃されたと感じて、異なる考えを口にしなくなる。それから発言について考える時間を取ろう。モノローグになることを避け、みんなが発言できるように、話す時間を適度な長さで区切るようにする。発言の最後には、発言者の交代がスムーズにいくように声のトーンを下げる。全員が同じようにしっかり発言できることが理想だ。共鳴が起きれば、活気が生まれ、熱弁をふるう人も出てくるだろう。知覚能力が上がり、さらに利点が増え、仲間意識が生まれ、喜びや感動を覚えることだろう。

6　気持ちを丁寧に伝える

マイクロソフトのCEO（最高経営責任者）サティア・ナデラは、すべての管理職にマーシャル・ローゼンバーグの著書『NVC　人と人との関係にいのちを吹き込む法』を読むようにいっている。気持ちをストレートに言葉にすることを、その本から学べというのだ。

「悲しい、腹が立つ、不安だ」というように。逆に不和の責任を間接的にだれかに押しつける言い方もある。「プレッシャーを感じる。失望した。無視された。一杯食わされた」こうしたあてこすりはポジティブな関係を築く障害になる。相手は身構えて、共鳴する可能性は失われる。

7 明解な文がいい。仮定の話の場合もだ

共鳴することをめざす者は、不協和音を主要テーマにしてはいけない。代わりに異なる考えをいつもよりも強い言葉でいうのも、戦術的には利点がある。具体的でストレートな言葉は、ものごとを説明し、ポジションを確保するにはうってつけだ。しかし同時に、自分の意見を絶対視しないようにしよう。「わたしはそう感じるのです」「〜のような印象をもっています」「他のアイデアなら」「ちょっと思いついたのですが」といったさぐりを入れる表現や角の立たない言葉を使えば、自分の仮説の他にもいろいろ意見があることに気づけるだろう。言語学では「ヘッジ表現」と呼ばれているものだ。あいにくドイツでは、英語圏と違って、自信のなさのあらわれとか、言葉が見つからないときの逃げ口上とみなされている。それでもわたしは、ヘッジ表現を勧めるし、自分でも利用する。ちょうど仮定の話をするのと同じように。微妙な差異をつけた物言いとしてヘッジ、つまり生け垣に似た機能を果たす。コミュニケーションが冷え込むことから守ってくれるだろう。協調は、通常しないより、したほうがいい。

まとめ
「アイデアを響かせる7つの試み」

1. 仲間とアイデアを紡ぐ
2. だいじなのは共鳴であって、熱狂ではない
3. 意識して刺激を与える
4. ものごとのバランスをとる
5. 思いやりを見せる
6. 気持ちを丁寧に伝える
7. 明解な文がいい。仮定の話の場合もだ

第9章 リーダーシップ

真にエクセレントな人は
自分自身を超えることをめざす

二〇二〇年秋。新型コロナウイルス感染症がいまだに世界を席巻していた。このとき、わたしは三人の人に感銘を覚えた。ひとりはご多分に漏れずウイルス学者のクリスチャン・ドロステンだ。彼は今回の危機の導きの星だ。ふたり目はスターピアニストのイゴール・レヴィット。パンデミックのあいだ自宅から何十回となくホームコンサートをストリーミング配信し、数十万に及ぶ世界中の人がリスナーになった。三人目とはあるドラッグストアのレジで出会った名前も知らない人だ。わたしはロックダウンがはじまったときスペルト小麦を五袋買おうとして、そのレジ係に注意されて三袋を棚に戻した。そのときのことがいまでも記憶に残っている。

わたしにとってリーダーとは、他の人に最善を尽くさせる人のことだ。いざとなれば責任をとり、頼まれなくてもみんなをリードする。人を勇気づけ、能力を発揮させるのに、大物政治家やトップマネジャーである必要はない。わたしたちにも職場で、親として、社会で、学校で、コミュニティで、ボランティア活動でリーダーになる素質はある。そのためにはなにが必要か、第六代アメリカ合衆国大統領ジョン・クィンシー・アダムズ（一七六七－一八四八）はすでに二百五十年前に気づいていた。

「あなたの活動で他人がインスピレーションを得、もっと夢を見、学び、行動し、成長するなら、あなたがリーダーだ」

ＭＢＡなどの資格よりもパーソナリティがはるかに重要ということだ。

リーダーシップは心構えであり、職位ではない

マネジメントとリーダーシップは同じではない。どちらもイニシアチブを取る点では同じだし、多くの役員はこのふたつのスタイルを自分のものにしているが、両者には本質的な違いがある。企業を例にとれば、管理職は従業員を従え、リーダーはインスピレーションを与えて、部下をエクセレントな存在にする。だがこれは職場に限ったことではない。理想をいえば、リーダーは接した人の心をとらえて、世界を変える。

リーダーシップの資質があるかどうかは、トップのポジションにいることとほとんど関係がない。数千人の従業員がいるコンツェルンで采配を取るＣＥＯ（最高経営責任者）でも、首相の座にある女性の政治家でも、その点に変わりはない。その人がマネジメント派かリーダー派かは、アプローチの仕方で決まる。管理職はマネジメント派だ。従業員は管理職のために働く。管理職の指示に従い、中には出世しようと無理をする者もいる。管理職本人も自分が認められ、技術水準に置き去りにされないために最善を尽くす。通常、手堅く、ときにはすぐれたパフォーマンスを見せるだろうが、世界を変えるようなテクノロジーの革新やビジネスのアイデアを生むことはあまり望めない。

リーダーの考え方や行動の仕方はこれとは違う。自分の関心事や志が原動力だ。「ビジネス・ファクトリー・マガジン」誌によれば、管理職は貸借対照表を気にするが、リーダーは気にしない[(1)]。理想的なケースでは、リーダーは指標となるアイデアで他の者たちを感激させ、自分のやり方で主題に取

り組むためなら、既存の製品を投げすて、既成の限界を突破する。そういうリーダーの中にはすぐれた地位についている人もいる。たとえばアップルCEOのティム・クックや、二〇一九年に大西洋評議会のリーダーシップ賞を贈られた欧州中央銀行総裁クリスティーヌ・ラガルドだ。他にもすでに名を成し、それを基盤に次々に成功を収めている人々がいる。たとえばゲイツ夫妻、オバマ夫妻。職務につかず、依頼を受けていなくても、必要だと思うがゆえにイニシアチブを取る人々もいる。たとえば若い環境保護活動家やピアニストのイゴール・レヴィットなどだ。レヴィットはベートーベンのソナタ全曲をレコーディングしただけでなく、ツイッター（Twitter）で時事的な政治問題へのコメントをつづけ、フォロワーを増やしている。

半年の中断ののち「未来のための金曜日〈フライデー・フォー・フューチャー〉」が気候保護のためにデモをすることになったとき、イゴール・レヴィットは@igorpianist名でツイートした。「みんな、明日は環境ストライキをする！　いっしょにやろう。友だちや家族を誘おう。マスクと傘を忘れずに。待っている！(2)」

レヴィットは政治的な発言で注目され、新しいターゲットグループを作った。もちろんリーダーシップは評判を高めるから、多くの人とつながって利益も生むだろう。だがそんなことよりも、肝心なのは別の面ではないだろうか。デモクラシーと気候のための社会参加、反ユダヤ主義や少数者の排除への反対表明によって、レヴィットは社会の先入観を目に見えるものにし、それを取り除くことに貢献している。（音楽活動ではなく）「このすぐれた活動」に対して、レヴィットは二〇二〇年秋にドイツ連邦共和国功労勲章を受章した。

政界であれ、経済界であれ、大会社であれ、家族であれ、ソーシャルメディアであれ、ドラッグストアのレジであれ、また公式であれ、非公式であれ、リーダーのエクセレントなところは、人々に道を示し、巻き込み、眠っているものを引き出すところにある。ハーバード大学教授ジョン・P・コッターはリーダーシップをそう定義した。デジタル化という言葉が生まれるはるか前に、コッターは「変化が多くなれば、もっと多くのリーダーシップが求められる」と認識していた。成功の方程式は存在せず、五パーセント改善するどころか、昨日できたことが今日またうまくいくとも限らないという。重要な変化は、オーラで人々を感化し新しいものに飛びつくように仕向けるオピニオンリーダーやパイオニアからしか生まれない。

リーダーシップの行動特性《コンピテンシー》をもつ人の影響範囲はじつにさまざまだ。大きいところでは、メリンダ・ゲイツのように女性の権利向上に尽力し、世界的なスターの協力をとりつけることもある。小さいところでは、危機の中で客に日ごろの購買習慣を考え直させるレジ係もいる。コロナ禍以降、チームの大多数はホームオフィスで組織されるようになって、ボスの管理や指示は行き届かなくなった。これからは信頼と協調とインスピレーションが必要となる。

といっても、実際にはまだそうできていないことが多いだろう。ほとんどの企業は過剰にマネジメントされ、進むべき方向の提示を疎かにしている、とコッターはいっている。会社役員も、子どもにつきまとうヘリコプター・マザーも変わりはない。相手の自主的な行動を待つよりも、自分でさっさとやってしまうほうがずっと楽だ。無理もない。わたしたちの多くが、小さいころからそういうふうに教え込まれてきたのだから。

砂場でのケンカに割って入り、宿題を手伝い、運動着を探し、サッカーでは子どもたちが充分にプレイ時間を確保できるように奔走し、老朽化して危険になった化学教室の建て替えに匿名の寄付をし、「親子」で大学入学資格試験《アビトゥーア》をやり抜いたら、また次のハードルが待っている。仕事と進学の選択だ。表面上、ヘリコプター・ペアレントや教育ママが教育に細かく口を出すのは正しいように見えるが、そこには欠点もある。よかれと思って口を出すことは、あなたにはなにもできないというシグナルになりうるからだ。それは子どものイニシアチブにブレーキをかけ、人任せにするようになり、自意識を蝕むことになる。

地平線の先まで道はつづく

良いマネジメントは多くのことを達成する。期待どおりの成果をもたらすだろう。評判のよくないマイクロマネジメントでさえ、短期的には望んだ成果を出せるだろう。マネジメントの安定感を軽視してはいけない。管理職は進路を示し、一般社員はその指示に従う。すべては計画どおり。最後にはめざす結果を出す。企業家向け専門誌「クレジットリフォーム（Creditreform）」によれば、伝統的なマネジャーは能率化とリスクマネジメントによって「一度達成した成功をうまく維持すること」に長けているという[3]。たしかにそのとおりだし、重要な点だ。だが同時に大きなチャンスを逃してもいる。テクノロジーと科学は日進月歩だ。デジタル化による混乱は、まったく新しいビジネスモデル、生活モデルと学習モデルをもたらすだろう。そのことを考え、あえて試し、実践することは大切だ。ところが伝統的なマネジャータイプの人間にはそうする想像力とインスピレーション力がない。一方、すぐれたリーダーは多かれ少なかれ、それがすぐにできる。

リーダーは指図するのではなく、方向を指し示すもの。

従ってリーダーシップがヒエラルキーでできあがった指導体制を安定させられるのは、緊急事態のときのみだ。トップにリーダーシップがなかったら、どれだけの人間がアイデアを検討し、ヴィジョンの価値を認識し、模範に従い、既存の考え方に縛られずに、自分のすぐれた部分を発揮させられるか、だれにも予測がつかない。

日常の出来事を考えたらわかるだろう。たとえばストリートパーティでミツバチについて詳しい隣人がそのことを熱心に話したとする。何人かが興味をもってディスカッションに加わり、数週間後、数軒の隣人が野草の種をまくだろう。そしてまた他の人がまねをし、関心が広まるかもしれない。だがなかには昆虫のビオトープを作ることをばかげていると思う人もいるだろう。ビジネスシーンも同じだ。出されたアイデアが画期的だとしても、他のスタッフがインスピレーションを受けて、賛同するかどうかは未知数だ。

もちろんリーダーシップが人を動かすときは、大きなことが起きる。リーダーは洞察力、カリスマ性、エクセレントな資質でことを動かす。多くの人が協調し、知恵を出し、夢中になることで、リーダーの力は大きくなり、変化が起きる。

それまでだれも考えなかったことが突然考えられるようになる。

時間を十五年戻そう。あなたが当時すでに成人だったら、数年後にレストランとカフェが禁煙になるなどと想像できただろうか。あるいは数億の人がホテルに泊まらず、貸しマンションや貸別荘を利用するようになると思えただろうか。[4] またスマートフォンのリラックスアプリで安静と瞑想を得られるなどと予見できただろうか。ゼバスティアン・フランケンベルガー、ブライアン・チェスキー、アンディ・ピュディコムは、そういうヴィジョンを抱いて、意識の変化をもたらした。非喫煙者の保護やエアビーアンドビー社や瞑想アプリ「ヘッドスペース（Headspace）」を押し進めた人たちは、はじめは無名だった。世界を変えるのに、かならずしも資金と権力は必要ないということを世に示した人たちでもある。関心の高さと目標の設定とアイデアを充分、人に伝え、納得してもらえれば、企画が会社に通ることはめずらしくない。そしてときには大成功を収めることもある。

⋯⋯⋯

独自の片づけ法を開発して、何冊ものベストセラーを出した女性がいる。「タイム」誌は世界でもっとも影響力がある女性百人に数えている。ネットフリックスではじまった番組『コンマリ

～人生がときめく片づけの魔法～』は二〇一九年、エミー賞二部門にノミネートされた。英語では彼女の名前から「to kondo」という動詞が生まれ、ラディカルに片づけることと同義語になっている。近藤麻理恵はだれもがしていることで、どうやって途方もない成功を収めたのだろう。自分のアイデアに火をつけ、人々を夢中にさせたからだ。他のリーダーと同じように、信奉者から仕事を取りあげるのではなく、みずから活動し、成長するように刺激したのだ。

すぐれたリーダーシップのための六つの基準

リーダーシップは変化をもたらす強い力だ。エクセレントな技量としてリーダーは、自分のヴィジョンや関心事や技術革新力を世界に広げる。リーダーの威光によって、人はリーダーを信じ、信頼し、自発的に従って、上意下達やヒエラルキーから解放される。リーダーという言葉は人を導く立場の人間の名称の中でも、もっとも名望があるだろう。わたしたちは役員、管理職、取締役社長、CEOなどよりもリーダーにロマンチックな、そして大きな期待を寄せる。ウェブサイト「未来研究所(ZukunftsInstitut)」には、リーダーは「独創的な人間であり、人文系の教育を受け、価値観に揺るぎがなく、感情に左右されやすいが、それを自覚していて、情熱的で好奇心と学習意欲がある」という[5]。

リーダーシップという言葉は価値観と洞察力を連想させる。

マーティン・ルーサー・キング、マザー・テレサ、ビル・ゲイツを思い浮かべればいいだろう。あるいは百歳になる第二次世界大戦の退役軍人サー・トーマス・ムーア。ムーアは歩行器を使って自宅の庭を、一日十回、計百回歩くことを目標にした募金活動をはじめた。彼の活動は数十万人のイギリス人を動かし、保健サービスのために三千万ポンドの寄付を集めた。

「人は人間を好きにならなければならない。そしてだれにでもいいところがあることを認識する必要がある。リーダーとは、人間からいいところを引き出す人のことだ(6)」

これが、ムーアが考えるリーダーシップの理想だ。

気高い発想だ。だがそう簡単ではない。リーダーシップは善意に基づくエクセレントなマネジメントではない。リーダーも道徳的で清廉潔白とは限らない。彼らとて負荷のかからない労働文化や学習文化を、諸手を挙げて保証するわけではない。すぐれたリーダーがいる一方で、有害なリーダーも存在する。政界や経済界を垣間見れば充分だろう。ナルシスト、マキャベリスト、サイコパスもリーダーとして信奉者を魅了する。ご多分に漏れず、真実はその中間にある。だれもが認める歴史上もっとも偉大でエクセレントなリーダーたちは、世界をポジティブな方向に変えられることを身をもって示しているが、かといって、粗野で向こう見ずな行動をまったくしないといったら嘘になる。

……

二〇一一年に亡くなったとき、スティーブ・ジョブズは世界でもっとも価値のある企業を作りあげ、パーソナルコンピュータ、電話、小売り、音楽の聴き方、読書や映画鑑賞の仕方、わたし

……

たちの生活を変えた。死後十年が経ついまなお、彼のリーダーとしての魅力は薄れていない。しかし、尊大で、人を見下し、短気なところもあった。

世界でもっとも成功した起業家のひとりリチャード・ブランソンが回想している。

「スティーブ・ジョブズのリーダーシップスタイルは専制的だった。細部にこだわり、彼を模範とする、同じ考えの人間をはべらせていた[7]」

ジョブズ自身は、要求が高い自分のむずかしい性格をこう弁明している。

「わたしの役目は人を楽にすることではなく、人をよりよくすることにある」


リーダーシップは感情と魅力を糧とする。カリスマ性があり、魅力的なアイデアやプロダクトや技術革新を提供する人は、自分のために一般社員、チーム、有権者、購買層、学生といった人々の心をとらえる。うまくいけば、模範像やコミュニケーション力は学習プロセスやコミュニティの活動に拍車をかけ、最終的にポジティブな結果をもたらすだろう。だが最悪の場合、リーダーは利己的あるいは破壊的な目的のために、自分のカリスマ性を乱用する。リーダーシップがうまくいけば、彼の信奉者が盲目的かつ狂信的に追随する危険も高まる。

リーダーシップは良くも悪くも感情に訴える強い力を発揮する。だから従来の指導方法よりもはるかに良心的な行動をとらなければならない。

管理職や職業政治家はリーダーに比べて感情的結びつきがあきらかに希薄だ。そのせいで課題への没入が阻害され、成長のポテンシャルが使われずに終わることがある。一方で感情的な結びつきが希薄な人は、濃高な人ほど独善的ではない。すぐれたリーダーはこの違いを知っていて、人に及ぼす自分の力を自覚している。そして道徳的にポジティブな影響を与えるためにのみ自分の影響力を行使し、人間と社会の発展に寄与する。もちろんその才能をモラルと品位をもって使うことが前提となる。史上もっとも成功した投資家ウォーレン・バフェットがすべての一般社員と管理職に向けて発した言葉は、他のだれよりもリーダーに当てはまる。

「就職希望者を選択するとき、誠実さ、知性、エネルギーという三点に注目しなければならないという人がいる。しかし一般社員が誠実でなかった場合、知性とエネルギーは害悪でしかない。考えてみたまえ、もし陰謀をめぐらす人間を雇ってしまったら、その人間が愚かで怠け者だったらよかったのにと思うだろう」

だから自分に対して道徳的にきびしいというのがエクセレントなリーダーの核心となる。それこそがリーダーの目印だといえる。

誠実さ

すぐれたリーダーは善良な人間であろうとする。道徳的に正しいことを進んで行い、組織を自分よりも優先する。道徳的問題を熟慮し、倫理的に行動する心構えは内面から生じるもので、両親やパートナーによって刻印されている。

責任をとる

リーダーは行動の結果に責任をとる。自分の管轄下にある下部組織で起きたことすべてに対してだ。なにかがうまくいかなかったとき、リーダーは責任をとり、ミスを修正し、自分がどう関わっていたかを内省する。知らなかったといって言い逃れはしないし、他人に責任を押しつけたりしない。

同じ目の高さ

リーダーは他者の意見に耳を傾け、性差、年齢差、異なる出身、行動特性《コンピテンシー》、考え方をうまくまとめあげる。自分の先入観や固定観念を意識し、それに毒されないように気をつけ、どうしたら多様な人材からなるグループを成長させられるか理解し、そのチャンスを逃さない。

人間志向

ドイツの哲学者エーリヒ・フロムがこう説いている。力には、なにかを支配するためのものと、なにかに近づくためのものがある、と。すぐれたリーダーは近づくための力を利用し、だれにも損害を与えずに自分の目的を達成し、非現実的理想を追わず、プロセス志向や効率性やテクノロジーの導入よりも人々の関心のほうを重視する。

個人的成長

リーダーは生涯成長をつづける。絶えず新しい目標を立て、邪魔な習慣や主義主張を特定し、ストレスに起因する機械的動作〈オートマティズム〉をセルフケアによって予防する。ネガティブな刺激を認識した場合は、適切な言動ないしは行動をとることで、あるいは言動や行動を一切しないことで、その刺激を回避する。

一貫性

リーダーは評判を上げるために倫理的な行動をとるわけではない。またソーシャルメディアがささいなミスでも公にするからでもない。リーダーはつねに、決まりごとを尊重し法律を遵守する。

シンプルにして印象的な例は、アップルのCEOティム・クックだろう。倫理的なリーダーは経済犯罪的な行為をしないよう全力を尽くすものだという。倫理的な指針に基づいて生きているからだ。

「端的にいえば、物事を当初の状態よりも良くして後に残すことがだいじだ」

そのさい、従業員との関わり方やビジネスパートナーとの協調、製品のエコロジカルフットプリント（地球の環境容量を表す指標）の高水準を持続することができるかどうかが重視される。

「わたしたちがアップル社でしようとしていることがそれだ。そしてわたしはそういう人生を生きようとしている[8]」

崇高な目的

典型的なことだが、すぐれたリーダーは、雄弁からカリスマ的な立ち居振る舞いにいたる、すぐれたコミュニケーション能力を有している。だが影響力の核心はリーダーの内面にこそある。**すぐれたリーダーは自分がなにをしたいかわかっている。目的、夢、志のために熱いメッセージを送る。**

ココ・シャネルは革命的にシンプルなファッションで女性をコルセットから解放し、服飾の歴史に名を刻んだ。マーティン・ルーサー・キングはアメリカ合衆国における人種差別の廃絶をめざした。スティーブ・ジョブズは革新的で意表をつくテクノロジー製品を生み出すことに取り憑かれていた。ジョブズの同僚たちは彼の原動力を「崇高な目的」と呼んだ。

たいていの人間はそういう大きな関心をもたない。多くの人は自分がなにをしたいのか、うまく言葉にすることもできないだろう。自分のアイデアで世界を揺るがさなくても、ミーティングや交渉の際、事前に方向性を明晰にイメージする人がいる。そういう人は非公式《インフォーマル》のリーダーだといえる。他の人が頭をかっかさせながら議論しているあいだ、先見の明がある人は、その問題の長所と短所をとっくに検討しているものだ。なにがだいじで、どんな可能性があり、テクノロジーをどのように導入し、どういう論拠で相手を説得するか、イメージができあがっている。そしてそのとおりに自分の立場をあきらかにし、アイデアのない者や充分に情報のない者を自分の提案に取り込む。

公式であれ、非公式であれ、リーダーが人を動かすとき、これが強みになる。他の人が迷っているうちに、リーダーは立場を表明し、アイデアやヴィジョンを展開する。こうした明晰さはVUCA的世界ではとても魅力的に映る。テーマが複雑で、可能性が多様で、不確実であればあるほど、目標と方向性を提示するメッセージは魅力的に見える。アイデアが苦肉の策ではなく、すばらしいと実感できるものであれば確実にそうだ。

ハンブルクのエルプフィルハーモニーがこのところ注目されている。だがハンブルク市当局が本来この場所にメディア・シティ・ポートという複合施設を建てる予定だったことを知る人は少ない。変更されたのは、アレクサンダー・ジェラルドとヤーナ・マルコという建築家ペアのヴィジョンによるところが大きい。ふたりは個人的なイニシアチブで二〇〇一年、ハンブルク市議会にコンサートホールを建てることを提案した。市議会の反応は芳しくなかったが、ふたりの建築家は後に引かなかった。支援者を動員し、バーゼルの建築設計事務所ヘルツォーク&ド・ムーロンに設計を依頼した。波止場の古い倉庫の上にガラスのウェーブを載せるという草案が、市議たちをあっと驚かせ、ジェラルドとマルコのヴィジョンは二〇一六年十一月に実現した。(9)

模範、ヴィジョン、情熱。人を動かし、日常的で根本的な変化をもたらすものを言い表すのに、こ

れほどすてきな言葉はない。コンサートホール建設を承諾させるにも、教育実習生を企業内教育に熱中させるにも、女性の権利のために世界中の人の意識を向上させるにも、リーダーには人を虜にし、同じことに身を捧げたくするような内的な関心が必要になる。

個人的使命感には大小あるし、目立たないものもあれば、世界を変えるものもある。また世間の注目を集めるものもあれば、人の目に触れないものもある。子どもを助けたい、少数派に光を当てたい、地域をよくしたい、未来志向のテクノロジーに門戸をひらきたい、複雑な問題をわかりやすく見せたい、人と人をつなぎたい、なにか新しいことのイニシアチブをとりたい、懐疑的な同僚を納得させたい、職場やプライベートでみんなに自信をもたせたい。内容はさまざまでも、企画に新たな道を拓くのがリーダーの仕事だ。まちがっても、金儲けとステータスを求めてはいけない。少なくとも表面上は。金儲けとステータスは、リーダーシップを発揮したあとについてくるものだ。

「わたしは学問的思考を政界や社会に根付かせたいのです」と化学者のマイ・ティ・ニュエン＝キムはいっている。マインツ大学、ミシガン工科大学、ハーバード大学で学んだ三十三歳のニュエン＝キムは、博士号取得後、「ただ面白いから」ユーチューブに最初の学問チャンネル「マイラブ（Mailab）」を開設した。その人気ぶりはドイツ公共放送連盟（ARD）と第二ドイツテレビ（ZDF）が目をつけたほどだった。そして西部ドイツ放送・ケルン（WDR）の科学番組「クォークス（Quarks）」の司会者になり、二〇二〇年秋、ニュエン＝キムはコロナ・パンデミックの啓蒙活動に対してドイツ連邦共和国功労勲章を受章した。[10]

リーダーは情熱と技量をもって活動する。リーダーの魅力は、他人も同感するような強くて魅力的な関心をもっていることにある。一対一で相対するときに、その魅力はとりわけ発揮される。たとえばマイスターになったばかりの女性の職人が学校での実習で、ひとりの女子生徒を触発したケースがある。生徒は実科学校（ドイツにおいて十歳から就学する六年制の中等教育学校）卒業後、是が非でも暖房機器の設置を専門にする職人になりたいといった。ひとりの人間の関心事でしかなかったことが、数千、数百万の人の考えと行動を変えたケースもある。ニュエン＝キムは化学の問題を扱いながら、数百万人のフォロワーを抱えている。マイクロソフト社社長サティア・ナデラは、自分たちの企業を刷新して、収益優先で影が薄くなった進歩を取り戻そうといって、およそ十五万人の従業員に発破をかけた。アレクサンダー・ジェラルドとヤーナ・マルコは、ほとんどふたりだけで町を輝かせ、世界が感心するような文化施設を実現させた。

リーダーシップは大なり小なり、関心からはじまる。

関心がすべての基礎であり、それを抱いた者の本質と分かちがたく結びついている。しかし世界にその目標を知らしめるには、すぐれたコミュニケーション能力がいる。多大な努力とすぐれたパフォーマンス能力も求められる。もちろん納得のいくポジティブなコミュニケーションなしに、多くの人を巻き込むことはできない。

信頼は一貫性に基づく

リーダーシップはいたるところで見出される。ミーティング、カフェテリア、食卓、新年会、見本市会場、顧客との会話、駅へ行く道すがら。人といっしょにいるかぎり、わたしたちはアイデアを出し、実例をもって影響を与え、変化を突き動かすことになる。こうした浸透力に関しては、古代ローマの政治家マルクス・ポルキウス・カトーの右に出るものはいないだろう。カトーは自分の考えを一貫して説きつづけた。二千年後の歴史ファンまで耳を傾けるほどに。

「ちなみにカルタゴは滅ぼされねばならないとわたしは考えている」

カトーは古代ローマの元老院でスピーチをするたびに、その日の議題がなんであろうとかまわず、この言葉で締めくくったという。結果的にそうなったからカトーは正しかったことになったが、いまから見ても、彼の論点には信憑性がなかった。結局わかりやすいメッセージをしつこく出しつづけた者の勝ちなのだ。

それに対して、今日はこういい、明日はああいう人は、学識経験はあるかもしれないが、コミュニケーションの観点では、デパートに対する高級専門店に似ている。デパートには自由度があり、高級専門店は特化している。この原則に従えば、身体検査の際にホームドクターにコロナ禍の現状を聞くよりも、この数ヶ月ずっと同じテーマを発信しつづけているドロステンのポッドキャストのほうがいいし、これからもそうであるはずだ。

名を知られ、フォロワーを多数抱え、理想とされるのは、ただ学識があるだけではなく、同じテーマを定期的に発信している人だ。

ヴェニスを舞台にしたミステリシリーズ小説を書いているダナ・レオンの成功は、この再認識によるところが大きい。これは「平等」という言葉をお題目のように唱えているメリンダ・ゲイツがグローバルな発言力をもっていることにもいえる。女性の権利、ワクチンの配布、正当な報酬、自分の理想であるルース・ベイダー・ギンズバーグなど話題はさまざまだが、メリンダ・ゲイツはスピーチやネット配信やインタビューで、まるでワーグナーのオペラのライトモチーフのように「平等」という言葉を繰り返す。

反復の有効性についてはミシガン大学社会調査研究所の心理学者キンバリー・ウィーバーの研究がある。(11) 一千人の学生を対象にしたその研究で証明されたのは、頻繁に耳にする考えに人は感化されるということだった。興味深いことに、それが複数の人のアイデアか、ひとりの人物から繰り返し聞かされたものかどうかは、なんの意味ももたない。とにかく頻繁に耳にするメッセージは頭にこびりつくのだ。そしてその意見に慣れて、当然のことだと思うようになる。リーダーシップにとっておそらくもっとも重要な信頼はそこから生まれる。(12)

だれよりもエクセレントで有名なリーダーはこれを一貫して行う。あらゆるチャンネルを駆使し、さまざまな文脈の中でバリエーションを変えながら夢のあるわかりやすいメッセージを発信する。そうすることで一定のキーワードと基本思想を浸透させるのが狙いだ。ポジティブで夢のある言葉を使えば、自分のヴィジョンは他の人々に伝わる。

共感、学習、技術革新という言葉は、それっぽく聞こえるデジタル化のバズワードだ。だがマイクロソフトCEOのサティア・ナデラほどそれを信じている人はいないだろう。しかもナデラはそのことを話したり、書いたりするだけではない。それを具現化してもいる。彼の言動はすべて、共感力で他人を感化する人だという評判から寛容と思いやりのある振る舞いにいたる彼の価値を体現している。ナデラはこうして、自分と自社のために強い立ち位置を手に入れている。明解なメッセージを出すので、メディアや情報伝達者はそれをそのまま引用することができる。

もしかしたらあなたは同じテーマと言葉が反復されることにうんざりし、繰り返されるメッセージを薄っぺらだと思っているかもしれない。一箇所にとどまることをよしとせず、さまざまな畑で働きたいと。仕事上でも、個人としても、そういう嗜好を我慢する必要はない。もちろんリーダーシップとそれに伴う重要な変化を達成できるのは、他人の心に触れ、動かすときだけだ。そして他の人があなたのしようとしていることを明確に把握することが前提となる。

それは基本的にインスタグラム（Instagram）と同じだ。フォロワーはアカウントがなにを提供するか、一瞬で判断できる。だから人気のチャンネルは適当に写真を貼りつけることはせず、よく吟味する。だがその代わり、毎度似たような素材の羅列となる。フィルター機能とトリミング加工と色調補正でルックスが固定され、フォロワーはすぐにそれと認識する。
有名なリーダーは似た道を選ぶ。リーダーは明確な論点と結びつくことでそれを達成する。ドロステン、トゥーンベリ、近藤麻理恵、イェルク・カッヘルマン（ドイツの有名な気象予報士）はその典型だ。ウイルス学者。環境保護活動家。片づけのプロ。気象専門家。大カトーもこのグループに属するだろう。パンデミックの中で主張をぶつけあうウイルス学者たちを見るにつけこう思う。

ひとつの専門の顔はひとりに限る。

ただしもうひとつ別の可能性がある。明確な立ち位置は、心構えや情熱や価値観からも生じるからだ。サティア・ナデラ、ゲイツ夫妻、オバマ夫妻がその典型だ。テーマがなんであれ、こういう人たちはよりよい、品行方正な世界への道を指し示す。わたしたちの目をひらき、共生を考え直させる。衝動的な直観ではなく、価値判断が支配するとき、なにが可能になるかを、わたしたちにイメージさせてくれるのだ。

ドナルド・トランプが新型コロナウイルス感染症に感染したと診断されると、世界中がせせら笑った。そのときのバラク・オバマのツイートがすばらしかった。
「ミシェルとわたしは、大統領とファーストレディと新型コロナウイルスに感染した世界中の人たちが、必要な治療を受け、迅速に回復することを望みます[13]」

嘲笑の中で、バラク・オバマは最善のことをした。敵対者に対しても人間としての大きさを示して、模範となった。

希望的観測がいかにしてゲームチェンジャーになるか？

スポーツ界では、メンタルを鼓舞することでトレーニング効果が上がることが知られている。スポーツ選手は身体的トレーニングに加えて、ヨガのポーズ、フリーキックやパッティングの姿勢、優勝トロフィーの持ち方など、モーションキャプチャを精神的にトレースすることで成果を上げている。

全英女子オープン二〇二〇。最終ラウンドで世界ランク三百四位のソフィア・ポポフは三打差でトップに立っていた。だが最初のホールがボギーになってしまった。ポポフは「フォーブス」誌のインタビューでこのミスのあと、どうやって自分を立ち直らせたか語っている。

「神経質になっているのがわかりました。こんなスタートは切りたくありませんでした。でも最初のホールはパーでプレイできました。ストロークはグリーンをとらえていましたし、パッティングもよかった。ホールをほぼとらえていました。だから勝つために、あらゆる手を尽くしました[14]」

最初のホールでミスをしたあと、ポポフはファイナルラウンドを制し、ドイツ人女子選手によるメジャー初制覇を達成した。

スポーツ界ではよくいわれることだが、メンタルトレーニングが有効なのは、適切なモーションキャプチャと成功をビジュアル化できたときだけだ。トレーナーやコーチも、やってはいけないことを極力いわず、するべきことを教え込む。しかし実人生では、まだそこまでできていない。分析はよくするし、リスクを認識することには長け、問題を特定することには慣れている。なにが危険で、なにが欠けていて、なにをするとよくないかは知っている。多くの人、そしてわたしの場合も、ポジティブな思考と言葉選びは感動よりも、不信感を呼び起こすことのほうが多い。

大きな成果を誉めることが苦手で、お世辞をいうことは偽善だとみなす。

ドイツ人が謙虚で合理的なのは長い伝統だ。それはリーダー的存在に深く根付いている。だからリーダーが通常よりも誇らしく振る舞ったり、感激したり、自信をみなぎらせたりすると、管理職が英語混じりのしゃべり方をするよりも不興を買う。コロナ禍の冬に所定の授業をこなせない教師を抱えたある教頭がこんなことをいった。

「学校は構造的な教師不足に直面している。わが校の校長は、状況は緊張の度を増しているといっている」

乗りこえるべきものが大きくなれば、それだけポジティブなイメージで道を示す繊細なさじ加減をしなければならない。決断をする立場の者には新しい言葉が必要だ。もちろんスペイン語やスワヒリ語を学ぶのと同じで一朝一夕にはできない。

ドイツではオブラートに包まず話すことがよしとされている。

「データによれば、クライアントの三十パーセントが目下、わが社を勧めないとしている。これを改善しないかぎり、わが社の成長はない」

こういう言葉使いは脳に深く刻み込まれている。だから多くの人はポジティブな表現をしようと思いもしないし、それを自信をもって口にすることもできない。

「クライアントの七十パーセントが目下、わが社を勧めている。これはすばらしい成果だ。みなさんの協力の賜である。クライアントはみなさんの分析結果とそれが現実に立脚していることを評価している。わが社のこの長所をみなさんと共に伸ばしていきたい。来週ぜひみなさんのアイデアを聞かせてもらいたい」

リーダーのこうした話し方は問題の美化に思えるかもしれないが、決して間違いではない。ただ信頼できないように聞こえてしまう。わたしたちは気がかりなことの改善を一直線に進めることに慣れている。あいにくその際、欠点や弱点をあげつらえば、避けるべきことをかえって相手の意識に植え付けてしまう点に注意を払ってこなかった。ネガティブな言葉はよくない連想をさせてしまう。悪い数値をあげられると危険信号がともる。批判され、不当に扱われたと感じると、記憶に残るものだ。不快感が心に広がり、発言している人の人格まで不快に思うようになる。ネガティブな発言に長所があるとしたら、話している相手に信用されるという一点しかないだろう。だがそれはどんよりとした雨模様と変わらない。勇気づけられることはない。

同じ状況でも意識的に相手に自信をもたせられるように表現すれば違う結果が得られる。すでに達成したことやポジティブな中間結果に人々の目を向けさせることになる。ドーパミンやセロトニンといった幸福物質が分泌され、脳は喜び、楽観主義、満足感へと軸足を移し、なじみの見方を受け入れ、革新的なアイデアを生み出す心の準備が整う。それでもそのポジティブな言葉で相手が小成に安んじてしまうという問題は残らないだろうか。たしかにその可能性はある。しかしその点はこう見たらどうだろう。

リーダーはみんながぼんやり抱いていることにポジティブなヴィジョンと感情で明確なイメージを付与する。話し相手はなにが期待されていて、なにが評価されるかを、そこから読みとる。

楽観的で、感謝の気持ちがこもっていて、価値を正当に評価する言葉は方向性を示す。人を勇気づけ、成功の確信を高める。ハーバードビジネススクールのある研究で、認められることがどれだけパフォーマンスを高めるかが調べられた。被験者は認知的能力テストを受けた。被験者の半数はテスト前に、友人や親戚からかつて被験者が体験した大きな成功を思いださせるEメールを受けとった。その結果、そうやってやる気を起こさせられた被験者は、対照群よりもはるかに創造的な働きを見せ、ストレスをあまり受けなかった。たとえば彼らの五十パーセントはユニークな問題解決に成功した。

たとえば箱を画鋲で木の壁に固定してそこにロウソクを立てて、ロウが垂れないようにするなど。対照群では、成功したのは被験者のわずか二十パーセントだった。[15] この差は注目に値する。ポジティブなコミュニケーションはリーダーにとって、願望を実現するための最良の道具のひとつということになるだろう。

リーダーシップの言葉

「リーダーシップの言葉を学ぶことは、完全なる変身と同じだ」とカリフォルニアのトップマネジメントコンサルタント、シルビア・ラフェアはいっている。[16] 自分を成長させる用意のある人は、普段から慣れている「否定的」な言葉づかいをやめ、「肯定的」な言葉づかいをするようになる。達成したいと思っているシーンに舵を切るには、脳内でも、言葉の上でも、心をひらき、多くの実験を行い、注意を払う必要がある。そうすれば変化は、あなたの言葉づかいだけではなく、人を動員するというおそらくもっとも重要なリーダーとしての力にまで及ぶ。このパラダイムシフトの大きさを、第二十六代合衆国大統領セオドア・ルーズベルトの言葉がうまく言い当てている。

「リーダーは先頭に立ち、ボスは後ろから煽る」

報酬を与えるよりも感激して見せる。脅すよりも機会を与える。監視するよりも自信をもたせる。リーダーは連帯し成長したい、心躍る課題と共通の成功が欲しいという、人間らしい欲求に賭ける。リーダーシップの言葉には典型的な九つの様式がある。

1　価値の評価

リーダーは正当に評価し、敬意を表すコミュニケーション環境を作ることで範を示す。どんなささいなことにでも感謝の言葉を口にし、だれにでも発言の機会を与え、細心の注意を払って全員の意見を聞く。他人の成功を決して自分のものにせず、他人の貢献を認め、その者の名を上げ、称揚する。

ノーベル物理学賞受賞者であるラインハルト・ゲンツェルはまさにそのとおりにマックス・プランク地球外物理学研究所の研究チームを讃えた。

「研究成果が可能になったのは取りも直さずこの研究チームのおかげです。最高のチームだといえます。スタッフはみな、どんな国のどんな大学でもすぐ教授になれるくらい優秀です(17)」

2　身近な存在

人は自分と気持ちが一致する人に従うものだ。だからすぐれたリーダーはパーソナリティを明示し、おれ／おまえの関係にあるように振る舞う。かといって意に沿わないことをする必要はない。相手との接点となる趣味や情熱を見せるほうが結びつきは強くなる。

トップマネジャーのジモーネ・メネはＢＭＷ、ドイツポストＤＨＬ、ヘンケル社の監査委員として活動している。ホームオフィスでのマネジャーのあり方について「ターゲスシュピーゲル

(Tagesspiegel)」紙からインタビューを受けたとき、メネはちょうど母親のために三つ編みパンを焼いているところだといった。インタビュアーは「四十歳になるあなたが、そこまで自分をさらすのか」とたずねた。メネの答えは、時代とコミュニケーションのあり方がどれだけ変わったかを示唆するものだった。

「もしかしたら母の面倒を見ることを大切にしているといって、三つ編みパンには触れないほうがよかったかもしれませんね。でも、この数十年ずっと三つ編みパンを焼いているんです。それにだれも想像しないことでしょうが、編み物も好きなんです[18]」

3　具体的に

経済界であろうと、政界であろうと、リーダーは簡単でわかりやすい言葉で話し、書くものだ。ややこしい言い方も大言壮語もよくない。

ヒラリー・クリントンは二〇二〇年、母校であるウェルズリー大学の卒業生たちに祝いの言葉を述べて、自分をさらけ出しながらストレートに語った。

「最後に実際に役に立つことを申し上げましょう。良き友は最悪のときにも支えてくれるものです。連絡を怠らないように。また感謝の気持ちは文字にしてあらわすことを忘れないように。みなさんが読んだり、共感したことは、かならず出典を確認すること。選挙のときは投票にいきましょう。大統領選挙だけではだめです。科学を信じましょう。ワクチンも含みます。手を洗いましょう。そしてそれでもだめなときは、瞑想し、ヨガの呼吸法〈プラナヤマ〉を試してみてください。わたしは三度にわたってドナルド・トランプと討論をしましたが、ストレスをなくすにはうってつけの方法です。本当です。グーグルで調べてみてください[19]」

4 期待させる

リーダーは未来のヴィジョンを色彩豊かに描き、映像が頭に浮かぶような具体的で、建設的な表現を使う。たまにはもったいぶって聞こえることもあるかもしれない。けれども抑えた表現では人を引きつけるのに物足りない場合がある。

アンゲラ・メルケルは大言壮語する人ではない。コロナ禍の冬を前にし、だれもが我慢を強いられている状況の中で、メルケルはドイツ連邦議会での演説で、いつになく希望の言葉を口にした。「わたしたちの生活を取り戻せると確信しています。家族でまた祝うことができるでしょう。クラブ、劇場、サッカースタジアムはまた超満員になるでしょう。そうなったらどんなにうれしいか![20]」

5 内省

リーダーはずけずけとものをいうべきではない。自分の発言が現実認識を形作り、価値観と感情を広めることを自覚している。リーダーは、どういう表現をすればめざすことを一番うまく実現できるか考える。そのために必要なのは精神的な敏捷さだ。そしてもっと必要なのは、大多数の人が受け入れたくなるようなことを事前に考えておくことだ。

6　チャンスを逃さない

リーダーはお人好しでもなければ、楽観主義者でもない。問題に気づき、失敗につながることをもれなく考慮する。だがリーダーは問題のループから抜け出し、生産的なムードを醸成し、むずかしい時代でも可能なことに目を向けるように仕向けるコツを熟知しているものだ。[21]

ザルツブルク音楽祭初参加の直前、指揮者ジョアナ・マルヴィッツは、コロナ禍の最中にザルツブルクでデビューを飾ることをどう思っているか質問された。マルヴィッツはその問題を一蹴している。

「コロナ禍の中、クラスターが起きないことがだいじです」といってからこうつづけている。

「それでも、実施されることをうれしく思っています。聴衆を含むすべての人が、モーツァルトとシュトラウスをまた聴けたと感動してくれるでしょう。インターネットでの配信を甘受せずに、やっとライブで音楽が楽しめるのです。ふたたび演奏できることを祝いたいと思います[22]」

7　本心

本心を明かさず、言い逃れをしたり、フェイクニュースを流したりする人は金儲けをし、権力を得るかもしれない。だがすぐれたリーダーとはいえない。道を指し示す者は誠意を示すことで他の人にインスピレーションを与える。自分のものも含め、失敗をすべてあきらかにし、非難することなく、二度と繰り返さないために明断《めいせき》に分析する。話し相手が信頼するのは、必要な情報を正確にすべて手にしたときだ。

8　さりげなく

リーダーがメッセージで提示するのは、数値やデータやアピールだけではない。メッセージがとくに効果を上げて、人々の理解を得、行動を変えるのは、個人的に体験した本当のエピソードを加えたときだ。リーダーは話術で複雑な真実を伝え、人々の思考のプロセスを導き、熟考させたり、行動に駆りたてたりする。

アメリカの大統領選挙は決着した。ところがドナルド・トランプは大統領職を明け渡すのを拒絶し、次代の大統領一家をホワイトハウスに招待しようとしなかった。このとき第四十三代合衆国大統領ジョージ・W・ブッシュの娘ジェンナ・ブッシュ・ハーガーが、百万人を超えるフォロワーがついている自分のインスタグラムに三枚の写真を載せた。十二年前の同じ日に、当時の大統領予定者バラク・オバマの娘たちにホワイトハウスを案内したときの写真だ。「隠れるのに最適な場所、映画視聴室、ボウリング場」。そしてバラク・オバマの娘たちが住むことになる部屋。(23)この写真は感傷的な思い出のように見えるが、そのじつ現状にもの申す代わりに、なにをいいたいかをうまく暗示するものだった。二週間後、三十万人以上が「いいね」をクリックし、およそ十万人がコメントした。

9　驚くほどの違い

人によってチョコバーであったり、世界で一番長いプラリネだったりする。チョコ製品のデュプロの宣伝文句は同じものを指しているとは思えないほど多彩だ。リーダーシップのコミュニケーションにおいてもリフレーミングメソッド〈人と上手に関わるために意識を変えるメンタルコントロールのメソッド〉が一役買っている。人の能力を生かす対話が行われる。こうすることで、必要であっても好まれてはいないものを、みんなが我先に欲しくなるものに変えられる。

化学者のマイ・ティ・ニュエン=キムは自分のユーチューブチャンネル「マイラブ」で若い世代に語りかけている。テレビのニュースマガジン「ホイテ・ジャーナル（heute journal）」でのインタビューで、ニュエン=キムはコロナへの対処について「政府を支持する」と表明した。ニュエン=キム本人はよく、新型コロナウイルスが思考できるとしたらなにを考えているかを想像して見せてきた。たとえば「人間は快楽主義者だな。なにかというとパーティをする。これは好都合だ！」というように。ニュエン=キムは、人間を宿主に選んだのは間違いだったと新型コロナウイルスに思わせる必要があるといっている。わたしたちは「むずかしい状況に適応するのが得意なのだから」というのだ。「しかし犠牲者が出る点はどうしますか？」とインタビュアーの……クラウス・クレーバーはいった。[24] それはそうだが、そういってしまっては元も子もない。それを聞いた人は正しいことをする気になれないだろう。……

リーダーシップを発揮する言葉は、わたしたちが目的を実現するために辿るべき新しい道を頭の中で見つけることをめざすものだ。だからこの言葉を学ぶことは、とびきりだいじだ。トップマネジメントコンサルタントのシルビア・ラフェアは、最初の成功と結果を見るまで、およそ三ヶ月かかると試算している。

オピニオンリーダーシップ　意見を形成する

「やり直せるなら、初春から晩秋までを裸足で過ごしたい」

これはわたしの座右の銘だ。だが座右の銘はいまになってもうひとつ増えた。

「やり直せるなら、大学一年のうちにエクセレントな個人的オンライン・プレゼンツを構築する」

評判だけではなく、プレゼンツを構築するのだ。プレゼンツは広範囲に届くことを意味する。両方が合わされば、より大きな、名の通った舞台を作り、自分のテーマや見方や価値観を世界中の人々、メディア、オピニオンリーダーに届けることができる。最高なのは、みんながソーシャルメディアでオピニオンリーダーになることだ。そのためには高い役職も有名な名前もいらない。キャリアアップ、ステータス、仕事はその結果としてついてくる。

アレクサンドリア・オカシオ＝コルテス（一九八九年生まれ）は最年少のアメリカ合衆国下院議員だ。ブロンクス出身の無名の政治家で、メディアの支援もなかったが、ネットでは早いうちから有名人だった。二〇一九年、下院議員に選ばれたあと、オンラインでのさまざまな記録を塗り替えた。二〇二〇年秋、ツイッターのフォロワーが九百万人に達し、インスタグラムのフォロワーはおよそ七百万人。これは米国下院議長ナンシー・ペロシのフォロワーよりも多い。オカシオ＝コルテスはソーシャルメディアを通して、自分の政治活動の成果をだれよりも明確に有権者に伝え、民主党やメディアを通さずに、じつに多くの人々とコミュニケーションをとっている。

デジタル化がリーダーシップのあり方を揺さぶっている。大きな変革と技術革新は、専門的なエクセレントと人間としてのエクセレントが天秤にかけられるときに起きる。その結果、リーダーの役目も変わる。目標を立てて人々を夢中にしたり、技量を高めさせたりすることは、あらゆる分野でできる。残された能力を絞り尽くさせるのではなく、最善の能力を引き出すことができれば、プレッシャーやコントロールや力の誇示は必要なくなるだろう。

伝統的な意味での地位、称号、官位は生き残るだろうが、数千人、数万人、さらに数百万人のフォロワーを動かす才能は重要度を増すだろう。自分の記事やビデオやポッドキャストやコメントで人々を力づけ、重要な議論を巻き起こす人は、興味深い依頼を受けたり、より高い地位についたりするだろう。同時に影響力のある自分の持ち場に強みを加味し、自立させる。仕事や官位やキャリアにしがみつく必要はますますなくなっていくだろう。

トップの座は失っても、オピニオンリーダーシップはなくならない。

ソーシャルメディアは、ベストな自分を作り、自分の知識や考えや理想で他の人を刺激する機会を与えてくれる。トレンドを作り、意味を付与し、考えを刻みつけ、価値を体現し、他者や社会に役立つことを行える。高い水準を維持し、信頼性があるとお墨付きを得られれば、ソーシャルメディアを通して自分のすぐれた面を世界に伝えることができる。あなたの顧客や従業員やコミュニティや世間がそれに魅了されれば、純粋にアナログな場面でも、あなたは影響力を発揮できるだろう。

世界的なCEO、ノーベル賞受賞者、合衆国大統領、トップクラスのアーティストといったきわめて高いところにいる人たちはリンクトイン（LinkedIn）、リサーチゲート（Research Gate）、ユーチューブ、ツイッター、TEDなどのソーシャルメディア上で大きな影響力を享受しているが、すぐれたリーダーシップを発揮するのは、そういう人たちに限らない。その際、どちらが先かというのはむずかしい。オピニオンリーダーになることや成功することは、実人生ではキャリアアップや起業やメディアからの注目という形をとるからだ。たいていは両者の組み合わせの問題でしかない。

・・・・・・・

心理学者のエーファ・ヴロダレクは自分のユーチューブチャンネル「ドクター・ヴロダレクのライフコーチング」で日常の心理的問題に回答し、一配信あたりアクセス数が十万件以上に及ん

・・・・・・・

でいる。[25] ニーダーザクセン州立上級学校の数学教師で校長のカイ・シュミットは、数年前からユーチューブでパーセントの計算方法と放物線について説明している。彼の学習チャンネルには二〇二〇年夏の時点で五十万人の定期視聴者がおり、およそ六千万の人が彼のビデオを視聴した。[26] 出版人のカタルジナ（カジア）・モル＝ヴォルフはリンクトインで「ラーベンムッター」（ドイツ語で「カラスの母親」という意味で、「悪い母親」を指す）という言葉をめぐって激しい議論を巻き起こし、ドイツ、オーストリア、スイスで二〇一九年のトップヴォイス25のひとりに選ばれた。[27]

ソーシャルメディアへのわたしたちの影響力は大きく、限界がなく、コミュニティを形成する力をもつ可能性がある。そこからなにをするかは、わたしたち次第だ。というのも、ソーシャルメディアでは、わたしたちは自分の語りの能力を完璧に自分で操作できるからだ。スケールの大きなオピニオンリーダーは、自分の知識や価値を総動員し、勇気づけるために最善を尽くすだろう。だが軽率なこと、フェイクニュース、危険な言説で感情に訴えることもできてしまう。ネットでの情報権力はほぼ絶対的だ。だからオピニオンリーダーはとりわけ大きな責任を負う。なぜならたいていの場合、オピニオンリーダーのネットでの活動はことごとく信用されてしまうからだ。インフルエンサーと専門家とオピニオンリーダーの差は曖昧だが、あきらかな違いがある。オピニオンリーダー以外のだれも、高度な行動特性《コンピテンシー》と高度な影響力を併せもつことがないからだ。インフルエンサーはフォロワー数でオピニオンリーダーに匹敵するが、それほど深いテーマを扱わない。専門家は逆に専門的で特別に複雑なテーマを扱うが、影響力は比較的小さい[28]。

高い評判と高い影響力のコンビネーションがオピニオンリーダーに高い権威を与える。

人間的にエクセレントであることで、オピニオンリーダーは人々にさまざまなテーマについて考えさせ、より良い未来のために行動させ、ポテンシャルを高めさせ、より多くの時間と努力を注ぎ込ませ、共通の努力目標を実現させるための需要な一翼を担っていることを自覚させる。

「結局のところ、リーダーシップは個人的な栄光とは無縁だ」と宇宙飛行士で国際宇宙ステーションの司令官を務めたクリス・ハドフィールドはいっている。「他者が成功するための礎になることが大切だ。そして自分は一歩下がって、他者を輝かせる[29]」

まとめ　リーダーシップのための七つのスキル

デジタル化と共にはじまったことは、アフター・コロナ時代に顕著になるだろう。方向性を与えるのはもはや理論ではなく、インスピレーション力と形成力だ。周到に計画を立て、徹底的に支配することがＭＰ３プレイヤーのように時代遅れになる世界において人々を促進するには、自分が実地で訓練する必要がある。研究するだけでは不充分だ。ただしどこから手をつければいいか知っていれば、学習プロセスを加速させることはできる。

1　リーダーのようにコミュニケーションをとる

コミュニケーションはリーダーシップ行動特性《コンピテンシー》の第一に数えられる。「ドイツはリードしている?!」という研究書の著者たちはそう要約している。[30] 価値について対話し、未来像を示し、知的な刺激を与えるには、すぐれた話術と強い言葉が必要だ。もちろん人が不慣れな道をあえて歩むには、信頼感を覚え、いっしょやろうという気概がなくてはならない。信頼感と気概は部分的にレトリックを駆使しないと得られないものだ。そこには感謝し、支援し、関心を示し、傾聴し、発言させ、謝罪するといった真に信頼を培う言葉が含まれる。「どう思う?」「あとどのくらいで解決しそうかな?」「多くのすばらしいアイデアをありがとう」「これはセンセーショナルだ」「きみたちの仕事を支援したいがなにをしたらいいだろう?」こうした言葉が人を束ね、そして高評価の証となる。これらの表現がどういう方向を指し示しているかわかるだろう。すぐれたリーダーは、人から自分は求められ、評価され、耳を傾けてもらっているという気持ちを感じさせるのだ。

2　きちんと実行する

排ガススキャンダル、不正な政治資金、脱税、怒りの発作、公的資金の浪費。トップに立つ人は、だれよりもその地位の恩恵にあずかろうとする。そしてややもするとその自覚がない。[31] 法令は遵守していても、表と裏を使い分ける人はいるものだ。すぐれたリーダーはそこが違う。高い価値観を体現する存在で、他人の期待に応えることを旨とする。「リーダーとは道を知っていて、その道を行き、その道を指し示す者のことだ」とアメリカのマネジメントコンサルタントでベストセラー作家のジョン・マクスウェルがいっている。単純明快な言葉だ。そういうことができる人は、人が最善を尽くせる労働環境の礎となる。

3　ポジティブなエネルギーを拡散させる

すぐれたリーダーは、かならずしもムードメーカーである必要はないが、指揮者のように音色を作る存在だ。日ごろの行動と気分は人に見られ、判断され、模倣される。リーダーはものさしなのだ。リーダーの考えと行動パターンは、他の人が指針とするモデルとなる。もしあなたの言動が喜びと勇気と自信に満ちていれば、周囲の人たちも同じように振る舞い、不安や抵抗を克服する気になるだろう。ただモチベーションを与えるだけの演説では、これほどの効果は得られない。同志や共に考えるスタッフ以外の人の心をつかむのは、こうした信頼を勝ち得るささやかな振る舞いや、それ自体はそれほど目立たない行動を繰り返した結果なのだ。

4　正しいことを支持する

すぐれたリーダーは建設的な意見交換や倫理的な高潔さの規範となる。自分だけでなく、従業員やフォロワーの行為にも責任をとる。これにはちょっとした弊害ややりすぎを修正することも含まれる。たとえばだれかが同僚を犠牲にして得をしようとしたときに、あなたは介入する。「リザ、指摘してくれてありがとう。アナもさっきそのことに気づいていた。アナ、その点についてもっと話してくれ」

こうして適宜公平性を保つことと同じくらい重要なのは、構造的な措置をとることだ。すぐれたリーダーは目標や期待やインセンティブシステムを形成して、従業員を安心させ、倫理的な道の選択を奨励されていると感じさせる。

5　自分のことを考える

すぐれたリーダーシップにはサービスという一面がある。他の人を知的に刺激し、もっと要求度の高い課題に取り組ませる。ただし人間を大きくするのは個人的なリスクなしにはできない。だからつねに自分の立ち位置に目を配ったほうがいい。ＶＵＣＡ的世界は他者の能力開花と自分の関心のあいだで健全なバランスをとるリーダーを必要としている。自分が利用されないようにしよう。同じように成功している人たちのコミュニティとの付き合いを絶やさず[32]、自分のブランド力を強化しよう。そしてオピニオンリーダーとしてソーシャルメディアにしっかりとしたプラットホームを構築しよう。

6 意図と行動を峻別する

リーダーとて超人ではない。他の人と同じように疲れることもあれば、ストレスを受け、いらだち、偏見を抱くこともある。だがあなたにはわかっているはずだ。イッツ・ショータイム。あなたは舞台に登壇している。全員の目が自分に向けられている、社員食堂でも、グリルパーティでも、駐車場でも。だからその日の気分で行動するという選択肢はない。もっと火急の目標が設定される場合もあろうし、目標を達成するためのやり方が間違ったシグナルになることもあるだろう。そういう場合、意図を汲んでもらうのにより適切な表現を模索すべきだ。正しいか間違っているかを見極めるための尺度として、こう自分に問いかけるといい。

「こういうコミュニケーションの取り方を他の人にまねしてほしいだろうか」

もし模範的に振る舞う気持ちの余裕がなかったら、まず自分の心を充電しよう。目標に向けて行動を起こすのはそのあとだ。

7 言葉で現実を作る

政界と経済界のトップは、よく転換と変化という言葉を使う。そういうスピーチでは新しいものはしばしば危険で厄介なものとされる。改善へ向けたメッセージは抵抗と不安を呼びさます。慣れ親しんだ世界を自ら捨てて、自分がどんな役割を担うかもわからない未知の世界に飛びこむ人などどれだけいるだろうか。だがすぐれたリーダーは違う。同盟90／緑の党の党首ロベルト・ハーベックがよく口にする「創り出す機能」を果たし、すでに未来になったかのように振る舞う。会話やビデオ会議やメールで、なにを評価し、なんのために働きかけ、どういう転換を望ましいと思い、どういう行動に報いるか、シグナルを送る。

ヴォーダフォン・ジャーマニーのCEOハネス・アメツライターはコロナ禍が起きた二〇二〇年春、こんなメールを送った。

「顧客のため、会社のため、そしてわたしたちが至急必要としているインフラのため、一日も疎かにしてはならない。親愛なる技術チームの諸君。きみたちは最高だ！　感謝する！」(33)

技術チームに対するこの評価は、他のスタッフにとっても、これが進むべき方向だというシグナルになる。

職場でも、家族や友人の元でも、だれもが自分の望む未来を語ることができる。言葉はどんなキックオフミーティングよりもスムーズに現実を作ることが可能だ。なにを捨てるかよりも、なにをめざすかを語るとき、その効果は覿面《てきめん》だ。移行は気づかぬうちに進行し、古きものは脳内でかすみ、新しきものの輪郭が見えてくる。

まとめ
「リーダーシップのための7つのスキル」

1 リーダーのようにコミュニケーションをとる

2 きちんと実行する

3 ポジティブなエネルギーを拡散させる

4 正しいことを支持する

5 自分のことを考える

6 意図と行動を峻別する

7 言葉で現実を作る

終章

最善を尽くすこと

CNNのアンカーマン、アンダーソン・クーパーはアメリカジャーナリズムの第一線で活躍している。担当する番組とルポルタージュで何度もエミー賞などを受賞し、二〇一〇年のハイチ地震の報道では、ハイチ政府から第一等功労勲章を受章している。二〇二〇年十一月、クーパーはドナルド・トランプとジョー・バイデンのあいだで戦われた大統領選の開票を、CNNで五日間にわたって司会した。彼は生放送で怒り心頭に発したことで、CNNを視聴しない人々にまで知れ渡った。引き金になったのは現役のドナルド・トランプ。きっかけは、トランプが根も葉もない選挙不正を主張したからだ。

「これがアメリカ合衆国大統領。世界でもっとも力のある人間だとは」クーパーはコメントした。「まるで重量オーバーのカメのようだ。自分の時代が終わったとわかって、暑い太陽の下でひっくりかえり、じたばたしている[1]」

　これはきつい。クーパーは歯に衣着せず、数百万の視聴者が思っていることを代弁した。だが二日後、彼はテレビインタビューで自分の発言を撤回した。

「あんな言葉を使ったことを遺憾に思っている。わたしらしくなかった。あの場の熱気に当てられたのだ。申し訳ない」

　エクセレントとは刺激的な言葉だ。さまざまに解釈できるにもかかわらずではなく、まさにそれゆえにだ。アリストテレスはひとこと「高潔」と呼んでいる。毎日の営みに基づく倫理的に正しい行為ということだ。つまりエクセレントたらんとする者は、月桂冠をいただいても立ち止まらない。なぜなら達成し、実現したことがなんであれ、わたしたちにはまだ秘めたものがあるからだ。世間からエクセレントな人々に与すると見られている人も、成長の可能性は尽きていないからだ。だからアンダーソン・クーパーは謝罪したのだ。彼がそうしたのは、それが普通のことだからではない。ましてや同じように激しく反応した現職が相手だからでもない。振り返ってみると、エクセレントたる自分にふさわしくなかったからだ。自分の価値観にそぐわなかった。ほんの一瞬だが、そうありたいと思っている人間ではなかった。ひとりの人間が期限切れとなったという真実をいうのはいいが、体のことをあげつらって貶《おとし》めるのはだめだということだ。

もちろん謝罪しても、いったん口にした言葉をなかったことにはできない。自分にムチを打ち、公の場で正そうという意志は並々ならぬ覚悟がなければできないことだ。かっとして口走った言葉の撤回には、エクセレントな者がもつさまざまな特徴が見られる。内省、制御、やる気、共感、アジャイルマネジメント、リーダーシップ。他の人と違って、クーパーはエクセレントとはいえない瞬間から目をそらすことなく、がんばる決断をした。熟考し、感情を統制し、他人の気持ちになって考え、克服して、調整し直し、最後には模範を示したのだ。公式に謝罪したことには反響があった。エクセレントな人が個別のケースでどう振る舞うかを示す好例といえる。

これがエクセレントな人のすばらしいところだ。遠い存在に思えるかもしれないが、じつはいつでも身近なところにいる。

わたしたちがすることをエクセレントなものにすることは可能だ。なぜならエクセレントは、わたしたちがベストであることを意味しないからだ。わたしたちが自分の才能や可能性において最善を尽くすことを意味する。小さなことであれ、大きなことであれ、人間的なことでも、専門的なことでも、プライベートでも、仕事でも、思考でも、行動でも、自分の周囲でも、自分の人間関係でも、社会と環境のことでも、あらゆることを考慮すれば、かならず簡単で、エクセレントなソリューションが見つかるはずだ。そしてすばらしいことをするのに、かならずしも超人的な技量は必要ない。

マネジメントの権威トム・ピーターズはいっている。

「エクセレントとは、次の五分間になにをするかということだ[2]」

決断できれば、わたしたちは新しい頂に登ることができる。もしかしたら金、ステータス、名誉、評判といった目に見える成功も収められるかもしれない。確実にいえるのは、すぐれたポテンシャルを開花させれば、わたしたちの人生はもっと喜ばしく、充実し、可能性を実現できるようになるということだ。

だがまだある。エクセレントは、わたしたちのさらに向こうを指し示す。VUCA的世界では、わたしたちの行動とアイデアは多くの人に届く。デジタルの可能性は、わたしたちの才能や価値や専門能力や人間的模範でもって、世界に影響を及ぼす力を与えてくれるだろう。これはわたしたちの時代の特権だ。古い世代の多くの人が夢に見たものだ。わたしたちが個々のケースで、ほどほどをよしとするか、エクセレントをめざすかは、ますます自分の人生を左右することになるだろう。

「すべての個人がよりよい行動をすれば、世界もずっとよくなる」

と、イスラエルの歴史家で現在もっとも先読みがうまい人のひとりユヴァル・ノア・ハラリがいっている。人間的にエクセレントなのは、わたしたち好みの世界を形成するためのチャンスだ。ならば手を携えてやろうではないか。わたしたちが秘めているものをすべて使って。

■ 索引

さ行

た行

な行

は行

ま行

や行

ら行

■ 注

＊URLが記載されている項目はオンラインでの閲覧が可能。( )内の日付は著者の最終閲覧日

序章 エクセレントとはライフスタイルである

1. Capgemini. Gesellschaft 5.0 – Implikationen der Digitalisierung. März 20, 2018. https://www.capgemini.com/de-de/resources/studie-gesellschaft-5-0/ （2020年8月23日）

2. Capgemini Research Institute. Emotional Intelligence Research –The Essential Skillset for the Age of AI. Executive Survey, August–September 2019. Page 4. https://www.capgemini.com/wp-content/uploads/2019/11/Report-%E2%80%93-Emotional-Intelli- gence.pdf （2020年8月23日）

3. 同注5

4. Doris Märtin. Karin Boeck. EQ. Gefühle auf dem Vormarsch. Heyne 1996

5. Capgemini Research Institute. Emotional Intelligence Research –The Essential Skillset for the Age of AI. Executive Survey, August–September 2019. Page 3. https://www.businessinsider.com/bill-melinda-gates-advice-to-younger-selves-2018-2?r=DE&IR=T （2020年9月1日）

6. Capgemini Research Institute. Emotional Intelligence Research –The Essential Skillset for the Age of AI. Executive Survey, August–September 2019. P. 3. https://www.capgemini.com/wp-content/uploads/2019/11/Report-%E2%80%93-Emotional-Intelli-gence.pdf （2020年8月23日）

7. Wolf Lotter. Echt digital. Brand eins. Schwerpunkt Digitalisierung. 03/2019. https://www.brandeins.de/magazine/brand-eins-wirtschaftsmagazin/2019/digitalisierung/wolf-lotter-echt-digital （2020年9月4日）

8. Capgemini Research Institute, Page 5/6

9. C. Dierig, N. Doll, S. Fründt, O. Gersemann, G. Hegmann. Deutschlands Problem ist der deutsche Ingenieur. Welt, 20. Oktober 2015. https://www.welt.de/wirtschaft/article147773198/Deutsch-lands-Problem-ist-der-deutsche-Ingenieur.html. （2020年9月1日）

10. Lea Hampel. Zu starr, zu genau. Süddeutsche Zeitung; Nr. 301, 31. Dezember 2019/1. Januar 2020

11. Raphaela Kwidzinski. Jede Sekunde checken sechs Airbnb-Gäste ein. Ahgz.de, 27. März 2019. https://www.ahgz.de/news/portal-zahlen-jede-sekunde-checken-sechs-airbnb-gaesteein,200012254801.html （2020年9月1日）

12. Jürgen Stüber. Airbnb will mit Künstlicher Intelligenz die Magie des Reisens wiederentdecken. Gründerszene, 3. March 2018. https://www.gruenderszene.de/allgemein/airbnb-mike-curtis-interview （2020年9月3日）

13. PwC Deutschland. Digitale Ethik – Chancen, Orientierung und Haltung für verantwortungsbewusste Unternehmen in der digitalen Welt. Februar 2020. https://www.pwc.de/de/management-beratung/pwc-digitale-ethik-white-paper.pdf （2020年9月18日）

14. Reid Hoffmann. How to Scalea Magical Experience: 4 Lessons from Airbnb's Brian Chesky. Medium, May 22, 2018.
https://reid.medium.com/how-to-scale-a-magical-experience-4-lessons-from-airbnbs-brian-chesky-eca0a182f3e3 （2020年11月3日）

15. Hohe Luft-Team. Total digital! Total menschlich? Hohe Luft Magazin, 24. Oktober 2018.
https://www.hoheluft-magazin.de/2018/10/total-digital-total-menschlich/ （2020年11月3日）

16. Nosta, John. Pushing Beyond the Bounds of IQ and EQ. Psychology Today, Nov 28, 2020.
https://www.psychology-today.com/intl/blog/the-digital-self/202011/pushing-beyond-the-bounds-iq-and-eq, Pushing Beyond the Bounds of IQ and EQ | Psychology Today （2020年12月1日）

17. Florian Rötzer. Der Aufstieg der kreativen Klasse verändert die Städte. Telepolis, 08. Februar 2015.
https://www.heise.de/tp/features/Der-Aufstieg-der-kreativen-Klasse-veraendert-die-Staedte-3493692.html （2020年11月3日）

18. Brian Ford. Seek Excellence, Not Perfection with Tiger Woods. Medium, Oct 12, 2018.
https://medium.com/@brian.ford/seek-excellence-not-perfection-with-tiger-woods-b6ad900e6633 （2020年9月18日）

19. Wilhelm Schmid. Die Fülle des Lebens. 100 Fragmente des Glücks. Insel Verlag 2006.

20. Nora Gomringer. Verpasste Ausstellungen. Aviso. Magazin für Kunst und Wissenschaft in Bayern. 03/19, Page 11

21. Capgemini Research Institute. Emotional Intelligence – the essential skillset for the age of AI, Executive Survey, August–September 2019. Page 13.
https://www.capgemini.com/wp-content/uploads/2019/11/Report-%E2%80%93-Emotional-Intelligence.pdf （2020年8月23日）

第1章　開放性

1. Andreas Steinle, Dr. Carl Naughton. Was macht Menschen neugierig? In: Neugier-Management, 2014.
https://www.zukunftsinstitut.de/artikel/was-macht-menschen-neugierig/ （2020年11月3日）

2. J. R. Larson Jr., C. Christensen, T. M. Franz, A. S. Abbott. Diagnosing groups: the pooling, management, and impact of shared and unshared case information in team-based medical decision making. Journal of Personality and Social Psychology 1998 Jul;75(1):93-108.

3. S. Breit, J. Samochowiec. Nie zu alt ? Älterwerden zwischen Offenheit und Bewahrung. Gottlieb Duttweiler Institute, Economic and Social Studies, GDI Studie Nr. 48.
https://www.gdi.ch/sites/default/files/documents/2020-05/gdi_studie_offenheit_web-summary.pdf （2020年9月18日）

4. Merck KGaA, Group Communications. Seien Sie neugierig. Neugier- Studie 2018. Herausgegeben im Januar 2019. Page 10.
https://www.merckgroup.com/company/de/Merck-Neugier-Studie-2018.pdf （2020年9月18日）

5. Katharina Kubisch Presse + Kommunikation. Generation Z und die Arbeitswelt: Anders als man denkt. IUBH Internationale Hochschule GmbH. 13. Dezember 2018.
https://idw-online.de/de/news707894 （2020年9月18日）

6. 2019 Deloitte Global Millennial. Survey A »generation disrupted«. Germany results. https://www2.deloitte.com/content/dam/Deloitte/de/Documents/Innovation/deutscher-report-globale-millennial-survey-2019.pdf （2020年11月1日）

7. Hillary Hoffower. US-Studie: Die Hälfte der Millennials kündigen ihren Job wegen psychischer Probleme. Business Insider, 10. Oktober 2019. https://www.businessinsider.de/karriere/arbeitsleben/haelfte-der-millennials-kuendigen-ihren-job-wegen-psy- chischer-probleme-2019-10/ （2020年11月1日）

8. Deloitte. Deloitte Millennial Survey 2019 – Millennials und Generation Z pessimistischer als je zuvor. https://www2.deloitte.com/de/de/pages/innovation/contents/millennial-survey-2019.html （2020年9月18日）

9. Simon. M. Ingold. Wokeness heißt die gesteigerte Form der Political Correctness: Sei wach, richte über andere und fühle dich gut dabei. Neue Züricher Zeitung, 20. Januar 2020

10. Shane Snow. A New Way to Become More Open-Minded. Harvard Business Review, Nov 20, 2018. https://hbr.org/2018/11/a-new-way-to-become-more-open-minded （2020年9月18日）

11. Christiane Lutz. »Am liebsten würd' ich nach Indien fahren«. Süddeutsche Zeitung, 23. März 2020, Nr. 69, Page 30

12. Gottlieb Duttweiler Institute. Generationenstudie – Älter werden zwischen Offenheit und Bewahrung. https://www.gdi.ch/de/publikationen/studien-arbeit/generationenstudie-aelter-werden-zwischen-offenheit-und-bewahrung （2020年9月18日）

13. Friedemann Karig. Der Rassist in mir. Süddeutsche Zeitung, Nr. 176, 1./2. August, Page 11

14. Smarterfahren.de.Elektroautos: Design der Zukunft. https://www.smarter-fahren.de/elektroautos-design-zukunft/ （2020年11月10日）

15. Gottlieb Duttweiler Institute. Generationenstudie – Älter werden zwischen Offenheit und Bewahrung. https://www.gdi.ch/sites/default/files/documents/2020-05/gdi_studie_offenheit_web-summary.pdf （2020年9月18日）

16. Epoch Times. Neuer SAP-Co-Chef Klein will »Kontinuität walten lassen«. 11. Oktober 2019. https://www.epochtimes.de/?p=3029746 （2020年11月10日）

17. Dina Bass. Satya Nadella Talks Microsoft at Middle Age. Bloomberg Businessweek. Aug 4, 2016. https://www.bloomberg.com/features/2016-satya-nadella-interview-issue/ （2020年11月10日 ）

18. 同注17

19. Carol Dweck. Selbstbild. Wie unser Denken Erfolge und Niederlagen bewirkt. 4. Edition, Piper 2017

20. S. Shibu, S. Lebowitz. Microsoft is rolling out a new management frame-work to its leaders. It centers around a psychological insight called growth mindset. Business Insider, Nov 11, 2019. https://www.businessinsider.de/international/microsoft-is-using-growth-mindset-to-power-management-strategy-2019-11/ （2020年11月10日）

21. Luke Smillie. Openness to Experience: The Gates of the Mind. Scientific American, Aug 2017.
https://www.scientificmerican.com/article/openness-to-experience-the-gates-of-the-mind/ (2020年11月10日)

22. YouTube. The Monkey Business Illusion.
https://www.youtube.com/watch?v=IGQmdoK_ZfY. 28. April 2010

23. D. J. Simons, C. F. Chabris (1999). Gorillas in Our Midst: Sustained Inattentional Blindness for Dynamic Events. Perception, 28, S. 1059–1074, S. 1069

24. Sabine Maas. Presse und Kommunikation. Sehen schützt vor Blindheit nicht. Deutsche Sporthochschule Köln, 02. November 2015.
https://idw-online.de/de/news640666 (2020年11月10日)

25. Scinexx. KI erkennt Brustkrebs – Selbstlernendes System erkennt Tumore in Mammografie-Aufnahmen so gut wie ein Radiologe. 16. März 2018.
https://www.scinexx.de/news/technik/ki-erkennt-brustkrebs/ (2020年9月18日)

26. Hans Rosling, Ola Rosling, Anna Rosling Rönnlund. Factfulness: Wie wir lernen, die Welt so zu sehen, wie sie wirklich ist. Flatiron Books, 2018. Page 249

27. Merck KGaA, Group Communications. Seien Sie neugierig. Neugier-Studie 2018, S. 11. Herausgegeben im Januar 2019.
https://www.merckgroup.com/company/de/Merck-Neugier-Studie-2018.pdf (2020年9月18日)

28. BR Wissen. Werner Forßmann – Auf direktem Weg ins Herz. 28. August 2014.
https://www.br.de/themen/wissen/forssmann-nobelpreis-herz-katheter100.html (2020年11月10日)

29. Nature. This caterpillar can digest plastic – Wax moth larvae could inspire biotechnological methods for degrading plastic. March 24, 2017.
https://www.nature.com/articles/d41586-017-00593-y (2020年11月10日)

30. Magdalena Räth. Blinkist: Sachbuchinhalte in Häppchenform. Gründerszene, 17. Januar 2013.
https://www.gruenderszene.de/allgemein/blinkist (2020年11月4日)

31. Haubers Naturresort.
https://www.haubers.de/ (2020年9月18日)

32. Zukunftsinstitut. Was macht Menschen neugierig? November 2014.
https://www.zukunftsinstitut.de/artikel/was-macht-menschen-neugierig/ (2020年9月18日)

33. Doug Maarschalk. ›Safari‹ mode: An active openness to serendipity. LinkedIn, 29. August 2019.
https://www.linkedin.com/pulse/safari-mode-active-openness-serendipity-doug-maarschalk/ (2020年11月10日)

34. Kochquartett. Wolfsbarsch. Süddeutsche Zeitung Magazin, Nummer 7, 14. Februar 2020, Page 28

35. Doug Maarschalk. ›Safari‹ mode: An active openness to serendipity. LinkedIn, 29. August 2019.
https://www.linkedin.com/pulse/safari-mode-active-openness-serendipity-doug-maarschalk/ (2020年11月10日)

36. YouTube. Stephen Hawking says »Look at the stars and not at your feet.« 27. April 2015. https://www.youtube.com/ watch?v=ii7dspx6oCs （2020年9月18日）

37. J. Hardy, Alisha M. Ness, Jensen T. Mecca. »Outside the box: Epistemic curiosity as a predictor of creative problem solving and creative performance. Personality and Individual Differences. Volume 104, January 2017, Pages 230-237

38. GatesNotes. The Blog of Bill Gates. https://www.gatesnotes.com/Books （2020年11月13日）

39. Victor Ottati, Erika D. Price, Chase Wilson, Nathanael Sumaktoyob. When self-perceptions of expertise increase closed-minded cognition: The earned dogmatism effect. Journal of Experimental Social Psychology, Volume 61, November 2015, Pages 131-138

40. TED Blog. Vulnerability is the birthplace of innovation, creativity and change: Brené Brown at TED2012. March 2, 2012. https://blog.ted.com/vulnerability-is-the-birthplace-of-innovati-on-creativity-and-change-brene-brown-at-ted2012/ （2020年11月10日）

41. Shane Snow. Intellectual Humility: The Ultimate Guide to this Timeless Virtue. https://www.shanesnow.com/articles/intellectual-humility#the-power-of-intellectual-humility （2020年9月18日）

第2章　内省

1. Sibylle Berg. Fragen Sie Frau Sibylle: Wie wär's mit einem eigenen Leben? Spiegel, 17. Mai 2011. https://www.spiegel.de/kultur/gesellschaft/s-p-o-n-fragen-sie-frau-sibylle-wie-waer-s-mit-einem-eigenen-leben-a-762863.html （2020年11月10日）

2. G. Di Stefano, G. P. Pisano, F. Gino, B. R. Staats. Making Experience Count: The Role of Reflection in Individual Learning. Harvard Business School, Working Paper 14-093, © 2014, 2015, 2016. https://www.hbs.edu/faculty/Publication%20Files/14-093_defe8327-eeb6-40c3-aafe-26194181cfd2.pdf （2020年9月18日）

3. Zameena Meija. Bill Gates asked himself these questions at the close of 2018. CNBC make it, Dec 31, 2018. https://www.cnbc.com/2018/12/31/bill-gates-asked-himself-these-questions-at-the-close-of-2018.html （2020年11月10日）

4. Barbara Gillmann. Lehrer haben große Not mit dem digitalen Lernen. Handelsblatt, 12. März 2019. https://www.handelsblatt.com/politik/deutschland/digitalisierung-an-schulen-lehrer-haben-grosse-not-mit-dem-digitalen-lernen/24090032.html?ticket=ST-1692848-kcRMKg9tdoeRfxp9dmJJ-ap3 （2020年11月10日）

5. Inga Höltmann. Podcast #19: Neue Arbeit und die eigene Haltung: Wie wichtig Glaubenssätze sind. Bertelsmann Stiftung – Zukunft der Arbeit, 06. März 2019. https://www.zukunftderarbeit.de/2019/03/06/neue-arbeit-und-die-eigene-haltung-wie-wichtig-glaubenssaetze-sind/ （2020年11月10日）

6. Patricia Riekel. »Zeit zum Nachdenken finden«. Die Bundeskanzlerin, 22. Juli 2010 . https://www.bundeskanzlerin.de/bkin-de/merkel-zeit-zum-nachdenken-finden--396944 （2020年9月18日）

7. Andreas Sentker. Wie setzt man sich durch, Frau Nüsslein-Volhard? – »Man nimmt alles auf die eigenen Schultern«. Zeit Online, 22. Januar 2020.
https://www.zeit.de/2020/05/christiane-nuesslein-volhard-biologin-karriere-ziele-mut-erfahrung/seite-3#:~:text=N%C3%BCsslein-Volhard%3A%20Nicht%20so%20viel,entscheiden%20und%20selbst%20zu%20denken （2020年11月4日）

8. Todd Davey. Wie Ihnen eine wichtige Fähigkeit von Profisportlern auch im Geschäftsleben helfen kann（Teil 2）. Munich Business School Insights, November 14, 2017.
www.munich-business-school.de/insights/2017/selbstreflexion-sportler-business-2/ （2020年9月2日）

9. Max Hägler. »Für mich war die Quote nie ein Thema.« Montagsinterview mit Ilka Horstmeier. Süddeutsche Zeitung, Montag, 2. März 2020, Nr. 51, Page 16

10. J. Bryan Sexton. Three Good Things. YouTube. Veröffentlicht am 10. Oktober 2012.
https://www.youtube.com/watch?v=hZ4aT_RVHCs （2020年11月10日）

11. Elizabeth George. Write away. Hodder Paperbacks, 2005. Page 197

12. Nancy J. Adler. Want to Be an Outstanding Leader? Keep a Journal. Harvard Business Review, Jan 13, 2016.
https://hbr.org/2016/01/want-to-be-an-outstanding-leader-keep-a-journal （2020年11月10日）

13. M. Bar-Eli, O. H. Azar, I. Ritov, Y. Keidar-Levin, G. Schein. Action bias among elite soccer goalkeepers: The case of penalty kicks. Journal of Economic Psychology, Vol. 28, Issue 5, October 2007, P. 606-621.
https://www.sciencedirect.com/science/article/abs/pii/S0167487006001048 （2020年11月10日）

14. Katrin Bauer: Big im Beeren Business. JudithWilliams.com, 21. November 2019.
https://live-your-dream.com/katrin-bau-er-big-im-beeren-business/ （2020年11月10日）

15. Detlef Krenge. »Ich fühle mich hier wirklich wohl«. BR Klassik,24. Oktober 2017.
https://www.br-klassik.de/aktuell/news-kritik/joana-mallwitz-dirigentin-gmd-nuernberg-interview-100.html （2020年11月10日）

16. Kathrin Werner. Interview mit Katherine Maher: »Wikipedia-Einträge sind immer eine Baustelle.« Süddeutsche Zeitung, Montag, 18. Mai 2020, Nr. 114, Page 16

17. Andreas Auert. Selbstreflexion als Hilfsmittel für Erfolg, Gesundheit und Lebenszufriedenheit. Personal entwickeln, Erg.-Lfg., März 2015.
https://www.krisen-kommunikation.de/extdat/krikom-artikel-selbstreflexion.pdf （2020年9月18日）

18. K. Tanaka, Y. Tanno. Self-rumination, self-reflection, and depression: Self-rumination counteracts the adaptive effect of self-reflection. Behavior Research and Therapy. Vol. 47, Issue 3, March 2009, P. 260-264.
https://www.sciencedirect.com/science/article/abs/pii/S0005796708002763 （2020年9月18日）

19. Sven Prange. Das Recht des Roboters. Wenn eine künstliche Intelligenz etwas Eigenes erschaffen kann – müsste sie dann nicht die Rechte daran erhalten? Handelsblatt, 28. Februar 2020.
https://www.handelsblatt.com/technik/digitale-revolution/ada-das-recht-des-roboters/25583740.html?ticket=ST-5049996-6vDEvpuZ7WFxQgERZb7I-ap5 （2020年9月18日）

第3章　やる気

1. Brainyquote.com. Meryl Streep. What does it take to be the first female anything? It takes grit, and it takes grace.
   https://www.brainyquote.com/quotes/meryl_streep_785004?src=t_grit　(2020年9月18日)

2. Anna Dreher und Angelika Slavik. »Es ist eine Frage des Willens.« Reden wir über Geld mit Kira Walkenhorst. Süddeutsche Zeitung, 11. November 2019, Nr. 260, Page 32

3. Maya Shwayder. Child prodigies, maybe – Study suggests our assumptions about talent can influence our judgements. The Harvard Gazette, March 3, 2011.
   https://news.harvard.edu/gazette/story/2011/03/child-prodigies-maybe/　(2020年9月18日)

4. Will Durant. The story of Philosophy. Pocket Books 206. Page 76.

5. Whitney Scharer. Die Zeit des Lichts. Klett-Cotta 2019

6. Angela Lee Duckworth. Grit: The Power of Passion and Perseverance. TED Talks Education | April 2013.
   https://www.ted.com/talks/angela_lee_duckworth_grit_the_power_of_passion_and_perseverance　(2020年11月11日)

7. Teodora Zareva. What the Early Life of Bill Gates Can Teach Us About Success. Bigthink, July 13, 2017.
   https://bigthink.com/design-for-good/what-the-early-life-of-bill-gates-can-teach-us　(2020年11月11日)

8. So haben Verlage das Manuskript von J. K. Rowling abgelehnt. Sueddeutsche.de, 26. März 2016.
   https://www.sueddeutsche.de/kultur/absage-fuer-robert-galbraith-so-haben-verlage-das-manuskript-von-j-k-rowling-abgelehnt-1.2923557　(2020年9月18日)

9. Isabel Richter. Microsoft-Chefin Bendiek: Der Erfolg der digitalen Transformation ist eine Frage der Kultur. Microsoft News Center, 10. April 2018.
   https://news.microsoft.com/de-de/digitale-transformation-studie/　(2020年11月11日)

10. Jim Grundner. Grit – The Secret Indgredients to a Successful Agile Transformation. Vaco, 09/11/19.
    https://www.vaco.com/grit-the-secret-ingredient-to-a-successful-agile-transformation/　(2020年9月18日)

11. Martin Zips. Ein Orden für Grautvornix! Süddeutsche Zeitung, 9. September 2020. Page 8

12. Thorsten Schmitz. »Ich interessiere mich für alles, was krank machen kann«. Süddeutsche Zeitung, 6. April 2020, Nr. 81

13. Andreas Radlmaier. Im Gespräch mit: Joana Mallwitz. Curt Magazin, 12. Juli 2019.
    https://www.curt.de/nbg/inhalt/artikel/13038/43/　(2020年9月18日)

14. James Clear. How To Start New Habits That Actually Stick. Jamesclear.com.
    https://jamesclear.com/three-steps-habit-change　(2020年11月15日)

15. Johanna Adorján. Bestsellerautor Haig: »Oft haben die Depressionen, die das Leben lieben«. Süddeutsche Zeitung, 4. Januar 2020.
    https://www.sueddeutsche.de/leben/depression-behandlung-psychologie-haig-1.4742448?reduced=true　(2020年11月11日)

16. Tim S. Grover. Excellence is lonely. Facebook, 12. April 2018.
https://pt-br.facebook.com/timsgrover/videos/excellence-is-lonely-no-one-will-ever-understand-what-youre-going-through- to-ach/10160279364035716/ （2020年9月18日）

17. Johanna Adorján. Iris Berben über Erkenntnisse. Süddeutsche Zeitung, 8./9. August 2020. Nr. 182. Page 48

18. Anja Reich. Interview mit Christiane Paul. Frankfurter Rundschau. Aktualisiert am 21. September 2019.
https://www.fr.de/panorama/vielleicht-scheitert-eben-11374559.html （2020年9月18日）

19. René Nehring. Interview mit Klaus Bischoff: »Ein Anspruch auf Exzellenz«. Rotary Magazin, 01. November 2017.
https://rotary.de/wirtschaft/ein-anspruch-auf-exzellenz-a-11555.html （2020年11月5日）

20. Aubrey Daniels. Expert Performance: Apologies to Dr. Ericsson, But it is Not 10,000 Hours of Deliberate Practice. ADI Aubrey Daniels International July 21, 2009.
https://www.aubreydaniels.com/blog/2009/07/21/expert-performance-apologies-to-dr-ericsson-but-it-is-not-10000-hours-of-deliberate-practice （2020年11月5日）

21. Dorothea Assig, Dorothee Echter. Ambition. Wie große Karrieren gelingen. Campus 2012. 2., aktualisierte Auflage. Page 126

第4章　健康

1. The School of Life. Simplicity & Anxiety.
https://www.theschooloflife.com/thebookoflife/simplicity-anxiety/ （2020年9月18日）

2. Heike Kreutz. Lebensstil und chronische Krankheiten. Studie bestätigt Zusammenhang. Bundeszentrum für Ernährung, 26. Februar 2020.
https://www.bzfe.de/inhalt/lebensstil-und-chronische-krankheiten-35207.html （2020年9月18日）

3. Petra Kaminsky. Was das Smartphone mit unserem Kopf macht. Welt, 14. Juli 2019.
https://www.welt.de/gesundheit/article196824853/Smartphone-Nutzung-veraendert-das-Gehirn.html （2020年9月18日）

4. Florence-Anne Kälble. Alte Hardware im Kopf passt nicht in neue Welt. ZDFheute, 25. März 2019.
https://www.zdf.de/nachrichten/heute/psychologe-erklaert-inwiefern-gehirn-probleme-mit-digitalisierung-hat-100.html （2020年9月18日）

5. Petra Kaminsky. Forschungsreport: Was Smartphones mit unserem Gehirn machen. Manager Magazin, 11. Juli 2019.
https://www.manager-magazin.de/lifestyle/artikel/forschung-was-smartphones-mit-unserem-gehirn-machen-a-1276828-5.html （2020年9月18日）

6. A. F. Ward, K. Duke, A. Gneezy, M. W. Bos. Brain Drain: The Mere Presence of One's Own Smartphone Reduces Available Cognitive Capacity. Journal of the Association for Consumer Research 2017 2:2, 140-154.
https://www.journals.uchicago.edu/doi/abs/10.1086/691462 （2020年11月5日）

7. Paul Nurse. »If you work too hard, you will keep going in the same direction«. YouTube, 9. April 2015.
https://www.youtube.com/watch?v=HxDnH4dlS18 （2020年11月5日）

8. Nicolas Himowicz. Where to think big like a CEO. Medium, Jul 2, 2018.
https://medium.com/the-happy-startup-school/how-to-think-big-like-a-ceo-1e80ee9d7df5（2020年9月18日）

9. Vera Müller. »Wir brauchen den Schlaf, um kreativ zu sein«. Forschung und Lehre, 08. Juli 2018.
https://www.forschung-und-lehre.de/zeitfragen/wir-brauchen-den-schlaf-um-kreativ-zu-sein-798/ （2020年9月5日）

10. Merkel räumt mit Schlaf-Gerücht auf. Ntv, 11. Mai 2017.
https://www.n-tv.de/der_tag/Merkel-raeumt-mit-Schlaf-Geruecht-auf-article19834403.html（2020年11月5日）

11. Ben Simon, E., Rossi, A., Harvey, A. G. et al. Overanxious and underslept. Nat Hum Behav 4, 100–110（2020）.
https://doi.org/10.1038/s41562-019-0754-8 （2020年11月5日）

12. Ali Montag. This is billionaire Jeff Bezos' daily routine and it sets him up for success. CNBC make it. Sept 15, 2015.
https://www.cnbc.com/2018/09/14/billionaire-jeff-bezos-shares-the-daily-routine-he-uses-to-succeed.html （2020年8月5日）

13. Nick Littlehales. Sleep – Schlafen wie die Profis. Albrecht Knaus Verlag 2018

14. Julia Cameron. The Artist's Way. Macmillan 2016. Seite viii

15. Kayla Kazan. Huge List of CEOs That Meditate at Work. Peak Wellness. March 9, 2020.
https://peakwellnessco.com/ceos-that-meditate-at-work/ （2020年9月18日）

16. Einfach mal abschalten: So trennen Sie Arbeit und Freizeit. Wolfsburger Allgemeine, 20. Mai 2019.
https://www.waz-online.de/Nachrichten/Wissen/Einfach-mal-abschalten-So-trennen-Sie-Arbeit-und-Freizeit （2020年11月12日）

17. John Baldoni. Ruth Bader Ginsburg: Against The Odds. Forbes, Sep 18, 18, 2020.
https://www.forbes.com/sites/johnbaldoni/2020/09/18/ruth-bader-ginsburg-against-the-odds/?s-h=457499a4705b （2020年11月5日）

18. Wer kocht denn in Deutschland? 13. DGE-Ernährungsbericht untersucht Kochhäufigkeit von Frauen und Männern. Deutsche Gesellschaft für Ernährung e. V., 07. Juni 2017.
https://www.dge.de/presse/pm/wer-kocht-denn-in-deutschland/ （2020年9月22日）

19. Sophie Hilgenstock. Interview mit Ernährungspsychologe Thomas Elrott. Dresdner Neueste Nachrichten, 11. März 2019.
https://www.dnn.de/Nachrichten/Wissen/So-essen-Sie-richtig-Die-sieben-goldenen-Wahrheiten （2020年8月5日）

20. Rachel Rettner. The Dark Side of Perfectionism Revealed. Livescience. com. July 11, 2010.
https://www.livescience.com/6724-dark-side-perfectionism-revealed.html （2020年8月5日）

21. Hanley, Adam & Warner, Alia & Dehili, Vincent & Canto, Angela & Garland, Eric.（2015）. Washing Dishes to Wash the Dishes: Brief Instruction in an Informal Mindfulness Practice. Mindfulness. 6. 10.1007/s12671-014-0360-9.

第５章　統制

1. Hart aber fair. Lagerkoller im Lockdown: Was lässt Corona von unserem Leben übrig? Das Erste, 04. Mai 2020.
   https://www1.wdr.de/daserste/hartaberfair/videos/video-lagerkoller-im-lockdown-was-laesst-corona-von-unserem-leben-uebrig-104.html　(2020年11月12日)
2. Russell, James. (1980). A Circumplex Model of Affect. Journal of Personality and Social Psychology. 39. 1161-1178. 10.1037/h0077714.
3. Thomas Maran, Pierre Sachse, Markus Martini, Barbara Weber, Jakob Pinggera, Stefan Zugal and Marco Furtner. Lost in time and space: states of high arousal disrupt implicit acquisition of spatial and sequential context information. Frontiers in Behavioral Neuroscience 2017.
   https://www.frontiersin.org/articles/10.3389/fnbeh.2017.00206/full　(2020年11月12日)
4. Dieter Vaitl. Blick ins Gehirn: Wie Emotionen entstehen. Gießener Universitätsblätter, Jahrgang 39, 2006. Page 17–24.
   https://www.giessener-hochschulgesellschaft.de/resources/GU/GU-39-2006.pdf　(2020年9月18日)
5. Julie Bort. »No Drama Obama«: Barack Obama verrät seine Tricks, mit denen er auch unter Druck gelassen bleibt. Business Insider, March 10, 2019.
   https://www.businessinsider.de/strategy/obama-verraet-tricks-gelassen-bleiben-unter-druck-2019-3/　(2020年11月12日)
6. Hauke Goos; Thomas Hüetlin. Erich Sixt im Gespräch »Geld muss man verachten«. Spiegel, 18. Juni 2016.
   https://www.spiegel.de/spiegel/print/d-145417430.html　(2020年9月18日)
7. Dorothea Assig, Dorothee Echter. Aus dem Ambition Management.
   http://www.assigundechter.de//newsletter/2020-05-20.htm　(2020年11月12日)
8. David Remnick. Going the distance. On and off the road with Barack Obama. The New Yorker, Jan 27, 2014.
   https://www.newyorker.com/magazine/2014/01/27/going-the-distance-davidremnick (2020年9月18日)
9. Maria Hunstick. »Wäre ich ein Mann [...], würde niemand annehmen, dass ich wegen einer Heirat alles stehen und liegen lasse« – im Gespräch mit Westwing-Gründerin Delia Fischer. Vogue, 4. Februar 2019.
   https://www.vogue.de/lifestyle/artikel/vogue-business-delia-fischer-westwing　(2020年11月12日)
10. Seneca. Briefe an Lucilius (Epistulae morales ad Lucilium)
11. P. Laudenbach, S. Heuer. Action! Brand eins 2015.
    https://www.brandeins.de/magazine/brand-eins-wirtschaftsmagazin/2015/geschwindigkeit/action　(2020年9月18日)
12. Johann Wolfgang von Goethe. Berliner Ausgabe. Poetische Werke [Band 1–16], Band 2, Berlin 1960. Page 74-75, 224-225.
13. Giacomo Rizzolatti; Laila Craighero. The Mirror-Neuron System. Annual review of neuroscience 2004/02/01.
    https://www.cs.princeton.edu/courses/archive/spr08/cos598B/Readings/Rizzolatti-Craighero2004.pdf　(2020年11月15日)

第6章　共感

1. Institut für Management-Innovation Prof. Dr. Waldemar Pelz. Empathie: Menschen und Gruppen（Teams）besser verstehen.
https://www.managementkompetenzen.de/empathie.html　（2020年11月12日）
2. John Dumbrell. Clinton's Foreign Policy: Between the Bushes, 1992-2000. Taylor & Francis 2009
3. Karin Bauer. Homeoffice forever? Auf Dauer allein geht nicht. Der Standard, 31. Mai 2020.
https://www.derstandard.de/story/2000117794478/homeoffice-forever-auf-dauer-allein-geht-nicht　（2020年11月12日）
4. Stuart Pallister. President of Worldwide Hotel Operations, Four Seasons Hotels. EHL Insights.
https://hospitalityinsights.ehl.edu/four-seasons-hotels-guest-experience　（2020年9月18日）
5. 同注4
6. Hella Schneider. Das sind die 10 besten Hochzeitsplaner Deutschlands. Vogue, 24. April 2020.
https://www.vogue.de/lifestyle/artikel/hochzeitsplaner-deutschland　（2020年11月15日）
7. Sarah Obenauer. Collaboration begins with empathy. Inside Design, Feb 5, 2019.
https://www.invisionapp.com/inside-design/collaboration-begins-with-empathy/　（2020年11月12日）
8. Onvista.
https://www.onvista.de/aktien/chart/Microsoft-Aktie-US5949181045　（2020年11月15日）
9. Heinz-Paul Bonn. »Runter vom Podest« – warum Microsofts Satya Nadella viel richtig macht. t3n digital pioneers, 26. November 2029.
https://t3n.de/news/runter-podest-microsofts-satya-1226584/　（2020年11月12日）
10. Morning Future. Satya Nadella: when empathy is good for business. June 18, 2018.
https://www.morningfuture.com/en/article/2018/06/18/microsoft-satya-nadella-empathy-business-management/337/　（2020年11月13日）
11. 同注10
12. Einhorn.
https://einhorn.my/einhorn-perioden-revolution-die-ultimative-umfrage/　（2020年11月15日）
13. Minda Zeitlin. Michelle Obama's DNC Speech Is a Powerful Example of Emotional Intelligence. Inc.com, Aug 18, 2020.
https://www.inc.com/minda-zetlin/michelle-obama-dnc-speech-emotional-intelligence-empathy.html　（2020年11月13日）
14. Molly Rubin. Fulltranscript: Tim Cook delivers MIT's2017 commencement speech. Qz.com, June 9, 2017.
https://qz.com/1002570/watch-live-apple-ceo-tim-cook-delivers-mits-2017-commencement-speech/　（2020年11月13日）
15. Michael Bauchmüller. »Keiner will im Kalten sitzen, um damit CO2 zu sparen.« Süddeutsche Zeitung, 14. September 2020. Nr. 212. Page 16
16. The School of Life. What is Empathy?
https://www.theschooloflife.com/thebookoflife/what-is-empathy/　（2020年9月18日）

17. Tagesschau.de. Video – Herbert Diess, Vorstandsvorsitzender VW,über die Vorzüge eines Auto-Konjunkturprogramms.
https://www.tagesschau.de/multimedia/video/video-693645.html (2020年9月16日)

18. Deloitte Millennial Survey 2018.
https://www2.deloitte.com/de/de/pages/innovation/contents/Millennial-Survey-2018.html (2020年9月16日)

19. YouGov-Whitepaper. Mehrheit findet: Marken sollten Position beziehen.
https://www.wuv.de/marketing/mehrheit_findet_marken_sollten_position_beziehen (2020年11月15日)

20. Anne M. Schüller. 3 Führungsstile, um fit für die Zukunft zu sein. Wirtschaftsforum, 2. März 2020.
https://www.wirtschaftsforum.de/expertenwissen/unternehmensfuehrung/3-fuehrungsstile-um-fit-fuer-die-zukunft-zu-sein (2020年11月13日)

21. Marie Schmidt. Der Traum brennt lichterloh. Süddeutsche Zeitung, Nr. 130, 8. Juni 2020. Page 9

22. Alexander Nicolai, Regina Wallner. Heureka? Manager magazine 3/2019.
https://heft.manager-magazin.de/HM/2019/3/162290736/ (2020年11月8日)

23. Andreas Zeuch. Empathie. Ein ambivalentes Element der Unternehmensdemokratie. Unternehmensdemokraten, 27. Mai 2020.
https://unternehmensdemokraten.de/2019/05/27/empathie-ein-ambivalentes-element-der-unternehmensdemokratie/ (2020年11月8日)

24. Alexandra Braun @RAinBraun.
https://twitter.com/rainbraun/status/1254381003277242371 (2020年9月18日)

25. Laurel Donnellan. The Response To Workplace Burnout Is Compassionate Leadership. Forbes, June 17, 2019.
https://www.forbes.com/sites/laureldonnellan/2019/06/17/the-respon-se-to-workplace-burnout-is-compassionate-leadership/#307f651d5d3f (2020年11月13日)

26. Andreas Zeuch. Empathie. Ein ambivalentes Element der Unternehmensdemokratie. Unternehmensdemokraten.de, 27. Mai 2020.
https://unternehmensdemokraten.de/2019/05/27/empathie-ein-ambivalentes-element-der-unternehmensdemokratie/ (2020年11月13日)

27. Till Eckert. So wirst du ein einfühlsamerer Mensch. Ze.tt, 12. Mai 2018.
https://ze.tt/empathie-so-wirst-du-ein-einfuehl-samerer-mensch/ (2020年11月15日)

28. Social Judgement Theory Experiment. Explorable.com, Jun 5, 2016.
https://explorable.com/social-judgment-theory-experiment (2020年9月15日)

第7章　アジャイルマネジメント

1. Wikipedia. Agilität (Management).
https://de.wikipedia.org/wiki/Agilit%C3%A4t_(Management) (2020年9月16日)

2. Immer wieder Design. Website-Relaunch für Geigerin Anne-Sophie Mutter.
https://immerwieder.design/projekte/website-relaunch-geigerin-anne-sophie-mutter (2020年9月16日)

3. 同注2

4. Deutsche Presseagentur（DPA）. Eine tiefe Zäsur. Gießener Allgemeine, 30. März 2020. https://www.giessener-allgemeine.de/politik/eine-tiefe-zaesur-13633987.html （2020年11月13日）

5. Treppenhausorchester.de. Circles beim Mozartfest Würzburg. https://treppenhausorchester.de/termine/circles-beim-mozartfest-wuerzburg/ （2020年9月16日）

6. Campana Schott. Future Organization Report 2019. https://www.campana-schott.com/de/de/unternehmen/mediaevents/studien/future-organization-report?li_fat_id=53471e68-d4324f84-b828-f1707e7fa4df&cHash=066220507a44a4a96ee5256cfc577cb0 （2020年11月15日）

7. Severine Guthier. Agilität braucht Flügel – Vom Doing Agile zum Being Agile. Interview mit René Kräling. Newmanagement, 5. Dezember 2019. https://newmanagement.haufe.de/organisation/agiles-mindset （2020年11月13日）

8. Silke Wichert. Der Titelheld. Süddeutsche Zeitung, 17./18. Oktober 2020, Nr. 240.

9. Kremsmayr, M.: Unsicher – Auswirkungen einer veränderten Welt. In: Ramsauer, C.; Kayser D.; Schmitz C.（Hrsg.）: Erfolgsfaktor Agilität – Chancen für Unternehmen in einem volatilen Marktumfeld. Wiley Verlag, Weinheim 2017, S. 33–76

10. M. Giebel, F. Schwarz. »Das macht ein bisschen Angst« – Corona-Mutation? Drosten wagt beunruhigende Prognose. Merkur, 14. Juli. 2020. https://www.merkur.de/welt/corona-mutation-deutschland-christian-drosten-virologe-studie-kinder-infizierte-gefahr-prognose-zr-13782124.html （2020年11月13日）

11. Ferdinand Otto. »Einfach mal sagen: Ich weiß es nicht!« Zeit, 5. Mai 2020. https://www.zeit.de/politik/deutschland/2020-05/corona-krise-politik-kommunikation-transparenz/seite-2 （2020年11月13日）

12. Max Gerl, Clara Lipkowski, Olaf Przybilla. Aber kann er auch Kanzler? Süddeutsche Zeitung, Nr. 154, 7. Juli 2020, Page 29

13. Wolfgang König. Der Wildeste unter Tausend. Autobild.de, 8. Januar 2011. https://www.autobild.de/klassik/artikel/mini-cooper-s-1553501.html （2020年11月13日）

14. U.Knöfel,J.Kronsbein.Hurra,einWeltwunder–weildieDemokratie versagt hat. Spiegel Kultur, 11. Januar 2017. https://www.spiegel.de/spiegel/elbphilharmonie-in-hamburg-ein-welt-wunder-weil-die-demokratie-versagt-hat-a-1129551.html （2020年11月13日）

15. Jim Highsmith, Agile Project Management: Creating Innovative Products. https://www.goodreads.com/work/quotes/552587-agile-project-management-creating-innovative-products-the-agile-softwa （2020年11月13日）

16. Kirill Klimov. Top 20 Quotes related to agile software development. SlideShare. https://de.slideshare.net/f0g/top20-agile-quotes （2020年9月16日）

17. Andreas Kuckertz, Christoph Mandl, Martin P. Allmendinger, Interaktive Ergebnisübersicht. Wie stehen die Deutschen unternehmerischem Scheitern gegenüber? Neue-Unternehmenskultur.de. http://www.neue-unternehmerkultur.de/#ergebnisse （2020年9月16日）

18. Pauline Schinkels. Macht mehr Fehler! Spiegel.de, 8. Oktober 2014.
https://www.spiegel.de/karriere/fehler-kultur-angst-einen-fehler-zu-machen-a-994442.html
（2020年11月13日）

19. Susanne Schreiber. Interview mit Nicola Leibinger-Kammüller: »Was haben Sie denn da Schreckliches gekauft?« Handelsblatt.com, 16. Februar 2020.
https://www.handelsblatt.com/arts_und_style/kunstmarkt/die-trumpf-chefin-im-interview-nicola-leibinger-kam-mueller-was-haben-sie-denn-da-schreckliches-gekauft/25542014.html?ticket=ST-5132493-dlHl2zgIm3XMgpovCyJ0-ap3 （2020年11月13日）

20. Doris Märtin. Mich wirft so schnell nichts um. Wie Sie Krisen meistern und warum Scheitern kein Fehler ist. Campus 2010

21. James Shore. The Decline and Fall of Agile. James Shore – The Art of Agile, November 13, 2008.
https://www.jamesshore.com/v2/blog/2008/the-decline-and-fall-of-agile （2020年11月13日）

22. Eloise Ristad. A Soprano on Her Head: Right-side-up reflections on life and other performances. Real People Press 2012

23. Kathrin Frank. Donna Leon im Interview: »Das Beste, was mir je passiert ist«. Rhein-Neckar-Zeitung, 2. Juni 2013.
https://www.rnz.de/kultur-tipps/kultur-regional_artikel,-Kultur-Regional-Donna-Leon-im-Interview-Das-Beste-was-mir-je-passiert-ist-_arid,34075.html （2020年11月13日）

24. Melanie und Dietmar Wohnert. Agile Your Mind – Agilität beginnt im Kopf. Informatik aktuell, 30. Mai 2017.
https://www.informatik-aktuell.de/management-und-recht/projektmanagement/agile-your-mind-agilitaet-beginnt-im-kopf.html（2020年11月15日）

25. Page Group. Diversity Management Studie, 2018.
https://www.charta-der-vielfalt.de/uploads/tx_dreipccdvdiversity/Diversity%20Studie%202018.pdf, Page 8.（2020年9月18日）

26. Daniela Gassmann. »Stellen Sie sich vor: Aus einer Teetasse würde eine Orchidee werden«. Süddeutsche Zeitung Magazin. Nummer 29. 17. Juli 2020. Page 21

27. Angelika Unger. So lernen Sie, mutiger zu sein. Impulse. de, 6. Januar 2020.
https://www.impulse.de/management/selbstmanagement-erfolg/risikobereitschaft/7291245.html （2020年11月13日）

第8章　共鳴

1. Hartmut Rosa über Resonanz. In: Die Presse, 17. März 2018

2. Michael Sapper und Thomas Kaspar. Soziologe: Darum haben Trump und die AfD so viel Erfolg. Merkur, 22. Januar 2017.
https://www.merkur.de/politik/interview-prof-dr-hartmut-rosa-ueber-resonanz-wirksamkeit-afd-donald-trump-und-populismus-zr-7313606.html （2020年11月13日）

3. Camille Okhhio. How Lichen, East Williamsburg's Coolest Furniture Store, Is Democratizing Design. Vogue, August 4, 2020.
https://www.vogue.com/article/lichen-east-williamsburg-furniturestore-democratizing-design （2020年9月18日）

4. Michael Zirnstein. Lichtgestalten, die ihre Stadt gestalten. Süddeutsche Zeitung, 29./30. August 2020, Nr. 199, Page 70

5. Daniel Rettig. Egoismus: »Wir kooperieren für unseren Vorteil.« Zeit, 11. November 2010. https://www.zeit.de/karriere/beruf/2010-11/interview-egoismus-karriere （2020年11月15日）

6. Cornerstone On Demand. Toxic Employees in the Workplace. Cornerstone On Demand. https://www.cornerstoneondemand.com/sites/default/files/thank-you/file-to-download/csod-wp-to-xic-employees-032015_0.pdf （2020年11月13日）

7. Gesche Peters. So schützen Sie Ihre Firma vor Mitarbeitern, die die Stimmung vergiften. Impulse, 9. März 2020.
https://www.impulse.de/management/recruiting/toxische-mitarbeiter/2175413.html （2020年11月13日）

8. Trisha Daho. Let's Talk about Toxic People in Business. Empowered, Mar 27, 2017.
https://empoweredlc.com/2017/03/lets-talk-toxic-people-business/ （2020年11月13日）

9. Helena Ott. Lust auf Macht. Süddeutsche Zeitung, 3. September 2020, Nr. 203. Page 14

10. Hartmut Rosa über Resonanz. In: Die Presse, 17. März 2018

11. IMD.org. Singapore tops new ›citizen-centric‹ global smart city index. IMD.org, October 2019. https://www.imd.org/news/updates/singapore-tops-new-citizen-centric-global-smart-city-index/ （2020年11月13日）

12. Evelyn Pschar. Gut gelüftet. Süddeutsche Zeitung, 10. September 2020.
https://kreativ-bund.de/fellows/frank-patrikriklin （2020年11月13日）

13. Tom Peters. The Excellence Dividend. Vintage Books 2018, Page 232

14. Bill Gates. Aconversation about friendship, failure, and the future. GatesNotes, February 01, 2017.
https://www.gatesnotes.com/About-Bill-Gates/A-Conversation-with-Warren-Buffett （2020年11月13日）

15. Hartmut Rosa über Resonanz. In: Die Presse, 17. März 2018

16. Felix Kranert. Wie die Formel für Innovation aus einem Buzzword Impact macht. Founders, 11. Mai 2020.
https://founders-magazin.de/2020/05/11/wie-die-formel-fuer-innovation-aus-einem-buzzword-impact-macht/ （2020年11月13日）

17. Wouter Aghina, Christopher Handscomb, Jesper Ludolph, Dave West, and Abby Yip. How to select and develop individuals for successful agile teams: A practical guide. McKinsey & Company. Dec 20, 2018.
https://www.mckinsey.com/business-functions/organization/our-insights/how-to-select-and-develop-individualsfor-suc.cessful-agile-teams-a-practical-guide （2020年11月16日）

18. Dorothea Assig, Dorothee Echter. Ambition. Wie große Karrieren gelingen. Campus 2012. 2., aktualisierte Auflage. Page 127 ff.

19. Eberhard Huber. Aus den Apollo Missionen für Projekte lernen. Openpm, 13. April 2013.
https://www.openpm.info/pages/viewpage.action?pageId=11404202 （2020年11月13日）

20. Dorothea Assig, Dorothee Echter. Freiheit für Manager. Wie Kontrollwahn den Unternehmenserfolg verhindert. Campus 2018, Page 198

21. Mit Diplomatie die eigene Karriere als Ingenieur vorantreiben. Ingenieur.de. https://www.ingenieur.de/karriere/arbeitsleben/mit-diplomatie-die-eigene-karriere-als-ingenieur-vorantrei-ben/ （2020年11月15日）

22. Bundesregierung – YouTube. Kanzlerin Merkel: Demokratie ist große Errungenschaft. 12. September 2020.
https://www.youtube.com/watch?v=WtHjd2Z206A （2020年9月20日）

23. Lorenzo Coviello, Yunkyu Sohn, Adam D. I. Kramer, Cameron Marlow, Massimo Franceschetti, Nicholas A. Christakis James H. Fowler. Detecting Emotional Contagion in Massive Social Networks. PLOS one, March 2014, Volume 9, Issue 3, page 5.
https://journals.plos.org/plosone/article/file?type=printable&id=10.1371/journal.pone.0090315

24. FOCUS Online Politik politik@newsletter2.focus.de, 17. September 2020

25. Harry Gatterer. Resonanzmodell für die Zukunft. In: Zukunftsinstitut. Die neue Achtsamkeit. Der Mindshift kommt. 2017.
https://www.zukunftsinstitut.de/artikel/lebensstile/resonanzmo-dell-fuer-die-zukunft/ （2020年9月18日）

26. Jill Dupleix. How the Ottolenghi Effect swept the world. www.goodfood. com, February 5, 2019.
https://www.goodfood.com.au/recipes/news/how-the-ottolenghi-effect-swept-the-world-20190131-h1ap5q

27. BriefanRobertHooke,5.Februar1675/76;zitiertnachRichardWestfall: Isaac Newton. Eine Biographie. Spektrum Akademischer Verlag, Heidelberg/Berlin/Oxford 1996, ISBN 3827400406, Page 143

28. Sjoukje van de Kolk. Wertschätzen, was da ist. Flow, Heft 30.
https://www.livingathome.de/flow/lesen/inspirieren-de-zitate/16908-rtkl-zeitgeist-wertschaetzen-was-da-ist （2020年11月15日）

29. Katie Couric. Exclusive: Ruth Bader Ginsburg on Hobby Lobby Dissent. Yahoo News with Katie Couric, July 30, 2014.
https://news.yahoo.com/katie-couric-interviews-ruth-bader-ginsburg185027624.html?guccounter=1 （2020年9月22日）

30. Hartmut Rosa über Resonanz. Die Presse, 17. März 2018

第9章　リーダーシップ

1. Branco Dacevic. Leadership: Bewirke und bewege etwas bei deinen Mitarbeitern. Greator Business.
https://www.business-factory.com/magazin/was-ist-leadership/ （2020年11月13日）

2. Igor Levit @Igorpianist. https://twitter.com/igorpianist/status/1309225332503973890（2020年9月24日）

3. Hans Schlipat. Leader oder Manager: Zeit für eine essentielle Unterscheidung. Creditreform-Magazin, 12. März 2019.
https://creditreform-magazin.de/mittelstandsbotschafter/leader-oder-manager-zeit-fuer-eine-essentielle-unterscheidung/ （2020年11月13日）

4. Airbnb. Airbnb verzeichnet über 4 Millionen Übernachtungen in einer Nacht. https://news.airbnb.com/de/airbnb-ver-zeichnet-uber-4-millionen-ubernachtungen-in-einer-nacht/ （2020年11月1日）

5. Franz Kühmayer. Herzblut – die Rolle von Emotionen im Leadership. Zukunftsinstitut. https://www.zukunftsinstitut.de/artikel/leadership/herzblut-die-rolle-von-emotionen-im-leadership/ （2020年11月13日）

6. Jane Dalton. Captain Sir Tom Moore honoured by David Beckham and FA as leader of ›Lionhearts inspirational heroes‹ team. The Independent, 11 July 2020. https://www.independent.co.uk/news/uk/home-news/captain-sir-tom-moore-david-beckham-lionhearts-fa-nhs-a9613706.html （2020年11月13日）

7. Richard Branson. Virgin's Richard Branson: Apple boss Steve Jobs was the entrepreneur I most admired. The Telegraph, Oct 6, 2011. https://www.telegraph.co.uk/technology/steve-jobs/8811232/Virgins-Richard-Branson-Apple-boss-Steve-Jobs-was-the-entrepreneur-I-most-admired.html （2020年11月13日）

8. Duke University – The Fuqua School of Business. Apple CEO Tim Cook on Ethical Leadership. 30. Mai 2013. https://www.youtube.com/watch?v=3ygNKNaMv4c （2020年10月1日）

9. Sebastian Redecke. Es ergab sich wie von selbst, dass wir die Architekten mit dem Entwurf der Elbphilharmonie betrauten. Bauwelt 2/2017. https://www.bauwelt.de/themen/interview/Interview-Projektentwickler-Alexander-Gerard-2736800.html （2020年11月15日）

10. Bundesagentur für Arbeit. Mai Thi Nguyen-Kim. »Ich freue mich über jede Unterschätzung«. Abi, 23. Januar 2019. https://abi.de/orientieren/promi_interviews/mai-thi-nguyen-kim016231.htm#:~:text=Mai%20Thi%20Nguyen%2DKim%20wurde,University%2C%20bevor%20sie%202017%20promovierte. （2020年10月1日）

11. K. Weaver, S. M. Garcia, N. Schwarz, D. T. Miller. Inferring the popularity of an opinion from its familiarity: A repetitive voice can sound like a chorus. Journal of personality and social psychology 92 (5), 821

12. Jürgen Weibler. Personalführung, 3. Auflage, München 2016

13. https://twitter.com/BarackObama, 3. Oktober 2020（2020年10月5日）

14. Carmine Gallo. How 2020's British Open Winner Trained Her Mind To Overcome Devastating Setbacks. Forbes, Aug. 28, 2020. https://www.forbes.com/sites/carminegallo/2020/08/28/how-2020s-british-open-winner-trained-her-mind-to-overcome-devastating-setbacks/#4872d4ff6573 （2020年11月13日）

15. Cable, Daniel M. et al. How best-self activation influences emotions, physiology and employment relationships. ECONBIZ, 2015. https://www.econbiz.de/Record/how-best-self-activation-influences-emotions-physiology-and-employment-relationshipscable-daniel/10011541570 （2020年11月13日）

16. Sylvia Lafair. Learn the 5 Key Elements of Powerful Leadership Language. Inc., Oct 27, 2017. https://www.inc.com/sylvia-lafair/learn-5-key-elements-of-powerful-leadership-language.html （2020年11月13日）

17. Sebastian Krass. »Und dann hat Zoom nicht funktioniert.« Süddeutsche Zeitung, Nr. 232, 8. Oktober 2020. Page 43

18. Esther Kogelbloom, Susanne Kippenberger. Warum Top-Managerin Simone Menne auf diverse Teams setzt. Der Tagesspiegel, 21. Juni 2020.
https://www.tagesspiegel.de/gesellschaft/ich-muss-nicht-alle-lieb-haben-warum-top-managerin-simone-menne-auf-diverse-teams-setzt/25931428.html （2020年11月13日）

19. Susan Adams. Wise words to the Class of Covid-19 from Oprah Winfrey Bill Gates, Malala Yousafzai, Barack Obama, Dr. Anthony Fauci, Megan Rapinoe, Tim Cook, LeBron James and more. Forbes, May 16, 2020.
https://www.forbes.com/sites/susanadams/2020/05/16/the-best-commencement-speeches-of-2020/#70b53e1f73f0 （2020年11月13日）

20. Cerstin Gammelin. »Was für eine Freude wird das sein«. Süddeutsche Zeitung, 01.10.2020.
https://www.sueddeutsche.de/politik/corona-krise-was-fuer-eine-freude-wird-das-sein-1.5050746 （2020年11月12日）

21. Weshalb Unternehmen eine Vision brauchen. Kommunikationsatelier, 19. Juli 2019.
https://www.kommunikationsatelier.ch/de/news/weshalb-unternehmen-eine-vision-brauchen （2020年11月12日）

22. Markus Thiel. Dirigentin Joana Mallwitz: »Salzburg ist das Glückspaket«. Merkur, 24. Juli 2020.
https://www.merkur.de/kultur/interview-mit-dirigentin-joana-mallwitz-ueber-ihre-premiere-von-mozarts-cos-fan-tutte-bei-salzburger-festspielen-13843505.html （2020年10月22日）

23. Instagram, @Jennabhager.
https://www.instagram.com/jennabhager/?utm_source=ig_embed （2020年11月12日）

24. Claus Kleber. Nguyen-Kim zu Corona und Klima: Generationen- Solidarität in Krisen gefordert. zdf heute 18. Oktober 2020.
https://www.zdf.de/nachrichten/panorama/coronavirus-nguyen-junge-klima-100.html（2020年11月12日）

25. Dr. Wlodarek Life Coaching.
https://www.youtube.com/watch?v=umUPOPXh100 （2020年10月22日）

26. Lehrer Schmidt. Einfach lernen!
https://www.youtube.com/watch?v=AYUVz5V3bA0 （2020年10月22日）

27. Katarzyna（Kasia）Mol-Wolf. WorkingMum–aberkeineRabenmutter! LinkedIn, July 9 2019.
https://de.linkedin.com/pulse/working-mum-aber-keine-rabenmutter-dr-katarzyna-kasia-mol-wolf （2020年10月22日）

28. Carsten Pohlmann. Thought Leadership – Erfolg durch Gewinnung der Meinungshoheit. Deutsches Institut für Marketing, 19. April 2019.
https://www.marketinginstitut.biz/blog/thought-leadership/ （2020年10月22日）

29. BrainyQuote.
https://www.brainyquote.com/quotes/chris_hadfield_637159 （2020年10月22日）

30. Information Factory. Deutschland führt?! 2015. Page 8.
https://www.information-factory.com/fileadmin/user_upload/studien/Deutschland_fuehrt_Studie_2015.pdf （2020年10月14日）

31. Doris Märtin. Habitus. Sind Sie bereit für den Sprung nach ganz oben. Campus 2019, Page 75 f.

32. Dorothea Assig, Dorothee Echter. Ambition. Wie große Karrieren gelin-gen. Campus 2012, 2019. Page 113 f.

33. Hannes Ametsreiter. Ihr geht jeden Tag raus. LinkedIn.
https://www.linkedin.com/posts/hannes-ametsreiter_ihr-geht-jeden-tag-raus-f%C3%BCr-unsere-kundinnen-ugcPost-6650666746485309440-e-Xq （2020年10月22日）

終章　最善を尽くすこと

1. Anderson Cooper: Trump an »obese turtle on his back, flailing in the hot sun«. Youtube, Nov 5, 2020.
https://www.youtube.com/watch?v=_bltIRGApig （2020年11月9日）

2. Tom Peters. The Excellence Dividend. Meeting the Tech Tide with Work That Wows and Jobs That Last. Vintage Books 2018. Page 28 ff.

■ 参考文献

＊URLが記載されている項目はオンラインでの閲覧が可能。( )内の日付は著者の最終閲覧日

Assig, Dorothea; Echter, Dorothee. Ambition. Wie große Karrieren gelingen. 2., aktualisierte Auflage, Campus 2019

Bröckling, Ulrich. Von den Exzellenzen zur Exzellenz. Genealogie eines Schlüsselbegriffs. In: Forschung & Lehre, 05/2009

Capgemini Research Institute. Emotional intelligence – the essential skillset for the age of AI. Oct. 2019.
https://www. capgemini.com/dk-en/wp-content/uploads/sites/42/2019/10/Digital-Report-%E2%80%93-Emotional-Intelligence.pdf （2020年11月15日）

ダックワース、アンジェラ『やり抜く力』ダイヤモンド社　2016

Dweck, Carol. Selbstbild: Wie unser Denken Erfolge oder Niederlagen bewirkt. Piper 2017

Irvine, William B. A Guide to the Good Life. The Ancient Art of Stoic Joy. Oxford University Press 2009

Clear, James. Die 1%-Methode – Minimale Veränderung, maximale Wirkung: Mit kleinen Gewohnheiten jedes Ziel erreichen – Mit Micro Habits zum Erfolg. Goldmann 2020

Märtin, Doris. Habitus. Sind Sie bereit für den Sprung nach ganz oben? Campus 2019

Mariama-Arthur, Karima. Poised for Excellence: Fundamental Principles of Effective Liedership in the Boardroom and Beyond. Springer 2018

ナデラ、サティア『Hit Refresh（ヒット リフレッシュ）マイクロソフト再興とテクノロジーの未来』日経BP 2017
https://www.psychologytoday.com/intl/blog/the-digital-self/202011/pushing-beyond-the-bounds-iq-and-eq, Pushing Beyond the Bounds of IQ and EQ | Psychology Today （2020年12月1日）

オバマ、ミシェル『マイ・ストーリー』集英社 2019

Openmjnd. Innovation Roadmap. Design Thinking in der Theorie und Praxis.
https://www.openmjnd.com/InnovationRoadmap/openmjnd_innovation_roadmap.pdf（2020年12月1日）

Peters, Tom. The Excellence Dividend. Meeting the Tech Tide with Work That Wows and Jobs That Last. Vintage Books 2018

Reinhard, Rebekka. Zu dumm für die Zukunft? Welche Intelligenzen wir morgen brauchen. In: Hohe Luft 3/2020. Page 14–19.

Rosa, Hartmut. Resonanz: Eine Soziologie der Weltbeziehung. Suhrkamp 2019

Wlodarek, Eva. Nimm dir die Freiheit, du selbst zu sein: So entfalten Frauen ihr wahres Potenzial. dtv 2021

■ 訳者プロフィール

酒寄進一（さかより・しんいち）

1958年茨城県生まれ。ドイツ文学翻訳家。和光大学教授。上智大学を卒業後、ケルン大学、ミュンスター大学に学ぶ。ドイツの文学を中心とした作品の翻訳を数多く手がける。訳書にフランク・ヴェデキント『春のめざめ』（岩波書店）、ヘルマン・ヘッセ『デーミアン』（光文社古典新訳文庫）、フェルディナント・フォン・シーラッハ『犯罪』『コリーニ事件』（ともに東京創元社）など。

遠山明子（とおやま・あきこ）

1956年神奈川県生まれ。ドイツ文学翻訳家。上智大学大学院でドイツ文学を専攻。訳書にヨハンナ・シュピリ『アルプスの少女ハイジ』（光文社古典新訳文庫）、ケルスティン・ギア『時間旅行者の系譜』シリーズ、ニーナ・ブラジョーン『獣の記憶』（ともに創元推理文庫）、ニーナ・ゲオルゲ『セーヌ川の書店主』（集英社）など。

ドーリス・メルティン（Doris Märtin）

1957年生まれ。ドイツの作家、言語学者、コミュニケーションコンサルタント。1992年、ドイツのエルランゲン大学の英米文学研究所で博士号を取得。コミュニケーションとパーソナリティの専門家であり、ドイツプロフェッショナルジャーナリスト協会会員、システミックコーチ、ドイツエチケット協議会のメンバーとしても活躍。企業内の言語コンサルタントとして、顧客対応のサポートや講演活動も行う。本書のほかに『Habitus』（Campus Verlag GmbH）、『Erfolgreich texten』（Bramann）、『Die Eingebildeten』（Independently published）などの著書がある。

EXCELLENT《エクセレント》

卓越した自分になるための9つの行動

2022年4月20日　初版発行

著者　ドーリス・メルティン
発行者　南 晋三
発行所　株式会社 潮出版社
〒102-8110 東京都千代田区一番町6　一番町SQUARE
電話　03-3230-0781（編集）　03-3230-0741（営業）
振替口座　00150-5-61090
印刷・製本　中央精版印刷株式会社
カバー印刷　株式会社太陽堂成晃社
デザイン　桐畑恭子

ISBN978-4-267-02336-1 C3036

www.usio.co.jp